법, 영화를 캐스팅하다

법, 영화를 캐스팅하다

영화로 보는 법과 인권

안경환 지음

효형출판

국립중앙도서관 출판시도서목록(CIP)

법, 영화를 캐스팅하다 : 영화로 보는 법과 인권 / 지은이: 안경환.
— 2판. — 파주 : 효형출판, 2007
p. ;   cm

《이카루스의 날개로 태양을 향해 날다》의 대체
ISBN 978-89-5872-044-7 03680 : ₩12000

360.4-KDC4
340-DDC21   CIP2007001148

태권소년과 날다람쥐에게

어느덧 5년 반 만에 새로 펴낸다. 출판사의 의도대로 '이카루스의 날개로 태양을 향해 날다' 라는 다소 모호했던 원제목을 좀 더 명료하게 바꾸었다. 초판에 '법과 영화 사이'란 부제를 단 까닭은 앞서 펴낸 《법과 문학 사이》(1995)의 후속 작업임을 알리기 위해서였다.

흔히 문학을 포함한 예술 작품을 시대적 '텍스트text' 라 부른다. 그런데 법이 한 시대의 '공적public 텍스트' 라는 지극히 자명한 사실을 유념하는 사람은 의외로 드물다. 문학 작품이 한 시대와 사회의 소산이라면, 그 속에는 반드시 그 시대의 공적 텍스트가 투영되어 있기 마련이다. 그러므로 법을 알면 문학 작품에 투영한 시대를 하나의 총체로서 이해하는 데 큰 도움이 된다. 한 걸음 더 나아가 전공 학문 내지는 전문 영역을 넘어서는 통합적 지성을 갖추어야지만, 세상을 전체로서 또한 있는 그대로 바라볼 수 있게 된다.

오랫동안 인간 사유와 인식의 주主 수단이었던 문자가 영상이라는 새로운 매체의 도움을 받아야만 하는 시대가 되었다. 예의 '텍스트론' 에 따르면 영화는 '보는' 것이 아니라 문학처럼 '읽어야' 할 대상이라고 한다. 그러나 문자와 영상, 그 어느 편도 절대 강자가 될 수는 없어 보인다.

비록 새로운 세대가 영상을 통해 세상을 '읽는다'고 할지라도 인류가 오랜 세월에 걸쳐 발전시켜온 문자 중심의 이성 체계는 결코 무너지지 않으리라.

개정판을 펴내면서 새로 바꾸어 단 제목의 취지가 선명하게 드러나도록 몇 편의 글을 교체하고 싣는 순서를 조정했다. 여기에서 다룬 영화는 대부분 소설이나 실제로 일어난 사건에 기초한 작품이다. 법과 인권의 문제를 주제로 삼은 영화만을 소개했으니, 다른 말로 하자면 사회의 공적 텍스트를 투영한 작품들이다. 한때 법이나 인권은 보통 사람의 일상과는 상관없는 일이라고, 지극히 예외적인 '한계상황'의 문제일 뿐이라고 여겨졌다. 그러나 이제는 법도, 인권도 지극히 일상적이면서 보편적인 존재가 되었다. 마치 결핍되어서는 그 누구라도 생존할 수 없는 공기나 일용할 양식과 같은. 그런 의미에서 법과 인권의 영화를 통해 공동체의 삶의 모습을 확인하고 우리 사회가 지향할 가치를 다짐해보길 바란다.

5년 전과 마찬가지로 이 책 《법, 영화를 캐스팅하다》도 아직 어린 나의 아이들에게 준다. 그동안 '쉬돌이'는 어엿한 태권소년으로, '생떼렐라'는 쌩쌩한 날다람쥐로 자라났다. 언제 잠자리가 불안정했던 시절이 있었던가 싶을 정도로 남매 모두 잠보가 되었고, 아비 또한 수면 시간이 늘어났다. 세월이 아이들을 키운 만큼 늙은 아비에게는 생체리듬의 이완을 가져다 주었다. 어떤 하잘것없는 인생도 끝까지 지켜낼 가치가 있음을 깨우쳐준 모든 것에 감사드린다.

2007년 이른 봄날,

안경환

쉬돌이와 생떼렐라에게

역사학자 마르크 페로Marc Ferro는 문학은 영화의 전사前史에 불과하다고 주장했다. 이 거창한 주장의 옳고 그름을 판단하기는 아직도 한참이나 이르다. 그러나 인간의 지적 활동 수단으로서 문자의 역할이 현저하게 감소하는 엄연한 현실은 누구도 부정할 수 없을 것이다. 한때는 인류의 문성文聖으로 숭앙받던 셰익스피어의 작품도 이제는 영상을 매개체로 삼지 않으면 대중은 물론, 지식인에게도 제대로 전달되지 않는 형편이다.

문학 작품 속엔 사회가 반영되어 있다. 그래서 문학 작품을 일러 흔히들 '사회적 텍스트'라고 부른다. 문학이 그린 사회상에는 당대의 공적公的 텍스트인 법이 반영되기 마련이다. 그러므로 문학 작품을 총체적으로 이해하려면 '법과 문학'이라는 지적 작업이 필요한 것이다. 문학과 함께 영화가 세상을 '읽는' 새로운 텍스트로 등장한 후로는 '법과 영화'라는 담론이 가능할 것이다.

이 책은 2000년 4월부터 1년에 걸쳐 모 일간신문에 '법과 영화 사이'라는 제목으로 연재한 글을 책의 편제에 맞게 보완하여 새롭게 태어났다. 나름대로 독서 세대와 영상 세대의 간극을 좁히려는 시도다. '법과 영화'가 '법과 문학'보다는 덜 낯설 거라 기대한다. 평소의 소신인즉, 선

진국을 가늠하는 척도로 그 나라의 대표적 일간지에 고정 법률 섹션이 있는지 여부를 삼을 수 있다. 〈뉴욕 타임스〉나 〈런던 타임스〉의 법률 섹션을 보면 법이 지성계와 대중의 일상에 중요한 논제임을 알 수 있다.

나는 영화 예술에 대한 안목이 모자라는 사람이다. 할리우드 영화에 선구적 관심과 업적을 보여준 서울대 영문학과 김성곤 교수에게서 많은 깨우침을 받았다. 1999년 봄 학기에는 김 교수의 주도로 '법과 문학과 영화'라는 강좌를 함께 강의한 경험이 있다. 당초 이 책도 김 교수의 글과 함께 묶어내자고 했으나 편집상의 애로 때문에 따로 내놓게 되었다. 언젠가 그와 함께 비중 있는 저술을 내고 싶은 바람은 변함없다.

6년 전 엮어낸 《법과 문학 사이》와 마찬가지로 이 책에 미국 작품이 많은 이유는 필자의 학문적 배경 때문이기도 하나, 그보다는 미국 법과 미국 영화가 확보한 대중성 때문일 터이다. 미국이야말로 법의 전문성과 대중성이 동시에 확보된 나라다. 이 책에서는 영상으로 본 미국 법의 모습을 전하는 데 주력했다. 따라서 독자에게 다소 부담스러운 내용이 있을 수 있겠지만, 시대의 거울인 영화를 총체적으로 이해하는 데는 나름대로 도움이 되리라 믿는다. 진정한 국민주권, 인권보장, 배심제도, 사법심사 등 미국 법의 진수를 이해하면 영화 보기의 재미가 늘어날 것이다.

좋은 책을 만들기 위해 고심한 서울대학교 대학원생 최정인과 효형출판 편집진에게 감사드린다. 이 책은 늙은 아비와 함께 불안정한 밤들을 보낸 쉬돌이와 생떼렐라에게 준다. 부디 어른이 되어서는 숙면의 밤들이 이어지기를 빈다.

2001년 11월 안경환

차례

일러두기

1. 영화 제목은 국내 개봉 당시의 제목대로 표기하였다.
2. 영화의 원제, 감독, 제작연도는 IMDb를 참조하여 소개하였다.
3. 본문에 나오는 인명과 지명은 나라별로 구분하여 원어의 발음을 외래어 표기법에 따라 표기했다.

Law+Film

국민의 뜻에 법을 맡기다

스미스씨 워싱턴에 가다

미국의 시민종교, 연방헌법

Mr. Smith Goes to Washington | 프랭크 카프라 감독 | 1939년

위대한 미국인

1989년 9월 미국 역사상 최초로 25편의 영화가 '미국 필름 문화재'로 선정되었다. 미국 의회도서관은 '미국 문화와 역사 그리고 미학에서 중요한 의미를 갖는' 이들 작품이 의회도서관 내 국립필름등기소에 등록되어 미국 문화의 유산으로 영원히 남을 것이라고 밝혔다. 〈모던 타임스〉(1936), 〈백설공주와 일곱 난쟁이〉(1937), 〈바람과 함께 사라지다〉(1939), 〈시민 케인〉(1941), 〈카사블랑카〉(1942), 〈스타워즈〉(1977) 등 장르별·감독별로 고른 분포를 보이는 목록 가운데 〈스미스씨 워싱턴에 가다〉(1939)가 있다.

이 영화를 만든 감독 프랭크 카프라(Frank Capra, 1897~1991)는 시칠리아 태생의 전형적인 이탈리아 이민 1세대다. 아카데미상 수상작인 〈어느 날 밤에 생긴 일It Happened One Night〉(1934)과 〈디즈씨 도시에 가

다〈Mr. Deeds Goes to Town〉(1936)를 비롯한 일련의 작품을 통해 1930년대 말부터 1940년대까지 할리우드의 스크루볼screwball 코미디 장르를 확립하며 일세를 풍미한 감독으로 유명하다. 1940년대 초까지 카프라는 순진한 이상주의자를 통해 유머를 자아내는 한편, 결국은 그를 약아빠진 세상에 대해 승리하는 영웅으로 그려내는 영화를 만들었다. 이들 촌뜨기 이상주의자는 전통적인 미국적 가치관의 대변자다. 카프라가 1930년대 미국을 대표하는 감독으로서 흥행기록을 갱신하며 언론과 관객에게 열렬한 지지를 받은 것도, 전후戰後에 사회가 점점 복잡해지면서 관객에 대한 설득력을 상실한 것도, 바로 여기에 비밀이 있다.

《아날Annales》의 책임 편집인이기도 한 프랑스 역사학자 마르크 페로Marc Ferro가 《역사와 영화》에서 제시한 논의는 이 점을 이해하는 데 참고가 된다. 영화를 당대 역사관의 거울이라고 보는 페로는 미국 영화가 보여주는 역사관이 네 가지 층위로 나뉜다고 한다. 첫 번째는 영화 등장 이전의 프로테스탄트 기독교 이데올로기이고 두 번째는 19세기 말의 남북전쟁의 이데올로기다. 이어서 미국이 1차 세계대전에 참전한 1917년부터 2차 세계대전까지 세 번째 층위를 이루는 역사관은 '인종의 용광로melting pot'와 '국민적 화합'의 이데올로기에 기초한다. 그리고 이러한 자기만족적인self-sufficient 이데올로기는 그후 앵글로색슨계 백인WASP 지배 체제로부터 소외받던 인종적·성적·종교적 소수자 집단들의 집합체인 '샐러드 그릇 이데올로기salad bowl ideology'라는 대항적 역사관으로 대체되었다.

여기서 세 번째 층위의 순응주의conformistism 역사관을 잘 보여주는 감독으로 페로가 거명하는 이들 가운데 한 사람이 바로 프랭크 카프라다. 프랭크 카프라의 영화들은 대단히 회유적이며, 늘 미국 체제를 정당화하다 못해 종내 찬양하면서 결국 거기에 동화되었다고 보는 페로에게는, 2차 세계대전이 일어났을 때 루스벨트 대통령이 카프라에게 직접 부탁해 〈우리는 왜 싸우는가Why We Fight〉를 비롯한 일련의 애국영화 제작을 독려한 것도 놀라운 일이 아니다. 증거가 있는가? 페로는 〈스미스씨 워싱턴에 가다〉(이하 〈스미스씨〉)를 보라고 한다.

　〈스미스씨〉는 〈디즈씨 도시에 가다〉와 흡사하게, 도시로 간 촌뜨기 이상주의자의 시련과 승리라는 줄거리를 따른다. 잭슨 시를 대표하던 상원의원 새뮤얼 폴리가 사망하자 주지사는 새로운 상원의원을 임명하려 한다. 미국은 각 주에 두 명씩 상원의원을 두고 있고, 1913년의 연방헌법 수정 제17조 2항은 "주 의회는 주민이 선거에 의하여 결원을 보충할 때까지 그 주의 행정부에게 임시로 상원의원을 임명하는 권한을 부여할 수 있다"고 규정한다. 그런데 주지사의 배후에는 제임스 테일러가 있다. 이 지역의 돈줄을 거머쥔 테일러는 주지사는 물론 하원의원들 그리고 이 주의 또 다른 상원의원으로서 대통령 후보 자리를 노리고 있는 조지프 페인까지도 꼭두각시로 삼고서 '테일러 머신Taylor machine'이라고 할 정도의 거대한 금권정치 군단을 이루고 있다. 그는 역내域內의 테리 계곡 윌레트 천川 인근 토지를 차명으로 매입해두고 이곳에 댐을 건설하는 법안을 상원에서 통과시켜 지가地價 차익을 챙기려 하고 있다. 이제 새뮤얼 폴리가 죽었으니 그를 이어 충실한 하수인 노릇을 해줄 상원의원이 필요한데 테일러는 호레스 밀러가 적임자라고 고집한다. 그러나 밀러가 테일러 군단 소속임을 잘 아는 시민들이 거세게 반발한다.

나라를 사랑하고 순진하며 원칙적인 보이 레인저스 단장 제퍼슨 스미스는 부패한 정치가들에 의해 공석이 된 상원의원으로 뽑혀 표결에서 거수기 역할을 맡게 된다.

    시민들의 비난과 테일러의 압력에 고심하던 주지사에게 그의 자녀들이 새로운 후보를 추천한다. '보이 레인저스'라는 소년단을 이끌고 있는 제퍼슨 스미스가 그 사람이다. 아이들은 스미스가 미국 역사에 대해 모르는 게 없고 얼마 전 산불이 났을 때 이를 단신單身으로 진화한 영웅이자 위대한 미국인이라고 야단이다. 그는 〈보이 스터프〉라는 신문도 발행한다. 처음에는 코웃음을 치던 주지사도 나중에는 생각이 바뀌어서 페인과 함께 테일러를 설득한다. "링컨과 제퍼슨을 읊어대는 풋내기 애국자"라면 허수아비 역할을 맡겨도 안심이라는 계산이다.

    결국 스미스는 상원의원이 되어 소년단과 시민들의 뜨거운 환송을 받으며 워싱턴으로 향한다. 워싱턴행 기차에서 스미스는 페인과 대화를 나눈다. 스미스의 아버지는 거대 악덕기업에 맞서 약자의 권리를 옹호하다가 결국 죽임을 당한 언론인이었는데, 변호사로서 그의 동지였던 사람이 바로 페인이다. "자네 아버지는 이룰 수 없는 정의를 위해 싸우는 투사였지." 그러자 스미스는 묻는다. "혼자 거대한 조직에 맞서 싸우는 개인은 무력할 수밖에 없나요?" 페인은 대답한다. "그렇다네."

스미스, 자유의 종을 울리다

워싱턴역에 내린 스미스는 페인을 마중온 딸 수잔을 보고 한눈에 반한다. 그런데 '흑인' 짐꾼들이 짐을 옮기는 사이 스미스가 어디론가 사라지고 만다. 발칵 뒤집힌 의원 사무실로 그가 나타난 것은 다섯 시간이나 지난 뒤다. 미국 역사를 줄줄이 꿰고 있는 스미스이지만 막상 빛나는 국회의사당 돔을 직접 보자 자기도 모르는 새 관광버스에 올라 여기저기 정신없이 구경을 다녔던 것이다. 어이없어하는 비서 클러리사 손더스에게 스미스는 아직도 흥분이 가시지 않은 채 이야기한다. "링컨기념관에 갔더니 링컨 대통령이 정말 거기 있더군요. 누군가 함께할 사람을 간절히 기다리는 듯한 눈빛으로 말이에요."

입법에 대해서는 아무것도 모르지만 거수기 노릇만 할 수는 없다고 생각한 스미스는 소년 캠프장을 건립해 아이들이 자연 속에서 미국의 이상理想을 배우도록 한다는 복안을 가지고 있다. 재원은 정부가 조달하고 아이들의 성금으로 이를 상환한다는 계획이다. 페인의 격려와 손더스의 협력 아래 법안 작성에 들어간다. 스미스에 따르면 중요한 것은 이상이다. 자유의 나라는 나날의 삶에서 그 자유를 확인할 수 있어야 한다. 초원을 스치는 바람과 빛나는 태양과 흐르는 강물 속에서 몸으로 느껴야 하는 것이다.

추잡한 의회정치에 진저리가 나서 비서직을 그만두려던 손더스는 스미스의 진지함에 호감을 느낀다. 그런데 조상이 피로써 물려준 소중한 자유의 의미를 미국의 모든 소년들에게 체험케 할 캠프장 건립지로 스미스가 생각한 곳이 하필이면 테일러 일당이 댐 건설을 추진 중인 윌레트 천변이다.

스미스가 법률안 제안 연설을 하면서 윌레트 천을 거론하자 대경실색한 페인은 딸 수잔을 이용해 댐 건설 법안을 상정한 사실을 스미스가 눈치채지 못하도록 따돌린다. 모든 상황을 아는 손더스는 질투와 함께 양심의 가책을 느끼고 스미스에게 테일러의 댐 건설 계획을 알리면서 "더 이상 불쌍한 구경거리가 되지 말고 고향으로 돌아가라"고 내뱉고는 짐을 싸들고 나간다.

스미스의 항의를 받은 페인은 공익을 위한 댐 건설이라 둘러대며 현실과 타협하라고 충고한다. 급거 상경한 테일러는 스미스가 정치가가 되고 싶다면 얼마든지 돈을 대주겠다며 그를 매수하려고 든다. 스미스가 이에 넘어가지 않자 결국 테일러와 페인 일당은 댐 건설 법안에 이의를 제기하려던 스미스를 무고한다. 윌레트 천변의 토지를 미리 매입해서 소년들의 코묻은 돈을 받고 이를 되팔아 이익을 챙기려고 한 파렴치한으로 몰린 스미스는 징계위원회에 회부된다. 존경하던 페인까지도 위증을 하자 항변의 의욕마저 상실하고 징계위원회장을 뛰쳐 나간다.

다시 링컨기념관. "망자들의 죽음은 헛된 것이 아니며, 신의 가호 아래 이 나라는 자유의 새로운 탄생을 맞게 될 것이고, '인민의, 인민에 의한, 인민을 위한' 정부는 지상에서 사라지지 않을 것"이라는 링컨의 연설문을 다시 읽는 스미스는 기가 찬다. 낙향하려고 싸들고 나온 짐가방을 내려 놓고 눈물을 흘리는 스미스 앞에 손더스가 나타난다. "돌에 새겨진 미국적 이상 나부랭이나 좇는 철부지"라고 자신을 비하하며 환멸에 빠진 스미스에게 손더스는 "링컨이 기다리는 사람은 바로 당신 같은 사람"이라 격려하면서 다시 돌아가 싸우도록 설득한다.

의사당으로 돌아온 스미스를 기다리는 것은 의원직 제명 결정. 최후 발언권을 겨우 얻은 스미스는 손더스가 일러준 대로 테일러 일당의 음모를 폭로하고, 고향 사람들에게 직접 호소하겠다면서 법안 통과를 저지하려고 의사진행방해filibuster를 감행한다. 상원 의사 규칙에 따라 발언권을 잃지 않으려고 스미스는 앉지도 쉬지도 못하고 발언을 이어간다.

스미스가 의사진행을 방해하는 장면은 이 영화뿐 아니라 미국 영화 역사상 가장 감동적인 부분으로 알려져 있다. 의사진행방해란 보통 무제한적인 토론으로 정의되는데, 하원과는 달리 상원의 발언 시간에는 제한이 없는 것을 이용해 표결을 막음으로써 법안 통과를 저지하기 위해 사용된다. 최장 기록 보유자는 사우스캐롤라이나 주의 민주당 소속 스트롬 서몬드Strom Thurmond 의원으로, 그는 1957년에 민권법 통과를 막기 위해 24시간 18분 동안 의사진행방해를 감행했다.

스미스의 투쟁은 언론의 초점이 되지만 그의 출신주에서는 그의 발언은 한 마디도 전해지지 않고 그를 중상모략하는 기사만이 판을 친다. 테일러 일당이 언론을 철저하게 봉쇄했기 때문이다. 손더스는 스미스가 발행하던 〈보이 스터프〉를 이용하려 하지만 이것도 여의치 않아서 신문을 배포하고 진실을 알리려던 소년들만 다친다.

23시간 16분을 넘어선 스미스의 발언. 목도 쉬고 지쳐서 기어 들어

가는 목소리이지만, 이제 모든 언론과 함께 동료 의원들도 그의 진실한 호소에 귀를 기울이고 있다. 이때 스미스의 주에서 엄청난 양의 편지와 전보가 도착하는데, 모두 테일러 일당의 선전에 속아 넘어간 사람들이 그를 비난하기 위해 보낸 것이다. 이제 마지막 희망도 사라졌다. 스미스는 편지들을 움켜쥐고 절규하다가 끝내 쓰러지고 만다. 마침내 이 모습을 지켜보던 페인이 양심의 가책을 이기지 못하고 마침내 자신의 비리와 스미스의 결백을 증언하자 모두들 환호성을 올리고, 자유의 종이 울리는 가운데 영화는 끝난다.

약속의 땅, 미국

카프라 감독의 재능이 유감없이 발휘된 이 영화는 관객에게 커다란 감동과 재미를 동시에 안겨준다. 그런데 〈스미스씨〉의 어느 구석에 페로가 말하는 순응주의 역사관이 있고 또 미국 필름문화재로 선정될 만한 문화·역사·미학적 가치가 있단 말인가? 이 물음에 답하려면 '미국의 시민종교American civil religion'라는 개념을 파악하는 것이 최선일 듯싶다.

전통적으로 종교는 사회 통합과 결속에 기여했다. 일찍이 종교의 사회적 기능에 주목한 프랑스 사회학자 에밀 뒤르켕(Emile Durkheim, 1858~1917)은 《종교생활의 원초 형태》에서 "종교란 한 사회를 단일한 도덕적 공동체로 결속하는 성스러운 상징체계"라고 하였다. 근대에 들어와 세속화secularization가 진행되면서 더불어 초자연적 상징체계는 점차 세속적 상징체계와 이데올로기로 대체되었지만, 사회가 통합을 유지하려면 어떤 성스러운 상징 체계가 존재해야 한다. 즉 세속적 상징

페인과 테일러의 음모를 알게 된 스미스는 댐 건설 법안의 통과를 막기 위해 발언권을 양보하지 않는 한 계속 발언할 수 있다는 국회법을 이용, 미국 헌법을 차례대로 읽어내려 가며 무려 24시간에 걸친 연설을 한다.

체계도 신성함을 지닐 수 있다는 주장이다.

뒤르켕에 앞서서 루소는 《사회계약론》 4권 8장에서 종교의 정치 기능을 논한다. 국가가 존립하려면 "힘 있고 슬기롭고 자비롭고 선견지명이 있고 자상한 신의 존재, 내세, 선인들의 행복과 악인들에 대한 벌, 사회계약과 법들의 신성함" 등을 교리로 하는 시민종교를 수립해야 한다는 내용이다.

미국에는 국교國敎가 존재하지 않는다. 미국 헌법에서 가장 중요한 조항 가운데 하나인 수정헌법 제1조는 "연방의회는 국교를 설립하거나 자유로운 종교 행위를 금지하는 어떠한 법률도 제정할 수 없다"고 규정한다. 그러나 토크빌(Alexis Tocqueville, 1805~1859)은 《미국의 민주주의》라는 명저에서 "이러한 정·교 분리 원칙이 오히려 미국에서 종교의 힘을 강화시켰다"고 지적한다. 정치적 이해 관계에 휩쓸리지 않고 종교가 고유 영역을 지킴으로써 도덕적으로 확고한 권위를 확보했다는 분석이다. 미국의 민주 공화정을 지탱하는 가장 중요한 요인이 종교와 교육, 즉 국민들의 습속(manners, mores)이라고 보는 토크빌은 "종교를 미국 정치 제도들 가운데 으뜸으로 간주해야 한다"고 설파한다. "전제 정치는 신앙이 없이도 통치할 수 있지만 자유 정치는 그렇게 할 수 없다. (…) 정치적 결속이 이완되는 만큼 도덕적 결속이 강화되지 않는다면 어떻게 사회가 파멸을 피하겠는가?"

이렇게 국가의 존립과 사회의 결속 그리고 공통의 도덕적 신념을 위해서 공통 종교가 필요하다는 루소·뒤르켕·토크빌 등의 견해를 배경으로 사회학자 로버트 벨라Robert Bellah는 '시민종교 테제'를 제기했다. 다원 사회인 미국에도 뒤르켕이 말한 바와 같은, 사회를 결속하는 신성한 상징체계가 존재하는가? 1967년 벨라는 〈미국의 시민종교〉라는 논문에서, 미국에서는 자유와 평등의 제도화된 가치들이 상당히 현세화된 형태의 유대—기독교 전통에 기초를 두고서 하나의 시민종교를 형성했다고 주장한다. 미국인들은 자신이 '선택받은 백성'이며 미국은 '약속의 땅'이자 '새로운 이스라엘'이라고 생각한다. 미국인은 신과 성약聖約을 맺었고 독립혁명은 《구약》에 나오는 '엑소더스(Exodus, 모세가 이스라엘 민족을 이끌고 이집트를 떠난 일)'이며 남북전쟁은 《신약》에 나오는 십자가의 대속(代贖, 속죄)이다. 결국 헌법은 성약이 되고 조지 워싱턴(George Washington, 1732~1799)은 모세가 되며 링컨은 예수가 되는 셈이다. 미국의 시민종교는 기독교와 결합하면서도 자신만의 준準신화적인 역사와 영웅 및 성자들 그리고 신성한 국경일 및 의식들을 수반하는 독자적인 상징체계다.

〈스미스씨〉는 벨라의 시민종교 테제를 증명하는 수많은 자료들로 가득하다. 미국 역사에 대한 스미스의 폭넓은 지식은 그가 시민종교의 독실한 신자임을 말해주는 증거다. 그러니 스미스가 워싱턴에 도착하자마자 어디를 찾아갔겠는가. 먼저 '법 아래의 평등한 정의'라는 문구가 새겨진 연방대법원 청사, 백악관, 헌법로璐, 펜실베이니아로 그리고 국회의사당이다.

이어서 미국의 건국과 발전 과정에 대한 상징적 묘사가 제시된다. 토머스 제퍼슨(Thomas Jefferson, 1743~1826)과 함께 독립선언서와 연방헌법전이 나오고, 자유의 종이 울리는 가운데 '자유, 생명, 행복 추구'라는 문구가 클로즈업된다. 그리고 애덤스(John Adams, 1735~1826), 해밀턴(Alexander Hamilton, 1757~1804) 등 '건국의 아버지들Founding Fathers'의 모습이 나오고, 힘찬 국가와 펄럭이는 성조기를 배경으로 조지 워싱턴과 워싱턴 기념탑 그리고 미국의 상징인 독수리가 등장한다.

이윽고 배경음악이 군가로 바뀌면 스미스는 무명용사 묘지를 거쳐 링컨기념관에 당도한다. 카메라는 거대한 링컨 대리석상과 북쪽 벽에 있는 두 번째 취임사를 비춘 다음 남쪽 벽에 새겨진 게티스버그 연설문에 머문다. 이 연설문을 백인 노인이 손자에게 읽히는 사이 흑인 노인 한 명이 조용히 모자를 벗고 경의를 표한다. 그리고 상원 개원식이 있던 날 오전에 스미스가 찾아가서 각오를 다진 곳, 마운트 버논Mount Vernon이 비친다. 조지 워싱턴의 저택이 있는 곳이자 그가 잠든 곳이다.

벨라의 테제에 비추어볼 때 이 모든 장소들은 '국가적 사당'으로서, 스미스는 시민종교의 성지들을 순례하며 참배했던 셈이다. 만약

이 영화가 요즘에 만들어졌다면 스미스는 링컨기념관에 가기 전에 그 근처에 있는 베트남 참전용사 기념비(1982)와 한국전 참전용사 기념물(1995)을 찾았을지도 모른다.

세계 시민종교 대 패권주의

시민종교의 또 한 가지 중요한 요소는 경전經典이다. 〈스미스씨〉에 나오는 경전으로는 우선 링컨의 게티스버그 연설이 있다. 남북전쟁의 분기점이 된 1863년 7월의 게티스버그 전투 현장에 국립묘지를 세우면서 그해 11월 19일 링컨이 했던 이 2분짜리 연설은 미국 건국의 이상과 민주주의에 대한 신념을 극명히 묘파한 불멸의 경전이다.

그러나 미국 시민종교의 경전 가운데 으뜸은 역시 의사진행방해 과정에서 스미스가 낭독하는 문서들, 즉 독립선언문과 연방헌법전 그리고 성경이다. 이 가운데 특히 헌법과 시민종교의 관계는 특기할 만하다. 미국인들은 연방헌법에 대해 '헌법 숭배'라고 할 정도의 경외심을 보인다. 일찍이 법사학자 맥스 러너(Max Lerner, 1902~1989)는 미국에서 헌법이 '적대적인 우주의 미지의 힘들을 제어하는 도구', 즉 '토템 totem'의 성격을 띠고 있으며, 이것은 성경과 고차적 권위에 대한 복종에 익숙한 기독교 전통의 자연스러운 결과라고 지적한 바 있다.

최근 헌법학자 레빈슨(Sanford Levinson, 1941~)은 《헌법적 신앙 Constitutional Faith》(1998)이라는 책에서 헌법 숭배와 종교신앙의 유사성에 기초해서 미국의 헌법 해석 논쟁을 이해하는 흥미로운 관점을 제시했다. 프로테스탄티즘Protestantism에서는 오직 성경의 권위만을 인정하는 반면 가톨리시즘Catholicism에서는 성경 이외에 교회의 전통도 권위의 원천으로 삼는다. 마찬가지로 헌법 해석에서도 오직 헌법 문언文言에 충실해야 한다는 입장(해석주의)과 공동체의 근본 원리 등을 '불문의 헌법'으로 보고 이것에도 권위를 인정하는 입장(비해석주의)이 대립하고 있다. 그뿐 아니라 연방대법원만을 권위 있는 최종적 헌법 해석자로 이해하는 입장과 이를 부정하는 입장도 대립하고 있다. 프로테스탄티즘-가톨리시즘의 대립과 유사한 대립이 헌법에 대해 존재함은 미국에서 헌법이 시민종교의 경전임을 간접적으로 입증해준다.

이쯤 되면 미국 의회도서관이 왜 〈스미스씨〉를 '공적으로' 그렇게 높이 평가하는지 이해될 터이다. 이 영화는 다른 어떤 영화보다도 미국의 시민종교를 감동적으로, 집약적으로 표현해낸 영화다. 그런데 마르크 페로는 왜 프랭크 카프라 감독과 이 영화에 대해 비판적인 시선을 보내는 것일까? 〈스미스씨〉에 대한 미국 의회도서관의 평가와 마르크 페로의 평가는 미국 시민종교라는 동전의 상이한 면을 각각 대상으로 삼았다는 데 해답이 있다.

미국 영화의 역사관에 대한 마르크 페로의 분석은 시민종교 체제와 정확하게 일치한다. 프로테스탄트 기독교 이데올로기와 남북전쟁의 이데올로기 그리고 '인종의 용광로'와 '국민적 화합'의 이데올로기는 모두 미국 시민종교의 교리를 구성하는 신념이다. 원래 시민종교는 국가를 초국가적 가치에 종속시키면서 현실 비판적인 '예언자' 역할을 담당하는 이상주의를 특징으로 한다. 링컨과 남북전쟁이 그렇게 중요한 지위를 부여받는 것도 이 때문이다. 벨라는 여기에 근거해서 미국의 시민종교가 미래에 도래할 '세계 시민종교'의 일부가 되기를 희망한다. 그런데 시민종교가 이러한 이상주의를 상실하면 '종교적 민족주의'로 변질되어 벨라의 표현처럼 '깨어진 성약'이라는 상황이 빚어진다. 페로가 자족적인 '순응주의 역사관'이라고 부른 바로 그것이다.

사실 미국 역사의 초기부터 '새로운 이스라엘'이라는 신념은 인디언에 대한 백인의 박해를 정당화하는 데 동원되었다. 자유와 평등이라는 가치는 남북전쟁을 통해 흑인에게까지 확대되었지만 법 앞의 평등이 진짜 평등까지 보장하는 못했다. 자유를 수호한다는 세계사적 사명 아래 수행된 베트남전쟁은 제국주의 침략전쟁에 다름아니라는 강력한 항의에 부딪쳤고 워터게이트 사건은 헌법을 수호하는 사제로서 미국 대통령과 정부에 대한 총체적인 회의를 불러일으켰다.

휘날리는 성조기를 배경으로 한 보수적 아메리카니즘Americanism의 표본이 레이건 시대의 〈람보〉 시리즈(1982, 1985)라면, '깨어진 성약'에 대한 반성과 비판을 대표하는 감독은 〈살바도르〉(1986), 〈플래툰〉(1986), 〈7월 4일생〉(1989), 〈JFK〉(1991), 〈닉슨〉(1995)을 만든 올리버 스톤Oliver Stone이 아닐까. 성조기가 불타는 장면으로 시작하는 스파이크 리Spike Lee의 〈말콤 X〉(1992)는 페로가 말하는 네 번째 역사관, 즉 '샐러드 그릇 이데올로기'를 상징적으로 보여주는 영화다. 외계인의 지구 침략을 분쇄하기 위해 출동하는 지구방위군 앞에서 미국 대통령으로 하여금 "오늘은 미국의 독립기념일이자 전 세계의 독립기념일"이라고 연설하게 할 때, 〈인디펜던스 데이〉(1996)는 미국의 시민종교가 '세계 시민종교'의 일부가 되느냐 '패권주의 아메리카니즘'이 되느냐 하는 기로에서 아슬아슬하게 균형을 잡고 있는 영화가 된다.

〈스미스씨 워싱턴에 가다〉를 보면서 우리는 스스로 수많은 질문을 던지게 된다. 우리 사회의 구성원들을 결속하는 이념은 있는가? 그러한 이념은 있어야 하는가 없어도 되는가? 우리에게 헌법은 무엇인가? 우리의 정치영화는 어디쯤 와 있는가? 그리고 우리의 국회는, 우리의 이상주의자는? 이러한 질문들은 하나같이 고통스럽다.

사계절의 사나이

법률가의 수호성인 토머스 모어

A man for all Seasons | 프레드 진네만 감독 | 1966년

유토피아의 창시자

소신을 지키기 위해 목숨을 버린 역사의 인물은 많다. 그러나 그중에 법률가는 드물다. 대의를 위해 목숨을 거는 법률가가 있다면 반드시 후세의 구원을 받는다. 토머스 모어(Thomas More, 1478~1535)는 법률가의 수호성인이다. 그는 단순한 법률가가 아니라 '통합 학문'의 대가였다. 정치학·외교학·철학·문학·신학 등 그의 이름이 영구히 각인된 학문 영역은 무수하다. 지성사뿐 아니라 제도사에서도 모어가 차지하는 위치는 대단하다. 어떤 의미에서든지 영국 역사상 가장 유명한 국왕인 헨리 8세(Henry VIII, 재위 1509~1547) 궁정의 외교관이자 법률가로서 유럽 전체의 정치·외교를 주도한 사람이다.

흔히 '이상향'이라 통칭되는 '유토피아Utopia'라는 단어도 모어의 책(1515~1516) 제목에서 유래한다. 플라톤의 《공화국》, 성 아우구스티누스의 《신국론》(413~427), 단테의 《군주론》(1308?) 등 앞선 유토피아론

을 바탕으로 모어가 품은 꿈을 집대성한 이 저술은 후세 대가들에게 전승되었다. 다니엘 디포의 《로빈슨 크루소》(1719), 조너선 스위프트의 《걸리버 여행기》(1726), 프란시스 베이컨의 《뉴 아틀란티스》(1624), 에드워드 벨러미의 《되돌아 보니Looking Backward》(1888) 등으로 이어진다. 한때 사회주의자들은 모어를 근대 최초의 사회주의자로 숭앙하기도 했다.

유토피아 문학이 성급하게 쓴 미래의 영신곡迎新曲이라면, 반유토피아 문학은 성급하게 쓴 암담한 조사弔辭다. 올더스 헉슬리의 《멋진 신세계Brave New World》(1932)나 조지 오웰의 《1984년》(1949)은 모어가 사용한 장미빛 대신 잿빛으로 화폭의 채색을 바꾸었다.

영화 〈사계절의 사나이〉는 모어의 일생을 초상화처럼 압축한 수작이다. 또한 이 작품은 혁명을 막은 방패라는 자랑스런 영국 법의 진수를 배우기에 더없이 좋은 영상 교재다. 영화의 제목은 원작인 로버트 볼트(Robert Bolt, 1924~1995)가 희곡 형식으로 쓴 모어의 전기(1960)에서 차용했지만 그 연원은 좀 더 깊다. 이 별칭은 모어의 박학다식함에 경탄을 금치 못하던 지적 교우이자 네덜란드의 철학자 에라스무스(Desiderius Erasmus, 1466~1536)가 붙여준 것이다.

감옥의 창을 통해 사계절의 변화를 조망하는 모어의 뒷모습에서도 원칙과 소신의 당당함이 풍긴다. 가히 영악스러울 정도로 기지가 뛰어난 법률가, 그러면서도 원칙에 기꺼이 목숨을 거는 정의의 사도, 자녀 교육을 직접 담당하는 이상적인 가장(영화에서도 딸과 라틴어로 지적 교류하는 모습을 볼 수 있다)인 그는 가히 속인과 성인의 결합체였다.

신에 대한 충성이 우선

영화는 템스 강을 황급히 노를 저어온 전령이 모어의 저택에 도착하는 장면으로 시작한다(1529년 10월의 일이다). 밀랍으로 봉인封印된 서한을 가지고 온 것이다. 밀랍 봉인seal은 위조 방지를 위해 문서에 부착하여 사용하던 법적 관행이다. 영국 법은 밀랍 봉인에 대해 특수한 효력을 부여했고 그 법리는 오늘날 미국 계약법에도 전승되고 있다.

국민의 존경을 받던 울지 경의 서신이다. 죽어가는 울지의 침상을 방문한 모어와 대조적으로 바깥에서 도열해 기다리는 사람들의 모습이 분주하다. 그리고 모어는 울지에 이어 나라 최고의 관직인 로드 챈슬러(Lord Chancellor, 7세기 이후 헌법장관·대법원장·상원의장을 겸직한 영국 최고의 관직이었으나 2006년에 폐지되었다)에 등용된다(이 부분은 사실과 다르다. 울지는 교황에게 헨리 8세와 캐서린 왕비의 이혼 승인을 받아내지 못해 실각했다).

헨리 8세는 모어에게 도움을 청한다. 울지야말로 위대한 인물이었다는 모어의 칭송을 맞받아 국왕은 "그런 자가 왜 나를 배신했어?"라고 반문한다. 왕통을 물려줄 왕자의 생산이 지상과제였던 헨리는 '벽돌처럼 메마른 둘치' 캐서린과 이혼하고 젊은 앤을 왕비로 맞아들일 결심이다. 교황이 이혼을 허가하지 않자 헨리는 비상조치를 강구한다. 법률가를 동원하여 자신의 이혼이 적법함을 인정하는 법리를 개발하고, 여의치 않으면 속권俗權과 교권敎權이 분리되는 새로운 법제를 창설할 생각이다. 그러나 모어는 교황과 교회 주권의 신봉자였다. 국왕과 직접 충돌을 피하기 위해 모든 방안을 강구하나 마지막에는 정면으로 충돌하고 사임한다.

헨리는 자신이 국왕인 동시에 영국 교회의 수장首長이 되는 수장령 (Supremacy Act, 1534)을 선포한다. 영국 국교(성공회)의 탄생이다. 그야말로 국왕 스스로 모든 법을 제정하는 권한을 보유한 절대 권력자가 된 셈이다. 그리고 자신의 이혼을 허용하는 법률을 제정한다. 충실한 행정장관 크롬웰(Thomas Cromwell, 1485∼1540)이 모든 신민臣民에게 국왕이 교회의 수장임을 인정하는 선서 의무를 부담시키는 법률을 통과시켰다. 모어는 이유를 밝히지 않은 채 선서를 거부하고 1년 이상 런던 타워에 수감되었으나 소신을 바꾸지 않았다.

선서란 신 앞에서 진실을 말하겠다는 맹세이기에 선서 후 거짓 사실을 증언하면 신을 속이는 죄악을 범하는 것이다. 모든 나라의 형법전에 담긴 위증죄는 이러한 맥락에서 형성되었다. 선서와 위증 제도가 근대법의 한 요소로 자리 잡은 것은 교회법과 세속법이 결합한 결과다. 우리나라를 포함하여 교회법의 전통이 없는 나라에서 선서하고도 위증하는 사례가 높음은 우연이 아닐지 모른다.

모어의 영향력 때문에 한동안 방관하던 헨리는 자신의 권력이 안정되자 그를 반역죄로 기소한다. 사악한 리처드 리치가 위증에 나선다. 리치는 그가 동정은 아끼지 않았지만 불신해 마지않던 인간이다. 로드 챈슬러가 되면서 모어는 어느 여인이 선물 겸 뇌물로 공공연하게 건네준 이탈리아제 은그릇을 리치에게 넘겨주기도 했다. 감읍해 마지않는 리치에게 그걸로 무엇을 하겠느냐고 묻자 리치는 "옷이나 사 입고 구직에 나서겠다"라고 답한다. 자신에게 일자리를 달라는 부탁에 모어는 "법원은 부패한 곳이다, 몸을 담을 곳이 못되니 선생이 되라"고 충고한 바 있다. 그런 리치가 이제 크롬웰의 하수인이 되어 모어의 목을 노리는 것이다. 리치는 그가 책을 차입해주러 모어의 감방에 갔을 때 모어가 국왕이 교회를 장악한 사실을 강하게 비판했다고 증언했다. 이 위증의 대가로 리치는 웨일스 검찰총장의 자리를 얻었다.

리치의 증언에 대한 모어 자신의 반론은 상식 있는 사람이라면 수긍하지 않을 수 없는 내용이다. "자신의 가족을 포함하여 누구에게도 이 문제에 대해 언급을 자제한 내가 리치에게 그런 말을 할 리가 있겠는가?" 그뿐 아니라 리치가 갑자기 검찰총장으로 승진한 사실에서 보듯이 증언자의 순수한 의도가 의심스럽다는, 신빙성에 대한 탄핵을 곁들였다. 법원은 이례적으로 판사 7명, 참심 19명, 배심 16명으로 구성되었다. 재판은 웨스트민스터 홀에서 열렸고, 자유로운 심증의 기회를 박탈당한 배심은 "독립된 장소에서 토의할 필요를 느끼지 않는다"며 현장에서 유죄를 선고한다.

공개 법정에서 모어가 한 최후 연설은 후세에 성인聖人의 지위를 예약하는 순교殉教의 변이다. 국왕의 속권이 교권을 겸하는 헨리의 수장령은 신과 교회의 법에 어긋나므로 기독교인에게 구속력이 없다고 논한다. 그리고 반역죄에 대해서는 구성 요건의 문제점을 조목조목 분석한다. "국왕의 충실한 신하, 그러나 그보다 먼저 신의 충복이다"라고 자신의 입장을 표명한 그는 "재판에서의 침묵은 기껏해야 불분명한 것이다. 결코 침묵을 근거로 반역의 사실을 추정할 수 없으며, 오히려 국왕의 행위에 동조한 것으로 해석할 수도 있다"고 법률 행위 해석의 원칙을 강론한다. "법은 단순한 추정이 아니라 사실에 기초해야 한다"는 것이다.

그러나 그의 법리는 위증 앞에 무의미하게 무너진다. 국왕은 재판이 시작되기도 전에 사형 집행을 준비하라고 지시했고 도끼 날을 가는 소리를 형장 밖에서도 들을 수 있었다고 한다. 당초에는 네 가지 죄목으로 기소했으나 반역죄만 다루고 나머지는 문제 삼지 않았다.

악마에게도 적법한 절차를

1935년 교황 피우스 11세는 모어를 성인으로 추서했고 그는 흔히 법률가의 수호성인으로 기림받고 있다. 모어는 역사상 가장 유능한 형평법원장이었다. 국가의 최고 관직인 '로드 챈슬러'의 직책 중 중요한 일은 형평법equity 사건의 처리다. 배심 재판을 원칙으로 하는 영국의 법제 아래서 형평법원Court of Chancery에는 '국왕의 양심'을 대리하여 그야말로 사안에 따라 적절한 구제를 부여하는 권한이 주어진다. 그만큼 형평법은 남용될 여지가 크다. 제대로 쓰면 자비가 될 수도 있지만 남용되면 자의恣意가 되기 십상이다. 무어가 직책에 오를 때 산적했던 미제 사건은 신속하게 해결되었을 뿐 아니라 누구도 챈슬러의 처리에 불만을 품지 않았다고 다소 과장되게 전해진다.

이 영화의 부수 효과는 영국 역사상 가장 유능한 형평법원장으로 평가받는 모어의 입을 통해 근대 영국법의 맹아를 볼 수 있다는 점이다. 위험한 인물을 체포하라는 요청을 거절하고 악마에게도 무죄의 추정과 '법의 보호'를 부여해야 한다고 단호하게 설법한다. 사위 로퍼는 악마에게는 적법 절차가 보장되지 않는다고 주장한다. 그러나 모어의 대답은 "이 나라는 방방곡곡에 법의 수목이 심겨 있네. 그것은 신의 법이 아니라 인간의 법이야. 만약 그 나무를 베어버린다면 이 땅에 불어

닥칠 광풍을 어떻게 막을 수 있겠는가? 나 자신의 안전을 위해서라도 악마에게도 '법의 보호'를 인정하겠네." 그러나 그 법의 방풍림은 국왕을 맞아서는 효험을 펴지 못했다.

모어를 기소한 사람들도 마찬가지 운명을 맞았다. 크롬웰은 수년 후 정치적 책략의 희생물이 되어 교수형에 처해졌다. 리치만이 침대에서 죽음을 맞이하는 천수天壽를 누렸지만 역사에서는 영원히 죽었다. 가장 사악한 인간에게는 도끼 세례도 아까웠던 모양이다.

법률가 성인 모어가 주창한 적법 절차의 이념은 영국의 자랑스런 전통으로 자리 잡았고 이내 바다를 건너 신대륙에 확산되었다. 미국 독립선언서와 헌법전의 가장 핵심적인 내용이 곧바로 "인간의 생명·신체·자유는 법의 적정한 절차 없이 박탈할 수 없다"는 적법 절차의 권리다. 이 원칙은 해가 지지 않는 나라 '대영제국'의 모든 영토에 확산 정착된 자랑스런 영국 '코먼로common law'의 핵심인 것이다. 한때 대법관의 몸으로 지구 구석구석의 법 현실을 탐사했던 미국의 윌리엄 더글라스(William Douglas, 1898~1980) 판사는 영국의 아시아 통치의 결산을 이렇게 요약했다. "인도, 파키스탄, 실론, 미얀마, 말레이시아 그 어디에서도 제국주의 영국이 저지른 죄과는 가볍지 않을지 모른다. 그러나 영국이 저지른 크고 작은 여러 잘못에도 불구하고 한 가지 찬란한 금자탑을 세웠으니, 그것은 이들의 머릿속에 '적법 절차'라는 개념을 확고하게 심어주었다는 사실이다. 아무리 잔혹한, 그리고 아무리 비참한 사람도 최소한 법의 보호를 받을 자격이 있다는 것을 가르쳐준 것이다. 이 찬란한 적법 절차의 탑이 공산주의에 대항하는 정신적 기초가 되어 아시아의 적화를 막은 가장 중요한 방어 무기가 되었다."

1951년 동란 중 한반도를 찾아 역사에 유린당하고 전란에 초토가 된 신생 공화국에 연민의 눈물을 흘린 더글라스 판사는 김병로(金炳魯, 1887~1964) 대법원장이 이끄는 의연한 사법부를 보고 "그래도 이 땅에는 희망이 있다"고 말했다. 반세기 전 이방인 법률가가 던진 이 한마디는 아직도 음미해볼 가치가 크다. 과연 이 땅에는 적법 절차가 뿌리내렸는가라는 되물음과 함께.

보통 사람이 만드는 재판

Twelve Angry Men | 시드리 루멧 감독 | 1957년

판단은 국민의 몫

미국 자유주의 이상의 대변자로 알려진 시드니 루멧 감독의 데뷔작 〈12인의 성난 사람들〉은 미국 법정영화의 최고 고전으로 많은 배심영화의 정전正典이 되었다. 배심제도의 본질에 대한 성찰과 함께, 국민이 나라의 주인이며 사법도 주권자인 국민의 몫이라는 미국식 자유주의에 대한 확신을 담은 작품이다.

판사가 아닌 '보통 사람'이 사법 제도를 운영하는 배심제도는 미국 자유주의의 핵심이다. 배심제도의 핵심은 피고인의 입장에서는 관료가 아닌, 동료 시민에 의한 판단을 받을 권리라는 기본권이다. 그러나 좀 더 중요한 배심제도의 의미는 국민이 단순히 수동적으로 사법 서비스를 받는데 그치지 않고, 능동적으로 국가의 사법 제도를 운용하는 참여 민주주의의 이상을 실현하는 데 있다.

미국 헌법은 배심제도에 관해 무려 다섯 개의 조항을 두어 규정하

고 있다. 그만큼 배심제도는 미국 헌정의 근간이 되는, 핵심 중의 핵심 조항이다. 영국의 법제를 이어받은 것은 물론이다. 그러나 배심제도를 영국과 미국에서만 고유한 제도로 이해한다면 잘못이다. 지구상에 '민주주의'가 출현하면서 민주주의를 표방하는 어떤 사회에서나 사법 제도의 운영에 국민이 참여한 면면한 역사가 있다. 고대 그리스 시대에도 배심재판이 시행되었다. 페리클레스Perikles 민주주의 시대에 배심재판이 실시되었고 근소한 표 차이로 소크라테스를 사형에 처한 것도 아테네의 배심이었다. 로마 시대에도 유사한 제도가 있었고 고대 스칸디나비아 지방에서도 오늘날의 배심과 유사한 국민의 사법 참여가 인정되었다.

오늘날 프랑스에서도 특별법원인 상사법원과 노동법원은 국민에 의해 선출된 사람으로만 재판부를 구성하고 나머지는 법관과 일반인으로 구성된 혼합법원으로 운영한다. 특히 형사중죄법원의 운영에는 법률 전문가 이외의 일반인 참여가 보장되어 있다. 스페인에서도 프랑코 독재정권 때 폐지되었던 배심제도가 1993년에 부활되었으며 러시아에서도 볼세비키 혁명으로 폐지되었던 형사 배심이 1995년에 부분적으로 부활되었다. 일본에서도 '다이쇼大正 민주주의'의 바람을 타고 도입되었다가 태평양전쟁이 발발하기 전인 1941년에 '정지'된 배심제도의 부활이 심각하게 논의되고 있다.

이런 나라에서 배심제를 폐지한 가장 중요한 이유는 강력한 중앙권력을 보유한 독재정권의 유지에 장애가 되었기 때문이다. 따라서 절대권력이 사라진 민주화 시대에 민주적인 제도의 부활을 진지하게 논의하는 것은 지극히 자연스러운 일이다.

동료 배심원들의 안이한 태도에 맞서 완강히 자신의 의견을 내세우는 단 한 명의 배심원. 그는 사건의 정황을 미루어볼 때 절대로 이 사건은 소년의 범죄가 아니라고 확신하고 끝까지 피고의 무죄를 주장한다.

일본과 같이 관료제에 대한 신뢰가 튼튼한 사회에서 배심의 부활이 심각하게 논의되는 중대한 요인 중 하나는 검사와 판사의 정서적 유착관계라고 한다. 판·검사라는 전문 법률가의 판단이 국민들이 생각하는 정의에 부합하지 못한 괴리감이 이 제도의 부활 논의에 중요한 배경이 되고 있다.

재판은 사실 인정과 법률 적용이라는 두 단계로 구성된 국가의 사법 작용이다. 양자를 모두 전문 법관에게 맡기든, 아니면 법관에게는 법의 적용만을 맡기고 사실 인정의 문제는 국민 스스로의 권한과 책임으로 하든 그것은 주권자인 국민이 선택할 일이다.

미국 법 아래서 열두 사람의 배심은 토론을 통해 합의된 결론에 이른다. 중죄重罪 사건에서는 전원이 합의하지 않으면 그 합의는 무효다. 〈12인의 성난 사람들〉은 "진실은 참여와 토론을 통해 발견된다"는 자유주의의 이상을 충실히 전달한다. 시작과 끝을 제외하고는 폐쇄된 공간 속에서 벌어지는 진지한 토론의 연속이다. 시각보다는 정신을 흡입하는 흑백영화의 장점을 최대한 살리고 있다.

참여와 토론을 통해

무료한 표정의 판사가 배심에게 설시說示를 내린다. 아버지를 죽인 일급살인 사건으로 유죄 평결이 내려지면 푸에르토리코 이민자 출신의 청년은 전기의자로 직행한다는 것이다. 겁먹은 피고의 얼굴이 비친다. 열여덟이라고 하나 아직 소년 티를 벗어나지 못한 앳된 모습이다. 배심이 즉시 토의에 들어간다. 열두 사람은 모두 백인 남자다. 그중 한 사람만이 스페인계일 뿐, 나머지 열한 사람은 WASP이다. 중년, 노인, 갓 이민 온 사람, 사무원, 노동자 등 제작 당시의 기준으로는 미국 사회의 보통 사람들의 집단일지 모른다. 여성과 유색인종을 철저하게 배제한 것은 미국의 민주주의와 사법 제도의 불완전함을 영상으로 은유한 것이기 때문이다.

재판 중 제시된 모든 증거가 의심의 여지 없이 피고가 유죄임을 보여준다. 움직일 여지 없이 불리한 증언들이 많다. 사건이 발생한 곳은 기차길 옆 빈민 아파트. 철로를 사이에 두고 맞은편 아파트에 사는 할머니가 자신의 침실 유리창을 통해 살인 현장을 목격했다고 증언했다. 살인 장소 바로 아래층 할아버지는 "아버지를 죽여버리겠어요"라는 피고인의 목소리에 이어 마루 바닥에서 둔탁한 소리가 났으며, 곧바로 피고인이 계단을 황급히 뛰어 내려가는 것을 자신의 아파트 현관문을 통해 보았노라고 증언한다. 범행 무기로 제시된 잭나이프를 최근에 피고인에게 팔았다는 점원의 증언도 있다. 피고인이 내세우는 알리바이도 허약하다. 그날 밤 11시부터 이튿날 새벽 3시까지 영화관에 있었다고 하나 영화 제목도, 주연 배우의 이름도 제대로 기억하지 못한다.

배심장이 선출되고 즉시 예비 투표에 들어간다. 11 대 1이다. 유일한 반대자는 중년의 건축기사(헨리 폰다 분). 모두 경악할 뿐이다. 그는 즉시 유죄를 평결하기에는 약간 석연치 않은 점이 있다고 한다. 대립하는 양쪽 당사자 중 조금이라도 증거가 우세한 쪽이 승리하는 민사 사건과는 달리 죄를 다루는 형사 사건에서는 이른바 '합리적 의심을 넘는beyond reasonable doubt' 강력한 증거가 없으면 무죄가 된다.

그의 외로운 반대 의견은 무더운 여름 날씨에 짜증난 사람들을 더욱 피곤하게 만든다. 열두 사람 모두 화가 나 있지만 저마다 화가 난 이유가 다르다. 대중의 예단과 편견에 성이 난 폰다, 예상보다 길어진 토의 때문에 끝내 야구 구경을 놓쳐 화가 난 야구광, 빈민가 젊은 놈들의 파렴치에 분노하는 중산층 아저씨, 모두 나름대로 불만이 있다.

그러나 자욱한 담배 연기 속에 이름 대신 번호로 통용되는 열띤 익명의 설득과 논쟁은 계속된다. 외로운 반대자로서 의연한 자세를 견지하는 폰다에 감명받은 노인이 동조함으로써 시작된 '반란의 과정'은 인간사의 가장 원초적인 감정들을 미국 사회 전체의 취약점과 함께 엮음으로써 사회의 축약도로서의 영화의 역할을 십분 수행하고 있다.

폰다의 진지한 의문 제기와 논리를 갖춘 설득에 각종 편견이 차례차례 무너진다. 살인 무기로 제시된 재크나이프를 판 점원은 그런 디자인의 칼을 생전 처음 보았다고 말했지만 폰다는 자신이 꼭 같은 칼을 전당포에서 손쉽게 구입했음을 밝힌다. 또한 피고인이 범행 현장에서 도주하는 것을 목격했다는 노인의 진술은 신빙성이 의심스럽다. 불편한 다리를 끌고 자신의 침대에서 일어나 창문까지 15초 만에 걸어갈 수 없다는 것을 실험을 통해 밝혀낸다. 게다가 지극히 침착한 동료 배심원조차도 최근에 본 영화의 내용을 제대로 기억하지 못하는 것을 지적함으로써 더 없이 견고해 보이던 증거의 신빙성을 무너뜨린 것이다.

수 차례의 투표 끝에 1 대 11로 역전되고, 아들에게 버림받은 후 이 세상 모든 젊은 놈을 적으로 여겼던 최후의 반대자마저 입장을 바꾼 새로운 다수의 압력에 굴복한다. 이렇게 하여 전기의자에 끌려갈 처지의 패륜아는 대명천지를 보게 된다.

영화는 무성의하고 안일한 대중의 편견과 예단이 얼마나 무서운가를 보여주면서 이러한 오류는 진지한 참여와 토론을 통해 극복할 수 있다는 참여 민주주의의 이상을 전한다. 카메라의 절제가 빛나고 롱테이크와 몽타주 기법을 통해 한정된 공간 안에서 벌어지는 치열한 심리적 긴장감은 영화의 흡입력을 더한다.

이른바 '전문가' 관료가 운영을 독점하는 사법 제도를 가진 나라 사람들에게는 낯설기만 한 영화일지도 모른다. 그러나 옳고 그름을 판단하는 일은 관료인 판사가 아니라 사법 주권자인 일반 국민의 몫이라는 것, 그 국민의 진지한 토론과 대화를 통해 진실의 길에 이른다는, 반드시 경청해야 할 본질적인 메시지가 그득히 담긴 명화다.

성매매 여성의 인권 선언

Article One | 송경식 감독 | 2003년

대한민국은 민주공화국이다

대한민국에는 무수한 법이 있고 1년에도 수백 건의 새 법률이 탄생한다. 법을 만들고 고치느라 여의도 국회의사당은 분주하다. 아무리 기억력이 뛰어난 법률 전문가라 해도 나라 안에 시행되고 있는 법 규정을 모두 알지는 못한다. 그러나 모든 법률가가 외고 꿰고 있는 조문이 하나 있다. "대한민국은 민주공화국이다(제1항). 대한민국의 주권은 국민에 있고 모든 권력은 국민으로부터 나온다(제2항)." 대한민국 헌법 제1조다. 법률가만이 아니다. 이 조문을 모르면 그야말로 대한민국 국민으로 행세할 자격이 없다. 대한민국의 모든 법 규정 중에서 가장 핵심적인 구절이다. 헌법의 다른 조항은 바꿀 수 있을지 몰라도 국민주권의 원리를 천명하는 이 조항만은 절대로 손댈 수 없다. 문자 그대로 국민이 나라의 주인인 '민국'의 상징이자 핵심이기 때문이다. 구체적으로 누가 대한민국의 국민인가? 그야말로 모든 국민이다. 문자 그대로 사람 위에 사람 없고 사람 아래 사람 없으며, 일등국민, 이등국민이 따로 있을 수 없다. 국회의원은 헌법이 규정한 국민의 대표자다. 나이 스물다섯 살이 넘은 대한민국 국민은 누구나 국회의원이 될 자격이 있다. 이러한 헌법정신을 천명하듯이 '대한민국 헌법 제1조'를 당당하게 제목으로 내건 영화가 있다.

도둑놈, 깡패, 사기꾼, 너나 할 것 없이 국회의원이 될 수 있는데도 유독 창녀만은 안 된다는 법이 어디에 있는가? 영화는 세인의 평가대로라면 '2급국민'에 불과한 창녀를 나라의 주인인 '대한민국 국민'으로 전면에 내세운다. 이 전에도 윤락녀의 이야기를 정면으로 다룬 영화도 더러 있었다. 1970년대 '호스테스 소설'의 원조격인 최인호의 소설을 영화로 만든 이장호 감독의 〈별들의 고향〉(1974) 이나 임권택 감독의 〈노는계집 창娼〉(1997) 등이 나름대로 성과를 거두었다. 그러나 이들 영화들은 가정과 사회에서 버림받은 가련한 여성의 애환과 비애에 초점을 맞춘, 그야말로 전형적인 윤락녀 스토리였다. 굳이 영화의 메시지를 기댈 문서를 찾자면 세계인권선언 제1조가 될 터이다. "모든 인간은 태어날 때부터 자유롭고 존엄성과 권리에 있어 평등하다." 그러나 새 영화는 이들 가련한 인간들을 자유 대한의 헌법으로 품어 안는다. 시대와 세태의 변화를 반영함은 물론이다.

영화는 시종일관 여의도 국회에 대한 진한 패러디로 이어진다. 대통령, 장관, 판사, 경찰 등 공직자에 대한 풍자와 비판은 자유로운 나라에 사는 국민의 특권이다. 은밀하게 집창촌을 찾은 국회의원 하나가 과도한 성행위 끝에 사망한다. 속칭 '복상사'다. 그의 사망으로 여·야가 136인 동수가 되고 보궐선거의 향방에 따라 의정의 주도권이 바뀔 운명이다. 당연하게 양당은 입후보자를 낸다. 자유당의 오만봉과 공화당의 허영진이다. '자유', '공화', '오만', '허영', 당과 후보자의 이름에서 한국 의회사의 불쾌한 기억이 환기된다. 시대착오적인 국수주의자도 '민족당'의 후보로 나선다.

이런 상황에서 창녀 고은비가 주위의 부추김을 받아 무소속으로 입후보하면서 매스컴의 시선이 집중된다. 유세 과정에서 온갖 술수가 동원된다. 유언비어, 금품 매수, 강제 동원, 여론 조작, 조직적인 유세 방해, 노골적인 협박과 교묘한 언론 플레이, 여느 선거나 마찬가지다. 일반 여성에게 윤락 여성은 그늘 속에 사는 독버섯일 뿐이다. 이들의 대중탕 출입을 내놓고 항의하는 동네 아낙네나 창녀 주제에 뻔뻔스럽게 국회의원에 입후보한 사실을 성토하는 여성단체의 태도만 봐도 이들은 같은 여성에게도 제대로 인간 대접을 받지 못하는 소외 그룹이다. 그러기에 창녀 출신으로 당당하게 의회에 입성했다는 다른 나라의 '선구적'인 사례는 이들 이등국민에게는 희망의 등불이다. 어두운 세계에 일상화된 각종 성적 비어卑語와 농어弄語에서 현실정치에 대한 풍자와 고발이 물씬거린다.

"하기 전에는 존댓말을 하지만 하고 나서는 반말을 지껄이는" 사내들의 횡포와 오만을 어떻게 응징할 것인가? 여성 전체를 대변하는 메시지에 덧붙여, "윤락녀는 강간 대상이 아니다"라는 경찰의 편견어린 일처리에 분개한다. 막연한 분노와 대책 없는 한숨 대신 동료를 국회의원으로 만들겠다는 '당사자 운동'을 전개하는 것이다.

누군가 결혼의 본질을 일러 관성과 체념이 절반씩이라고 하지 않았던가? 타성이 된 부부의 잠자리에 체위 변경이 필요하다. '빗장걸이.'

국회의원 보궐선거에 끔찍한 성폭행을 당한 동료 사건이 윤락녀란 이유로 수사조차 못 받자 분개해 윤락녀 고은비가 출마한다. 아무도 관심을 두지 않았던 그녀의 지지율이 급상승하면서 기성 정치인들은 승리를 위해 수단방법을 가리지 않고 갖은 음모와 계략을 꾸민다.

침실만이 아니라 정치도 전혀 새로운 자세로 임해야 한다는 것이 고은비 후보가 유세장에서 역설한 새로운 국정 패러다임이다.

자유와 성은 같은 문제

여러 차례 고비 끝에 흔히 보궐선거가 그러하듯이 선거는 지극히 낮은 투표율(35.2퍼센트)로 결말을 맺는다. 예상을 뒤엎은 젊은 층의 적극 참여로 판세가 반전되고 근소한 표 차로 고은비가 당선된다. 새 세대를 알리는 '고운 비', 서우瑞雨가 내린 것이다. 그녀의 표결에 따라 나라 전체의 향방이 달라질 운명이다. 태극기가 물결치는 거리 행진 끝에 한 손에 헌법전을 굳게 거머쥐고 보무당당하게 국회로 향해 발길을 내딛는다. 굳게 잠긴 철제 정문을 타고 넘어 의사당을 향해 진군하는 고은비 의원의 결연한 자태를 클로즈업하면서 영화는 막을 내린다.

이 영화는 우리 사회에 깊이 뿌리박은 견고한 편견의 성을 향해 '난쟁이'들이 쏜 작은 공이다. 멸시받는 소외계층의 상징으로 창녀를 등장시켜 성 매매라는 인류의 오랜 악습에 기인한 사회 문제를 새로운 시각에서 조명한 공로가 있다. 이른바 자유로운 사회에서 가장 지키기 어려운 법 중의 하나가 성에 관한 법이다. 대체로 성에 대한 규제가 엄격한 나라는 다른 법도 엄한 경향이 있다. 그래서 현대 사회에서 흔히 자유와 성은 같은 척도로 통용되기도 한다. 특히 젊은이에게는 성적 자유가 곧바로 자유의 본질적 요소로 느껴지기도 한다. 성욕만큼이나 통제하기가 부자연스러운 인간의 욕망도 드물다. 그러나 인류의 역사는 성행위를 결혼이라는 제도 속에 묶어두는 윤리를 정착시켰다. 그러나 어떤 사회에서도 이러한 제도와 윤리를 전면적으로 관철하는 데 성공하지 못했다. 성과 결혼의 배타적 결합이라는 '부자연스런' 제도는 이를 보완해주는 사회적 장치가 필요하다. 자유사회가 존중하는 '사생활의 자유'가 어느 정도 그 간극을 메워준다. 배우자가 없는 성인 사이의 성행위는 사생활의 자유에 속한다. 그러나 사생활의 자유는 성을 공유하고 교환할 자유이지, 돈으로 성을 사고 팔 자유는 아니다. 성을 상품으로 거래하는 것은 야만의 잔재다. 성매매 방지에 관한 특별한 국제협약이 존재할 정도로 문명사회에 공통된 적이기도 하다.

그러나 반론도 있다. 다소 냉소적인 비유를 동원하자면 결혼도 따지고 보면 많은 경우 금전적 거래다. 다만 단번에 이루어지는 '빅 딜'일 따름이다. 예나 지금이나 세인의 이목을 집중시키는 각종 '신데렐라 스토리'의 본질도 그러하다. 그러나 설령 결혼을 거래라고 치부하더라도 결혼은 성만이 아니라 지위, 사랑⋯ 이 모든 것을 포함한 포괄적인 거래다.

그런데 한 가지 제기되는 근본적인 의문은 왜 항상 사는 쪽이 남성이고 파는 쪽은 여성인가 하는 점이다. 전통과 인습이라는 길고 긴 역사의 질곡에서 헤어나지 못하는 한 '평등한 세상, 차별 없는 세상'은 이루어질 수 없다. 그런가 하면 과거에는 상상조차 못하던 항변도 제기된다. 자신의 몸을 자발적으로 내다 팔 '자유'를 국가가 왜 간섭하느냐라는 이의제기다. 윤락녀를 보호하기 위한 법의 제정에 항의하는 당사자들의 데모는 실로 당혹스럽기 짝이 없는 것이었다.

미美 국무부가 발행한 2006년도 한국인권보고서는 대한민국 땅에 성매매가 성행하고 있다고 내놓고 비난하고 있다. 그들이 자신 있게 그런 평가내릴 만한 자격이 있는지, 근본적인 물음을 접어두면 내놓고 반론할 수 없는 현실이기도 하다.

2004년 3월, 대한민국 국회는 이른바 '성매매특별법'을 제정했다. 여성부의 체계적인 노력의 결실이기도 하다. 성매매의 방지와 '피해자'인 성매매 여성을 보호하고, 이들의 자활을 도운다는 것이 입법의도였다. 이전의 법과는 달리 이 법은 성을 '사는' 사람도 처벌한다. 그러나 고귀한 이상은 비열한 현실 앞에 빛을 잃고 만 느낌이다. 법이 시행되고 난 후에도 성매매는 여전히 성행한다는 것이 공지의 사실이다. 집창촌이 집중 단속의 대상이 되면서 성매매는 도시 전역에 퍼져 나가고 있다는 증거가 확연하다. 최근의 신문보도는 한 '마사지' 업주의 말을 벌어 법률가, 공무원, 의사, 교수 등등 이른바 '점잖은 사람'들도 즐겨 출입한다고 한다. 한마디로 성직자를 제외하고는 모두 고객이라고 한다. 이러한 보도를 개탄하면서도 별로 충격으로 받아들이지 않는 세태다.

영화에서도 "군에 입대할 때 한 번, 제대할 때 한 번, 딱 두 번 갔었다"는 보좌관의 고백을 받아서 "행여 그럴까 봐 나는 아들놈을 군대에 보내지 않는다"는 오만봉 후보의 엉뚱한 위선이 오히려 서글프다. 도시 생활에는 하수도와 상수도가 함께 마련되어 있어야 한다. 인간의 고상한 심성과 취향을 챙겨줄 곳과 더불어 저급한 본능을 충족해주는 곳도 함께 마련되어 있어야 한다. 비도덕적이고 불법인 줄 알면서도 고객이 끊이지 않는 성매매 현실을 어떻게 할 것인가? 자유와 도덕이 함께 공존하는 사회는 이룰 수 없는가? 이 난제에 대한 답은 이 영화의 몫은 아니다. 영화는 이러한 비도덕적인 현실을 엄연한 현실로 직시하자는 주장을 담고 있는 것은 아닐 것이다. 다만 영화는 전혀 다른 관점에서 우리의 성찰을 주문한다. 어떻게 하면 공정한 선거를 치를 것인가, 전통적 미덕과 가치관이 전면적으로 무너져내린 반면 건정한 새 질서와 도덕은 자리 잡지 못한 혼란의 시대, 인터넷의 범람, 각종 댓글과 악플과 무책임한 UCC의 난무 속에 치러야 할 대통령과 국회의원 선거가 미리 걱정스럽다.

레인메이커

신출내기 변호사가 겪는 냉혹한 현실

The Rainmaker ｜ 프란시스 포드 코폴라 감독 ｜ 1997년

미국인의 영웅, 변호사

'레인메이커'의 사전적 정의는 문자 그대로 '비를 내리게 하는 사람', 즉 인공우人工雨를 만드는 기상과학 전문가를 지칭한다. 이러한 정의에 덧붙여 '세상에 좋은 소식을 가져오는 사람'이란 뜻이 함께 통용된다. 아메리칸 인디언들에게 이 단어는 자연신으로 하여금 기우제에 화답하도록 호소하는 제사장을 의미하기도 한다. 비는 자연의 상징이다. 비는 때때로 문명사회를 파멸로부터 지켜주는 마지막 희망이라는 뜻으로 사용된다. 물질 중심의 고도 산업사회에서 거대 자본의 횡포로부터 인간의 존엄을 지켜내는 사람이 있다면 그를 레인메이커라고 불러도 좋을 것이다.

거장 프란시스 코폴라 감독의 영화 〈레인메이커〉는 당대 최고의 인기 법률소설가 존 그리섬의 동명 소설을 원작으로 하고 있다. 영화의 제목은 어깨가 움츠러든 작은 시민과 법률가가 인간성의 이름으로 대

기업과 막강한 법률팀을 상대로 벌인 외로운 법정 투쟁이 민중의 정의를 실현한다는 내용을 암시한다. 원작과 마찬가지로 이 영화는 전형적인 법정 드라마에서 벗어난 여러 가지 요소를 갖추고 있다. 이른바 '스타' 법률가의 삶이 아닌 평범한 법률가의 길, 도회지가 아닌 지방의 변호사, 결코 일류가 아닌 삶 그리고 형사 사건이 아닌 민사 사건을 대상으로 하고 있는 점이 그것이다. 이렇듯 '튀지 않는' 법이 오히려 법의 일상적 모습이다. 자칫 잘못하면 무미건조하게 느껴지기 쉬운 소재를 긴장감 있게 구성한 작가와 감독의 솜씨가 돋보인다. 600여 쪽에 이르는 다소 산만한 이야기를 두 시간짜리 단일 주제로 박진감 있게 재구성해낸 솜씨는 다섯 차례나 아카데미 감독상을 수상한 탁월한 거장의 경력에 걸맞는다.

미국 영화 속에 변호사가 주인공으로 빈번하게 등장하는 이유로는 여러 가지를 들 수 있다. 그중 하나는 김성곤 교수가 말하는 미국 사회에서 '영웅의 사라짐'과 관련이 있을 것이다(《김성곤교수의 영화에세이》, 1994). 영웅은 한계 상황에서 탄생한다. 전쟁과 혁명이야말로 영웅이 출현하는 가장 보편적인 상황이다. 그러나 지구상에서 인간의 갈등을 해결하는 수단으로서의 전쟁은 점차 후퇴하고 있다. 혁명과 이데올로기의 시대도 급격하게 퇴색하고 있다. 과거에 전쟁과 혁명이 차지하던 자리를 이제는 법이 대신하고 있다. 새로운 시대정신은 법 제도를 통해 구현되고, 그 제도를 움직이는 법률가는 과거에 영웅이 수행하던 역할을 맡는다. 미국은 다른 어느 나라보다도 법이 국민의 생활 속에 깊이 뿌리박힌 곳이다. 20세기 후반 미국의 영웅은 법 제도를 통해 반가운 비 소식을 가져오는 법률가인 셈이다. 현실을 직시하며 새로운 시대를 향한 가치관을 제시하는 일, 그것이 법률가의 역할일 것이다.

　미국인의 전형 가운데 하나로 법률가를 들 수 있다. 20세기의 대시인 오든(W.H. Auden, 1907~1973)의 말처럼 미국에서는 법이 아침인사나 저녁인사처럼 지극히 일상적이다. 경찰과 변호사는 미국의 일상적인 삶의 일부다. 또한 미국 사회에서 법률가라는 직업인이 하는 일이 천차만별인 것도 법률가가 영화의 주인공으로 자주 등장하는 부수 이유다. 다른 어느 나라와 마찬가지로 미국에서도 법률가는 세속적 성공의 상징으로 여겨진다. 자본주의가 무르익은 미국에 물질적 성공이 사회적 신분과 결합하여 흔히 '월 스트리트 변호사'로 상징되는 기업 변호사가 있다. 그러나 미국에는 또 다른 유형의 법률가가 존재한다. 속칭 '거리의 변호사street lawyer'로 불리는 일단의 공익법 변호사들이다. 미국 전체 변호사의 15퍼센트 이상이 크고 작은 인권재단, 법률구조기금 등 공익법 활동에 종사하고 있다. 그러기에 미국이란 나라에는 돈과 인권, 어느 측면에서 보아도 법률가가 주인공이 될 수 있는 충분한 사회적 배경이 깔려 있다.

테네시의 다윗

주인공 루디 베일러는 법과대학을 갓 졸업한 신출내기 변호사다. (원작과 영화 모두) 이야기는 그의 법과대학 졸업반 시절부터 시작한다. 루디는 피자를 배달하면서 어렵사리 대학을 마친 후 멤피스 소재 테네시 주립대학 법대에 진학한다. 전형적인 법정소설의 주인공들 같은 일류대학 우등 졸업생이 아니다. 루디는 지방대학 법대를 중간 정도의 성적으로 졸업한 지극히 평범한 인물이다. 현직 학장의 몸으로 영화에서 학장 역을 맡았던 도널드 폴든(Donald Folden, 현재 산타클라라 법대 학장)은 루디와 보통 학생들이야말로 민초들의 삶을 보살피는 일꾼이라고 말한다.

대학을 갓 졸업한 신출내기 변호사는 대형 보험사를 상대로 대규모 전쟁을 벌인다. 그를 돕는 이는 변호사 시험에 6번이나 낙방한 덱이다.

루디의 소년기는 어두웠다. "장래 법률가가 되겠다는 나의 결심은 아버지가 법률가 직업을 싫어한다는 사실을 알고 난 후 돌이킬 수 없이 굳어졌다"라고 시작하는 원작의 첫 구절에서 주인공이 어떤 일을 하게 될 것인지 예측이 가능하다. 해병대에 복무한 인생 경력이 유일한 자랑거리인 아버지는 모름지기 사내아이는 매로 다스려야 한다는 소신을 지니고 있다. 루디는 어머니를 폭행하는 아버지에 반항한다는 이유로 멀리 군사학교에나 보내질 팔자였다. 일정한 직업도 없이 술주정뱅이 아버지가 사고로 죽자 어머니는 기다렸다는 듯이 재혼했고 동시에 아들과도 인연을 끊는다.

루디는 법과대학을 졸업하자마자 삼류 법률 사무소에 취직한다. 자신이 '낚아 오는' 사건에 따라 수입을 배당받는, 이른바 '실적급' 계약 변호사로 채용된 것이다. 마침 대학 졸업반의 임상 수업 과정에서 맺은 인연으로 두 건의 사건을 '가지고' 들어가게 된다. 한 건은 할머니의 유언장을 작성해주는 싱거운 업무였고, 나머지 한 건은 보험회사를 상대로 한 소송이었다. 밋밋한 유언 사건은 밑바닥 출신 법학도 루디에게 결코 극적이지 않은, 지극히 평범한 일상생활의 배경 역할을 한다. 유언의 작성을 계기로 알게 된 버디 여사는 방세 대신 정원 일을 해주는 조건으로 루디를 자신의 집에 기거하게 하고, 남편의 폭행을 피해 은신할 곳을 찾는 젊은 여성 켈리의 보호자가 되기도 한다.

한편 보험회사 사건은 성격이 다르다. 이 사건은 사회적 정의라는 법대의 진학 동기를 설명하는 중요한 역할을 한다. 대형 보험회사 그레이트 베너피트사가 백혈병을 앓고 있는 청년에게 보험금 지급을 거절해 발생한 사건이다. '위대한 시혜Great Benefit'라는 기만적인 구호는 이 회사의 정체를 감추고 있다.

변호사 시험에 합격하면서 이 사건의 정식 변론을 맡은 루디는 소송을 진행하면서 이 회사가 상습으로 서민층을 사취하는 악의 존재임을 알게 된다. 신참 루디는 엄청난 경험의 차이를 무릅쓰고 보험회사가 고용한 일급 변호인단을 상대로 싸움을 전개한다. 통산 법정 경험 100년 대 1개월의 대결이다. 고전에 고전을 거듭하던 그는 사무장 덱쉬플릿의 도움으로 유리한 증인을 확보하고 보험회사 사장을 신문하면서 확실한 증거를 얻어낸다. 몇 차례 화해의 제의가 있었지만 의뢰인과 변호사는 단호하게 거절한다. 개인적 보상을 넘어서 정의 그 자체를 원하는 젊은 백혈병 환자의 투쟁의식은 사건의 성격을 사적 권리의 문제에서 사회의 구조적 불의의 문제로 전환시킨다.

노골적인 소 기각의 위협과 함께 화해를 종용하는 등 친기업 성향이 완연한 판사가 돌연 사망하고 그 자리를 민권 운동가 출신의 판사가 이어받자 새로운 전기가 마련된다. 마침내 배심은 원고 승소의 평결과 함께 15만 달러의 손해배상에다 5000만 달러라는 천문학적 액수의 징벌적 손해배상punitive damages을 명한다. 그러나 패소한 보험회사 간부들은 회사 재산을 빼돌리고 파산 절차에 들어가고 피해자는 한 푼도 수중에 얻지 못한다. 허무한 종결이지만 원고 어머니의 이야기처럼 "테네시의 작은 여인이 괴물을 죽였다"는 사실은 골리앗을 죽인 다윗의 승리처럼 역사에 기록된다.

악마에게는 악마의 방식으로

이 작품은 흔히 간과하기 쉬운 어두운 법의 세계를 비쳐준다. 오로지 바르고 옳은 것만을 추구하는 이상적인 법률가가 되려는 꿈으로 변호사가 된 루디 앞에는 냉혹한 현실이 기다린다. 그는 실무 세계에 발을 들여놓으면서 곧바로 악과 조우하고 그 악의 세계에서 승리하는 악의 방법을 터득하게 된다. 흔히 영화에서는 법의 천국, 미국에서는 정의가 언제나 승리하며, 그 승리의 과정도 도덕적으로 전혀 흠이 없다는 것만을 부각한다.

그러나 이 영화는 악마는 악마의 수단으로 무너뜨린다는, 보다 현실적인 메시지를 전한다. 그것을 가르쳐주는 사람이 사무장 덱 쉬플릿이다. 여섯 차례나 변호사 시험에 낙방한 덱이지만 실무 현장에서 축적한 경험과 타고난 감각이 있다. 그는 법대를 갓 졸업한 이상주의자 청년에게 험한 세상을 살아가는 생활의 지혜를 가르쳐주는 실용주의

젊은 변호사는 산전수전 다 겪은 덱의 경험을 밑천으로 거대한 보험회사를 파산지경에 이르도록 만든다. 그러나 세상사는 만만치 않다. 보험회사는 고의로 파산 절차에 들어가고 이들은 아무런 소득도 올리지 못하게 된다.

자다. 루디가 처음으로 구한 직장인 '구급차 쫄쫄이ambulance chaser' 변호사 사무실을 박차고 나와 스스로 사무실을 열게 된 계기도 사무장 덱의 권유다. 상대방이 불법으로 자신의 사무실에 설치한 도청 장치를 찾아내고 이를 역이용하여 자신에게 불리한 배심을 배척하는 술수를 루디에게 가르친 사람도 덱이다. 직무상 훔친 서류의 법적 효력에 관한 선판례를 찾아낸 것도 그가 맺고 있던 악덕 변호사와의 연관 때문이었다.

　이러한 루디의 타락에 가까운 사회화 과정을 이른바 '성장소설'이라는 관점에서 분석해볼 수도 있다. 루디 자신의 독백처럼 그는 시간당 수임료 1000달러를 받는 변호사들을 증오한다. 처음에는 그 자신이 그런 위치에 이르지 못한 선망과 질시 때문에 미워했으나, 나중에는 그들이 변호하는 의뢰인 때문에 증오한다. 악을 깨기 위해서는 악마의 방법을 이용하는 성인의 세계에 들어온 루디는 자신의 행위가 지니는 사회적 의미를 깨닫는다. 그리하여 현대 서비스산업 사회에서 서비스의 상징인 보험회사가 서민을 괴롭히는 착취자가 되어 저지른 악을 타파하는 첨병이 된다. 승산이 거의 희박한 그의 싸움에 보조 법률가인 덱의 실용적 지혜가 가세하고 법 제도를 운영하는 판사의 호의적인 눈길과 민중의 준엄한 정의감이 원군이 된다.

소송 진행 중 사망한 백인 판사 후임으로 새로 취임한 흑인 판사는 모든 면에서 대조적인 인물이다. 하버드대 출신으로 민권 변호사 경력이 있는 판사는 신속한 재판을 위해 특별소송절차를 제안하고 이에 반대하는 보험회사에 대해 준엄한 경고를 준다.

영화 초반에 비춰진, 사망이 임박한 젊은 청년이 피를 흘리며 소장에 서명하는 모습은 상징하는 바가 크다. 찰스 디킨스의 《음산한 집 Bleak House》(1853) 이래 되풀이하여 제기되는 가장 중요한 법 절차의 문제점은 '지연delay'이다. "사느냐 죽느냐"로 시작하는 그 유명한 햄릿의 독백도 '법의 지연law's delay'을 감내하기 힘든 고통으로 들었다. 우리나라의 작가 정을병과 이문열도 각각 〈육조지〉(1974)와 〈어둠의 그늘〉(1980)에서 형사소송 절차상의 비리를 고발하는 여섯 가지의 악인 '육조지' 중 판사의 '미뤄 조지기'를 들었다.

작품 중 배심이 내리는 징벌적 손해배상은 미국의 사법 정의의 원천을 밝히는 중요한 제도다. 이러한 유형의 손해배상은 다른 나라에는 거의 존재하지 않는 미국만의 제도라고 해도 과언이 아니다. 피해자에게 발생한 법적 손해로는 가해자의 사악한 행위를 충분히 응징하지 못한다고 생각되는 경우에 '민중 정의community justice'의 이름으로 부과하는 벌인 것이다. 눈물이 찔끔 날 정도로 따갑게 한다는 의미로 속칭

'따끔 배상smart money'이라고 부르기도 한다. 징벌적 손해배상을 부과하는 것은 판사가 아니라 배심의 전권에 속한다. 이를테면 지역 사회의 윤리감을 기준으로 내리는 민중 정의의 선언인 것이다.

이 사건에서 그레이트 베너피트사는 체계적으로 서민층을 기만·착취했다. 보험 모집이나 가입 절차부터 사기성이 농후하다. 그리고 보험금 지급청구가 들어오면 일단 지급거절 통지를 보내고 되도록 지연시킨다는 내부 원칙을 세워두었다. 연간 통계를 보면 총 청구 건수 중 80퍼센트 이상이 지급 거절되었다. 의료기관과 돈이 오가는 뒷거래를 통해 결탁한 의혹이 짙다. 이 사건에서도 여덟 번째 지급거절 통지를 보내며 "당신은 멍청이you must be stupid, stupid, stupid!"라는 모욕을 서슴치 않고 편지에 담았다. 담당 직원이 재판에 소환될 상황에 처하자 그녀를 해고하면서 궁박한 상태를 이용해 자진 퇴사를 위장한 사직서를 받았다. 게다가 여성직원 승진의 중요한 요건 중에 상관과의 섹스가 포함되어 있다. 이 모든 악행은 징벌적 손해배상이 아니고서는 적절하게 징계할 수가 없다.

그레이트 베너피트사의 파산으로 유족과 변호사는 한 푼도 건지지 못한다. 그러나 이렇게 허무한 종말은 테네시의 한 여인이 괴물을 죽임으로써 희망의 비를 내리게 했다는 사회적 성취로 보상받는다. 이 과정에서 루디는 자신의 어두운 과거의 악몽을 극복한다.

루디는 '구급차 쫄쫄이'로 종합병원에 나가 사건을 '낚던' 시절에 알게 된 가정폭력의 피해자 켈리와 사랑에 빠진다. 처음엔 그녀의 처지를 동정하여 남편의 폭력에서 보호하려는 인간애의 발로였으나, 서서히 남녀간의 애정으로 발전하고 남편으로부터 탈출을 도와주다가 사고로 남편을 살해하게 된다. 그러나 루디를 보호하려는 켈리는 자신이 살인 혐의를 덮어쓰고, 마침내 정당방위로 기소를 면하게 된다.

연인이 된 둘은 법의 세계를 벗어나 새로운 보금자리를 찾아 떠난다. 그녀와 함께 새로운 시작을 위해 법 밖의 세계로 떠나는 루디, 아버지에게 맞는 어머니를 무력하게 쳐다보기만 해야 했던 유년 시절의 악몽을 남편의 폭력에서 켈리를 구출함으로써 치유할 수 있었던 것은 법이라는 어른의 의식과 절차가 있었기 때문이다.

어둠 속의 비명 소리

배심제와 여론몰이의 위험

A Cry in the Dark ｜ 프레드 셰피시 감독 ｜ 1988년

딩고가 아이를 물어갔다!

2000년 하계 올림픽이 열린 호주에는 캥거루, 코알라, 딩고 등 진귀한 동물이 많다. 시드니 근교에 자리한 '민속동물원'이 비좁을 정도로 풍부하다. 올림픽 마크에 등장하는 시드Syd · 올리Olli · 밀리Millie, 삼총사도 이들 토착동물의 영상 합성품이다. 영화 〈어둠 속의 비명 소리〉는 호주의 야생견 딩고dingo의 속성이 도마 위에 오른 재판을 옮긴 실화다.

　마이클과 린디 체임벌린은 세 아이를 거느린 독실한 신앙인이다. 마이클은 제칠일 안식일 예수재림교회Seventh Day Adventist Church의 목사이기도 하다. 1980년 여름, 부부는 이웃과 함께 내륙 사막의 명승지 에어스 록Ayer's Rock으로 캠핑 여행을 떠난다. 단일 암석으로 세계 제일인 이 거대한 암석은 한때 호주 원주민들aborigines이 종교의식으로 섬기던 성지이기도 했다. 그 성지 아래서 해거름 무렵, 3개월짜리 딸 아자리아를 텐트 속에 남겨둔 채 부부는 일행과 함께 바비큐 파티를

벌인다. 갑자기 어둠 속에서 비명소리가 나고 린디가 달려가 보니 딩고 한 마리가 텐트에서 나와 어둠 속으로 사라진다. 텐트 속의 아이가 사라졌다. "딩고가 내 아이를 물어갔다!" 부부는 물론 일행과 경찰이 함께 몇 날 며칠을 수색 작업에 나섰으나 아이의 행방은 묘연하다.

체임벌린 부부는 갑자기 세계 언론의 주목을 받게 된다. 야생 개의 습성과 관련하여 학술 논쟁이 벌어진 것이다. 딩고라는 동물은 결코 아이를 물고 사라질 수 없다는 주장이 득세하자 사건은 뜻하지 않은 방향으로 확대된다. 아이를 잃은 것도 하나님의 뜻이라는 이들 부부의 말에서 광신으로 인해 아이를 살해했다는 의구심이 제기된다. 즉《구약》에서 명하는 대로 '광야의 제물'을 바치기 위해 린디가 자신의 아이를 죽였을지 모른다는 의심이다. 아기의 잠옷이 캠프에서 3마일 떨어진 동굴에서 발견된다. 옷은 피범벅이고 몇 개의 구멍이 뚫어져 있었으나 과학수사연구소는 짐승의 타액이나 치아 자국이 없다고 보고한다.

검시원의 공식 보고 끝에 부부의 혐의가 벗겨진다. 예심 판사는 단순한 '추정과 의혹, 가십'뿐 그 어느 것도 범행을 입증할 가능성이 없다며 사건을 종결한다. 그러나 타블로이드 황색 저널리즘은 가라앉을 줄 모르고 악성 루머가 계속 퍼졌고 경찰의 수사도 계속되었다.

재수사 끝에 경찰은 린디와 마이클을 각각 살인죄의 정범正犯과 사후종범事後從犯으로 기소한다. 검사에게는 몹시도 힘든 사건이다. 목격자도 시체도 없고 린디가 자식을 살해할 명확한 동기를 입증하기도 힘들다. 그리하여 고육지책으로 각종 법의학 전문가의 감정鑑定증언을 동원한다. 딩고가 살지 않는 영국에서 세 사람이 날아와 딩고의 습성을 포함한 '과학적' 전문 지식을 과시한다. 화끈한 것만 즐기는 언론의

입장에서는 이들 전문가들의 증언이 혼란스럽고 지루할 뿐이다. 한 전문가는 이들 가족의 카메라 케이스와 자동차에서 어린아이의 혈흔을 발견했다고 주장하지만, 동시에 그것이 콧물 자국일 수도 있고, 심지어는 녹 찌꺼기일 가능성도 배제하지 않는다. 또 다른 영국인 캐머런 박사는 아자리아의 잠옷에 묻은 작은 혈흔 반점은 사람의 손바닥 자국이며 그 손바닥은 린디의 것일 수 없다는 결론을 내린다. 또한 그는 아자리아의 옷에 짐승의 타액 흔적이 없는 것으로 보아 아이는 결코 딩고에게 물려 죽은 것이 아니라고 결론을 내린다.

딩고 한 마리 살지 않는 영국에서 온 이들이 딩고의 전문가라니, 영국을 숭상하는 호주 사람들이지만 이 문제에서만은 '대영제국'의 학문 수준에 경의를 표하지 않는다. 제3의 전문가는 옷에서 타액의 흔적을 발견했다는 정반대 증언을 한다. 딩고의 야수성에 대한 증언은 더욱 첨

딩고가 아이를 물어갔다는 것이 객관적인 물증이 없다는 시비와 함께 어느새 언론은 어머니인 린디를 유력한 용의자로 지목하고, 아버지 마이클 역시 살인의 공모자로 몰린다.

예하게 대립한다. 그 누구도 딩고가 애완동물로 적합하다고 주장하지는 않지만 야수성에 대한 각자 자신의 주장은 양보하지 않는다(영화는 실제 재판에서 아자리아가 죽은 때와 비슷한 시기에 딩고가 자신들의 아이들을 공격했다는 두 사람의 증언을 생략했다).

마이클과 린디가 증언대에 선다. 마이클은 자신의 변호사의 질문에도 부정확하고 혼란스런 답변을 한다. 린디는 검사의 질문에 대해 적극적이다 못해 공격적인 답변을 한다. 그녀는 자신이 딩고가 대가리를 흔들며 텐트에서 나오는 것을 보았지만 아이를 물고 있었는지는 기억할 수 없노라고 했다. 특히 그녀는 아자리아가 잠옷 위에 재킷을 입고 있었다고 강하게 주장했다. 그런데 문제의 재킷은 끝내 발견되지 않았다.

지루한 법정 공방이 끝나고 배심의 심리에 앞서 판사가 사건의 쟁점을 요약하며 무죄 평결을 유도하는 요지의 의견을 제시한다. '변론 종결요약summing up'이라 불리는 이 제도는 영국과 호주의 소송 절차에 널리 애용된다. 이론적으로는 판사는 단순히 제시된 증거의 적법성과 경중을 요약하여 배심의 판단 자료로 제공할 뿐이지만 사실상 판사 자신의 의견을 강하게 제시하는 경향이 농후하다. 이 판결의 경우도 그러하다.

이러한 관행은 강한 비판의 대상이 되어왔다. 비판의 핵심은 판사는 대체로 검사에게 유리한 방향으로 의견을 제시한다는 것이다. 판사와 검사 사이에는 특수한 동업자 의식과 심리적 유착 관계가 존재한다. 검사와 변호사에게 동일한 지위에서 열띤 공방전을 벌이게 하고 판사는 중립적인 심판의 입장에서 양 당사자의 공방전이 소정의 법 절차를 준수했는가 여부만을 판단할 뿐 직접 개입을 자제하는, 이른바

'대립 당사자 제도adversary system'를 약화하는 관행이다.

같은 배심제도를 운영하는 미국과는 뚜렷이 다른 전통과 관행이다. 미국의 판사는 배심에게 제시할 증거를 선별할 고유한 권한을 갖지만 결코 이 권한을 적극 행사하지는 않는다. 배심의 영역을 침범하는 일이기 때문이다. 또한 균형을 벗어난 증거 결정은 상급심에서 번복될 여지가 충분하기 때문이다.

판사의 강한 암시와 유도에도 불구하고 배심은 두 사람에게 유죄 평결을 내린다. 전혀 조리가 없는 마이클의 증언은 신빙성이 약했고, 너무나도 당당한 린디의 태도에서 아이를 잃은 어머니가 가진 슬픔의 흔적을 발견하지 못했는지 모른다. 린디는 영아 살해에 규정된 유일한 법정형인 중노동 무기징역을 선고받는다. 마이클에게는 1년 6개월의 징역이 선고되나 감옥에서 난 딸아이를 포함한 세 아이의 양육 책임을 고려하여 집행유예 처분이 내려진다.

몇 년 후 원주민 수색대가 추락한 등산가의 시신을 찾다가 아자리아의 재킷을 발견한다. 사건이 발생한 지 8년 후인 1988년, 노던 테리터리Northern Territory 주 법원은 원심을 취소하고 체임벌린 부부의 무죄를 확인했다. 린디는 세 아이의 품으로 돌아왔다. '진짜 엄마'에게 접근하기 꺼리는 딸아이에게 아직 시간이 많다며 린디는 여유를 보인다.

언론이 만든 유죄
"무고한 사람만이 그 무고함이 얼마나 귀중한지를 안다"는 마이클의 독백과 함께 영화는 끝난다. 린디가 석방된 후 체임벌린 부부는 주 정부를 상대로 자신들이 받은 정신적 고통에 대해 수백만 달러의 보상을 요구하는 소송을 제기했다. 1992년 주 법무장관은 린디에게 90만 달러, 마이클에게 40만 달러의 보상금을 지급해 사건을 화해로 종결했다.

이 판결은 영국이 법조인의 가발wig과 함께 새 대륙에 이식한 코먼로common law 제도의 핵심인 배심제도가 안고 있는 문제점을 드러낸다. 코먼로는 오랜 세월에 걸쳐 영국의 왕립법원이 판결을 통해 축적한 법 원리의 집적물이다. 그것은 영국인의 상식과 보편 가치를 담은 공동체의 지혜이기도 하다. 판결을 통해 정립된 코먼로는 그 판결에 일반 국민인 배심이 참여했다는 사실 때문에 민주적 정당성이 확보되기도 한다. 그러나 이렇듯 배심제도 또한 부작용이 적지 않다. 그중 두 가지 측면이 이 영화에서 주목된다.

첫째, 현대 사회에서 언론이 배심에 미치는 영향이다. 이 사건은 세계의 관심이 집중된 사건이고 그만큼 황색 저널리즘의 해악을 절감케했다. 7주 동안 계속된 재판의 전 과정이 호주 전역에 생중계된 최초의 판결이기도 했다. 그것은 텔레비전 연속극 마니아들에게 제공된 또 다른 드라마였다. 법정 안에서 방청하지 못하는 기자들을 위해 법정 밖에 텔레비전 수상기를 설치했다. 매번 법정 변론이 끝나면 피고인 부부는 물론 검사와 변호사는 밖에서 기다리고 있는 언론의 극성스런 심문에 시달려야 했고, 또 한편으로는 이들을 상대로 '플레이'를 해야 했다. 종교 단체, 동물애호협회 등의 각종 시민 단체가 격렬한 시위를 벌였고, 이 모든 것이 배심원의 평결에 상당한 영향을 미쳤을 터이다.

둘째, 이 사건은 배심제도 아래서 이른바 '전문가'의 역할을 다시금 생각하게 한다. 이 사건에서 법의학 전문가들의 증언은 배심원들의 신뢰를 얻지 못했다. 예를 들어 한 전문가는 문제의 혈흔은 타액이나 콧물, 심지어는 녹 찌꺼기일 수도 있다고 증언했고, 다른 전문가는 살인 무기로 제시된 린디의 재봉용 가위가 아자리아의 잠옷에 구멍을 뚫지 못하는 것을 보는 치욕을 겪었다. 또 다른 전문가는 딩고가 아이를 입에 물게 되면 턱이 부서진다고 주장했으나, 나중에 딩고가 인형의 머리를 통째로 무는 사진을 보고는 의견을 바꾼다. 그리하여 배심 토론 과정에서 일부 배심원은 전문가의 증언은 너무나 혼란스럽기 때문에 아예 참고 대상에서 제외하기도 했다.

이와 같은 문제점에도 불구하고 배심제도는 국민 주권을 신봉하는 국가에서 국민이 사법 주권을 스스로 행사하는 제도라는 점에서 빛이 난다. 어쩌면 배심제도의 한계는 민주주의 그 자체의 한계일지도 모른다.

Law+Film

소수자를 보호하다

기드온의 트럼펫

자유를 향한 민초의 투쟁

Gideon's Trumpet | 로버트 콜린스 감독 | 1979년

변호사를 선임해달라

> 여호와의 신이 강림하시어 기드온으로 하여금 나팔을 불게 하시
> 니 동포들이 모여 그를 따라 나서다.
> —《구약》〈판관기(사사기)〉 6장 34절.

어느 고급 호텔 스카이 라운지 식당에서 일어난 일이다. 구레나룻
이 무성한 한 사내가 기막힌 향내의 시가를 두어 모금 빨다가는 서둘
러 비벼 끄고 휴지통에 내던진다. 선망과 질책의 눈길을 주는 옆자리
의 사내에게 "이 정도 담배는 쿠바에는 지천으로 깔려 있소." 건너편
자리의 청년이 질세라 반응한다. 병째로 주문한 보드카를 한 모금 들
이키다 말고 내동댕이치면서 내뱉는다. "이 정도 술은 러시아에서는
거지도 마시질 않아!" 이런 법석에도 홀 한 귀퉁이에서 조용히 서류를

펴놓고 무언가 심각하게 이야기를 주고받던 두 사내가 있다. 그중 한 사람이 상대방을 번쩍 들고는 창밖으로 던져버렸다. 손바닥을 털면서 "그자는 엉터리 미국 변호사였소."

유머집의 한 구절이다. 쿠바의 시가, 러시아의 보드카처럼 변호사는 미국의 잉여물자이자 특산물이다. 한때 이 땅에서 유행하던 유머의 구절대로 "남산에서 명동을 향해 돌을 던지면 사장님 머리에 맞는다"는 것처럼, 미국에도 뉴욕 시내에서 교통사고를 내면 십중팔구는 변호사를 친다는 유행어가 있었다.

그러나 그처럼 흔해빠진 미국 변호사도 돈 없는 사람에게는 그림의 떡이었다. 1963년 얼 기디언(Gideon, 《구약》에 나오는 이스라엘의 판관 기드온과 같은 이름이다)이라는 한 중년 사내가 분 트럼펫 소리에 연방대법원이 화답하기 전에는. 〈기드온의 트럼펫〉은 그 역사적인 판결 과정을 재현한 영화다. 이미 판결 직후에 나온 같은 제목의 소설(앤서니 루이스, 1964)로 미국인에게는 지극히 친숙한 내용이기도 하다.

영화의 첫 장면, 죄수복을 입은 기디언이 변호사에게 자신의 일생을 증언한다. 열네 살에 가출해 쉰한 살이 되도록 네 차례나 중죄를 저질러 삶의 대부분을 교도소에서 보낸 중늙은이의 팍팍한 인생 여정이 지극히 담담한 어조로 술회된다. 웃음의 기색을 전혀 찾을 수 없는 헨리 폰다의 얼굴과 음색은 진지한 사실감을 더해준다.

90분 후의 마지막 장면은 건 파이터가 주역인 전형적인 서부영화를 연상시킨다. 조잡스런 2층 목조건물들 사이로 난, 마차가 다닐 법한 길을 구부정한 사내가 걸어간다. 허리의 총 대신 포켓 속에 지폐 두 장을 감추고서. 무죄 판결을 받고 곧바로 자유의 몸이 된 기디언이 환영 나온 사람들에게서 2달러를 얻어 자신의 '범행 현장'으로 선언되었던 당구장 바를 향해 걸어간다. 그 걸음을 트럼펫 소리가 인도한다.

사내의 얼굴은 이력서다. 굵은 주름이 가득한 핏기 없는 얼굴, 항상 떨고 있는 목소리와 손, 연약한 신체, 나이보다 빨리 찾아든 백발, 이 모든 것이 파란만장한 그의 삶을 대변한다.

하지만 수많은 전과에도 불구하고 그는 결코 상습 범죄자도, 포악한 성격의 소유자도 아니었다. 단지 안정된 직장을 가져보지 못했고, 그래서 이따금씩 소액 도박과 절도로 생계를 유지할 수밖에 없었던, 사회에서 버림받은 인간이었을 뿐이다. 동료 죄수를 포함해 그를 아는 모든 사람이 한결같이 그가 남에게 해악을 끼칠 위인이 못되며 기껏해야 이 세상 광음光陰을 누릴 날이 얼마 남지 않은 중늙은이라고 생각하는 정도였다.

그러나 아직도 인간 기디언의 가슴속에는 맹렬히 타고 있는 한 가닥 불꽃이 있었으니, 그것은 자신의 생명과 자유에 대한 집착과 불굴의 정의감이었다. 많은 사람들이 무모한 짓이라고 냉소와 동정을 보냈으나 그는 미국의 정의 시스템이 자신을 위해 무언가를 해주었어야 한다고 믿는다.

영화는 법원과 교도소에서만 촬영되었다. 전반부는 그에게 다섯 번째 철창행을 명령한 판결이 연방대법원에 이르는 과정을 그린다. 기디언은 플로리다 주의 한 작은 마을에서 야간에 당구장에 설치된 자동판매기의 동전을 턴 혐의로 체포된다. 이러한 행위는 플로리다 법상 '중죄felony'에 해당한다. 중죄로 기소된 그는 변호사를 선임해달라고 법원에 요청했으나 판사의 대답은 플로리다 주법은 피고인이 사형에 해

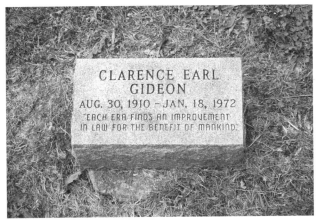

지금은 당연하게 여기지만, 변호사에게 조력받을 권리가 처음부터 보장된 것은 아니다. 알콜 중독에 절은 부랑자 기디언이 감옥에서 연방대법관들에게 손으로 서툴게 써서 보낸 몇 장의 탄원서로 얻어낸, 법정에서는 누구나 변호사의 조력을 받아야 할 권리가 있다는 판결의 결과다.

당하는 죄로 기소된 경우에만 국선 변호인을 선임한다는 것이었다.

"연방대법원 말씀에 의하면 나는 변호사의 조력을 받을 권리가 있다"는 기디언의 주장에 그 누구도 귀를 기울이지 않았기에 그는 형무소를 들락거리며 풍월로 얻은 법률 지식에 의존하여 스스로 자신의 변호사가 되어야 했다.

시골 법정의 모습은 더 없이 삭막하다. 방청객 하나 없고 증인과 배심원으로 선정된 여섯 명의 남자 그리고 낡은 선풍기 도는 소리만이 게으른 오후를 질책한다. 엄격하고도 복잡한 증거법의 세칙을 알 리 없는 기디언의 변론은 번번이 검사의 이의 신청과 판사의 제지를 받는다. 배심은 즉시 유죄 평결을 내렸고 이어 판사는 5년 징역을 선고했다. 이어 기디언은 플로리다 주 대법원에 인신보호영장habeas corpus을 청구하여 자신이 불법으로 구금되어 있다고 주장했지만 간단하게 기각당하고 말았다.

아무리 가난한 사람이라도

이제 최후의 희망은 연방대법원뿐이다. 그러나 가능성은 실로 희박하다. 하루에도 수백 통의 탄원서가 문을 두드리는 나라의 최고 법원, 그 법원에서 심사받을 기회를 얻기란 실로 하늘의 별따기이다. 연방대법원의 문서 분류표에 '기타 사건'으로 분류되는 항목은 대부분 대법원에 정식으로 서류를 접수시키는 데 필요한 비용(약 100달러)을 부담할 능력이 없는 극빈자들의 자필 소송이다. 라틴어로 '걸인의 행색으로(IFP, in forma pauperis)'라는 의미를 지닌 이런 형식의 청원서는 실제로 많은 복역수들이 자신의 복역이 연방법에 위배된 판결의 결과임을 연방대법원에 호소하는 수단으로 이용한다.

감옥에서 무료로 제공한 단선 괘지에 연필로 쓴 청원서에는 기디언의 인적 사항이 거의 기재되어 있지 않았다. 다만 남부에서 발생한 사건이라는 점에 비추어 많은 사람들이 으레 그가 흑인이려니 하고 막연히 생각했지만 실은 100퍼센트 백인이었다. 기디언의 주장은 세련된 법적 용어가 동원되지 않았으나 그 요지는 연방대법원의 판결에 의하면 모든 중죄 사건의 피고인은 변호인의 조력을 받을 권리가 있다고 했음에도 불구하고 플로리다 주법원이 이러한 자신의 권리를 묵살했다는 것이다. 극빈 피고인에게 변호인을 선임해주지 않은 채 행한 재판은 연방헌법의 적법절차 조항Due Process Clause의 위반이라는 것이다.

그러나 연방대법원의 판결에 관한 기디언의 해석과 주장이 정당하기 위해서는 일정한 전제 조건이 충족되어야 했다. 불과 20년 전의 판결에서(Betts v. Brady, 1942) 대법원은 적법절차 조항이 모든 주의 형사 절차에서 변호인의 조력을 받을 권리를 보장하는 것은 아니라고 판시한 바 있었다. 또한 후속 판결들도 피고인이 문맹, 무지, 연소, 정신 능력의 부족, 판사나 검사의 불공정한 행위 등 적법절차 조항의 기본 정신인 '본질적 공평성'이 부정된 사실을 입증해야 한다고 판시한 바 있다.

교도소에서 수련한 풍월 법률가 기디언이 이러한 정교한 법 원리를 알 리 없고, 다만 재판 절차의 첫 순간부터 그의 머릿속에 자리 잡고 있던 것은 오로지 "헌법은 아무리 가난한 사람이라도 변호인의 조력을 받을 권리를 부여한다"는 맹목적인 확신뿐이었다. 대법원에 제출한 청원서는 따지고 보면 연방대법원측에게 종래의 입장을 바꾸라는 엄청난 주문이었던 것이다.

그러나 기적이 일어났다. 뜻밖에도 연방대법원의 판사 9명 중 4명이 이 사건을 다루는 데 합의했고 기디언에게 변호사가 선임되었다. 연방대법원이 극빈자 관련 사건을 심사하는 경우에 변호사를 선임해 주는 것은 법적 근거는 없으나 누구도 이의를 제기하지 않는 확립된 전통이다. 이렇게 선임된 변호사에게 보수는 전혀 지급되지 않지만, 지고한 권위의 상징인 연방대법원에 출정할 기회 자체를 더 없는 영광으로 여기는 변호사들이 무수히 많다.

역사상 가장 위대한 원장으로 공인되어 '수퍼 치프Super Chief'로 불리는 얼 워렌(Earl Warren, 1891~1974)은 기디언의 변호사로 워싱턴의 일류 변호사 에이브 포타스(Abe Fortas, 1910~1992)를 위촉했다(포타스는 후일 존슨 대통령에 의해 연방대법원 판사로 임명되었으나 1969년 워렌의 후임자로 거론되는 과정에서 정치 논쟁에 휘말려 사임했다). 자신의 조수 존 엘리(John Ely, 후일 스탠퍼드 법대 학장이 된 헌법학자로 현재 미국 헌법학계의 거목임)와 함께 준비에 착수한 포타스는 대법원의 인적 구성이나 판례의 추세가 기디언에게 유리한 방향으로 움직이고 있음을 감지했다. 포타스의 전문가적 예견과 기디언의 맹목에 가까운 확신이 새로운 미국의 법으로 선언된 때는 1963년 3월 15일이다. "모든 중죄 사건에서 변호인의 조력을 받을 권리는 필수불가결한 권리장전의 일부이다." 보기 드문 만장일치의 판결이었다.

연방대법원의 판결은 미국의 모든 중죄 혐의자에게 변호인의 도움을 받을 권리를 보장했지만 곧바로 기디언에게 자유를 선사하지는 못했다. 다시 한번 같은 사건으로 같은 법원의 재판을 받아야 했다. 다만 이번에는 변호사의 도움을 받으며.

인권의 나팔수

영화의 후반부는 같은 사건에 대한 제2의 재판에서 석방에 이르기까지를 찬찬히 그리고 있다. 이미 2년 동안 감옥에서 복역한 기디언이 자신의 누명을 벗겨나가는 과정이 인상 깊다. 변호인의 교체, 자신에게 유리한 증인의 확보 등 까다로운 주문을 주저 않는다. 이렇듯 자신의 무죄를 밝히려는 집념의 노력이 보상 받아 마침내 무죄 평결을 얻어낸다.

첫 재판에서 가장 불리한 증거가 되었던, 다량의 동전을 소지했던 사실도 범죄성의 추측을 면한다. 그것은 기디언의 오랜 습관으로, 어떤 때는 100달러를 모두 25센트짜리 동전으로 소지하기도 했으며 심지어는 하숙비조차도 동전으로 낸 적이 있다는 하숙집 여주인의 증언이 있었다. 또한 평소에 술을 입에 대지도 않으며, 전화를 걸 때도 행여 다른 사람에게 방해가 될까 봐 복도에 설치된 공중전화기 대신 길 건너편의 전화박스를 이용할 정도로 공중도덕 의식이 높은 사람이라는 증언도 도움이 되었다. 범행 현장에서 기디언을 보았다고 진술한 청년의 신빙성에 타격을 주는 심문과 반대 증거가 제출되었다. 이 모든 것이 변호인의 전문 지식과 변론 기술이 주효했던 것임은 물론이다.

영화 〈기드온의 트럼펫〉은 이름 없는 민초의 자유를 위한 투쟁에 초점을 맞춘다. 연방대법원의 변론 장면을 담는 미국 영화는 대체로 판사와 외모가 유사한 배우를 선택하는 것이 정석이다. 그러나 이 영화에서는 이러한 '대법원 영화'의 정석이 깨어졌다. 워렌 역을 맡은 존 하우스먼을 비롯해 대법관 역을 맡은 아홉 명의 배우 그 누구도 실물과 전혀 닮지 않았다. 다만 변호사 포타스 역을 맡은 배우만 실물의 외향과 분위기를 풍기도록 배려했다. 그의 변론도 아홉 명의 대법관을 상대로 한 일방적인 연설에 가깝다. 그것은 법을 위한 투쟁에서 판사보다 소송 당사자의 역할이 중요하다는 것을 강조하기 위한 의도적인 배려다. 대법원에 보내는 청원서를 교도소 편지함에 넣는 기디언의 떨리는 손을 주시하는 동료 죄수 수백 명의 눈동자는 법이라는 기계를 움직이는 주인은 민초임을 부각하는 장치일 터이다.

기디언 판결 이후 연방대법원과 각급 법원은 국선 변호인이 극빈 피고인을 위해 성실한 변론을 해야 한다는 세부 원칙을 정립해갔다. 그리하여 영어에 능통하지 않은 소수민족 피고인을 위하여 피고인 자신의 언어를 구사할 수 있는 변호인의 조력을 받을 권리까지 보장하기에 이르렀다. 기디언의 승리는 돈 없고 힘없는 약자, 심지어는 찾아줄 일가친척 하나 없는 혈혈단신의 죄수도 나라의 최고 법원으로 하여금 법을 바꾸게 할 수 있다는 가능성을 실증했다.

기디언의 이야기는 작게는 한 인간의 드라마이자, 크게는 1960년대 미국을 휩쓴 민권운동의 기념비다. 《구약》이 전하는 기드온의 생애처럼 그에게도 나팔수의 소명이 주어졌는지 모른다. 순박한 농부 기드온에게 미디언족을 정복하고 이스라엘 민족을 위기에서 구할 커다란 임무가 주어졌듯이, 오십 평생을 흘려버린 얼 기디언이 인생의 후반에 인권과 정의의 나팔을 불어 차별적 법 제도를 타파하기 위한 민권 전쟁의 동원령을 내린 것이다.

마지막 장면에서 당구장을 향해 걸어가는 기디언의 등 뒤에 울려퍼지는 킹스필드 교수(〈하버드대학의 공부벌레들Paper Chaser〉의 주연)의 귀에 익은 목소리가 법무장관 로버트 케네디의 말을 인용하면서 이 사건의 의미를 정리한다. "한 외진 소읍 모퉁이에서 클레어런스 얼 기디언이 갱지 위에 연필로 사연을 적지 않았더라면, 그리고 그 사연에 대법원이 귀를 기울이지 않았더라면 미국 역사는 달라졌을 것이다." 그러나 기디언이 혼자 싸운 것은 결코 아니었다. 기디언이 피를 뿜어내듯 분 나팔 소리에 법이, 정의가, 판사의 양심이 그리고 인간 존엄을 표방하는 헌법 정신이 장단을 맞추었던 것이다. 바로 여기에 법 제도의 위력이 있다.

나의 사촌 비니

사건 해결의 새로운 주체, 여성과 과학

My Cousin Vinny | 조너선 린 감독 | 1992년

앨라배마의 이방인

코미디의 본질은 풍자와 해학을 통해 인간의 흉리胸裏에 담긴 어둠의 정체를 드러내는 데 있다. 허파가 찢어지는 웃음 끝에 절로 따르는 눈물, 그 생리적 눈물의 이면에 담긴 진짜 눈물의 정체를 꿰뚫어보는 투시경, 그것이 바로 위대한 코미디의 본령이다. 신화 비평의 대가 노드롭 프라이(Northrop Frye, 1920~1991)도 《비평의 분석Anatomy of Criticism》(1957)에서 셰익스피어의 희극을 논하면서 희극의 본질은 늙은이로 상징되는 기성 세대의 정체된 가치관이 젊은 주인공으로 상징되는 새로운 가치관으로 대체되는 역사의 발전을 그린 것으로 해석했다.

코미디 영화 〈나의 사촌 비니〉는 이러한 희극의 본질을 꿰뚫어본 수작이다. 이 영화는 1960년대 이래 미국이 겪은 보수와 진보의 이념 대립과 해소 과정을 해학적으로 그리고 있다. 첨예한 이념의 대립이 법 제도의 개선을 통해 발전적으로 해소된다는 메시지를 전달하는 점

에서는 지극히 미국인의 정서에 부합하는 영화이기도 하다.

뉴욕의 두 청년이 캘리포니아로 전학하기 위해 자동차로 대륙 횡단 길에 나선다. 그 길에 앨라배마 주를 통과하던 이들은 슈퍼마켓에서 장난 삼아 참치 통조림 한 개를 주머니에 집어넣는다. 상식 이상으로 비싼 값에 대한 투정이다. 이러한 장난은 엄청난 결과를 초래하여 두 사람은 살인강도의 용의자로 체포된다. 자신의 잘못을 인정하고 반성한다는 소액절도 범행에 대한 자백에 살인범을 찾는 경찰의 수사 의욕이 결합하고 경찰과 피의자 쌍방의 오해로 인해 사태는 심각하게 발전한다. 그러나 두 청년은 뉴욕에서 날아온 변호사 '사촌 비니'와 그의 약혼녀의 도움으로 위기에서 벗어난다.

단숨에 요약되는, 이렇듯 싱겁다면 싱거운 줄거리의 이면에는 그러나 생각을 잡아두는 묵직한 메시지가 담겨 있다. 정체된 사회의 법은 부패하기 마련이고 세상의 발전은 개방과 참여를 통해서만 이루어진다는 사회 발전의 원리를 강론하는 것이다. 이러한 메시지는 영화의 지리적 배경, 플롯, 등장인물의 성격과 배역의 선정 등에서 하나하나 드러난다.

먼저 미국 사회에서 앨라배마가 가지는 특수한 의미에 주목하자. 흔히 앨라배마는 미국의 정의 시스템에서 사각 지대의 상징으로 묘사된다. '극남 지역Deep South'의 여러 주가 그러하지만 특히 앨라배마는 조지아, 미시시피와 더불어 중앙 정부에 대한 불신 정서가 가장 강한 주다. 자족적인 자치공동체의 원리를 신봉하는 곳으로 국제 사회와 중앙 권력으로부터 유리된, 고립과 폐쇄의 사회로 흔히 거론되는 곳이다. "연방법은 북부 양키의 법에 불과하다"는 시대착오적인 자부심으로 똘 똘 뭉친 곳, 행여라도 평화와 정의의 이 땅에 양키의 타락과 불의가 잠입할세라 엄한 경계의식으로 항상 무장된 곳이다.

앨라배마의 고립은 지리적 조건에도 기인한다. 영화의 벽두에 등장하는 '무료인분', '흙 판매'와 같은 조잡한 간판이나 자동차를 보고 놀라 짖는 개, 마구 놓아먹이는 닭, 새벽 5시 30분에 기상시간을 알려주는 제재소의 경적소리, 지진을 방불케 하듯 천지가 진동하는 굉음을 내며 꼭두새벽부터 질주하는 화물용 기차, 이른 새벽 경적소리 못지않게 울어대는 올빼미 등 이 모든 것이 현대 문명의 중심에서 벗어난 은둔지임을 말해준다. 검사실에 비치된 컴퓨터나 자동차에 설치된 휴대전화가 오히려 이질감이 드는 곳이다.

도시 문명으로부터의 유리는 국제 사회와의 단절을 의미한다. 비첨 카운티는 여주인공의 불평대로 싸구려 중국 음식점 하나 없는 외진 곳이다. 서방 세계 어느 소도시에도 어설픈 형태로나마 하나쯤 있기 마련인 것이 중국 음식점이다. 카운티의 법원이 소재한 곳이면 그 지역의 중심 도시인데도 중국집 하나 들어서지 못한 연유는 '그릿(grits, 거칠게 간 옥수수 요리)'이라는 지방 음식이 에그롤egg roll의 침입을 용납하지 않기 때문이다.

이 소읍은 앵글로 색슨계 백인WASP의 왕국이다. 세상의 모든 곳과 단절된 이 폐쇄된 사회는 마치 카프카의 〈성城〉(1926)을 연상시킨다. 성내 사람들은 바깥에서 온 사람들을 의심과 질시의 눈으로 바라본다. 바깥 사회에 대한 동경과 개방을 통한 발전 가능성은 원천부터 봉쇄되어 있다. 카프카의 또 다른 작품 〈유형지〉(1919)의 장교처럼 이들은 자신이 제작한 법이라는 기계에 대한 맹목적인 확신에 차 있다. 그러나 폐쇄된 사회의 법은 부패하기 마련이다. 죽은 사령관이 설계한 오래된 기계는 이미 제대로 작동하지 않지만 이를 광적으로 신봉하는 장교는 그 사실을 인정하려 들지 않는다.

이 영화에서 앨라배마에 들른 외지인 청년들이 대륙 횡단길에 있었다는 사실과 그들이 전형적인 WASP가 아니라는 사실도 주목할 필요가 있다. 여행은 미국 대륙 전체를 휩쓸었던 진보와 개방의 물결을 상징하는 중요한 메타포다. "미국인의 꿈은 여행을 통해 성취된다"는 명제는 미국 문학의 전형적인 주제다. 이 영화는 새로운 미국을 건설할 주역 청년들이 뉴욕과 캘리포니아, 두 개의 개방된 문명 사회를 연결하는 여행의 노정에서 폐쇄된 사회의 저항에 부딪쳐 일시 주춤하나 종국에는 승리한다는 이야기의 틀을 취한다.

폐쇄된 사회의 법 제도를 주도하는 판사와 검사는 물론 전형적인 WASP이다. 체임벌린 홀러 판사 역으로는 괴물 프랑켄슈타인 역으로 정형화된 이미지를 굳힌 배우 프레드 그윈을 기용한 것도 이러한 의도일지 모른다. "당신의 이의신청은 법률적 근거를 갖추었으며 논리정연하고도 사려 깊소. 그러나 기각하오." 증거법에 관한 결정을 내리면서 내뱉은 판사의 말에서 WASP 사법부를 둘러싼 견고한 편견의 장벽을 감지할 수 있다. 피고인 두 청년이 각각 이태리계와 유대계 미국인임을 이들의 이름 빌리 감비니와 스탠 로텐스타인을 통해 알 수 있다. 변호사와 그 약혼녀도 마찬가지로 하급 백인이다. 이들 외부인들은 폐쇄된 WASP의 사회를 개안시켜 편견으로부터의 해방을 돕는 역할을 담당한다.

여성의 지식이 힘을 얻다

그러나 〈나의 사촌 비니〉가 담고 있는 가장 중요한 메시지는 여성과 과학의 결합이 새로운 세상을 여는 중요한 수단이 된다는 것을 제시했다는 데 있다. 두 청년의 무죄 평결을 얻어내는 데 결정적으로 기여한 것은 비니의 약혼녀 모나 리사의 자동차에 관한 전문 지식이다. 범행 현장에서 채취된 자동차 바퀴 자국의 정체를 밝혀내면서 모나 리사는 노련한 FBI 수사관의 전문 지식을 압도하고, 범행에 사용된 차량은 피고인들의 자동차 64년형 뷰익 스카이라크가 아니라 63년형 폰티악임을 밝혀냄으로써 결정적인 실마리를 제공한다.

신참 변호사 비니의 약혼녀 모나는 웬만한 남자들도 알기 힘든, 자동차에 관해 놀랄 만큼 철저한 지식을 가지고 있으며, 비니가 무작정 덤빌 때, 혼자서 3일 동안 앨러배마 주법을 외워서 비니를 도와주기도 한다.

　　지난 세기 동안 인류가 이룬 가장 큰 업적은 과학 기술의 발전이다. 과학적 진보가 곧바로 사회 진보에 직결되었고, 과학 기술을 통해 성취한 물질적 성공이 인간 삶의 질을 결정하다시피 했다. 학문의 질적 수준을 결정하는 것도 과학적 성과였다. 그것은 인간의 이성과 합리성을 신봉하는 근대 사회를 이루는 데 과학적 진보가 절대적인 기여를 했기 때문이다.

1970년대에 미국에서 가속된 법과 문학의 운동에 동참, 비판하면서 법여성학자 로빈 웨스트(Robin West, 1954~)는 '경제적 남성economic men'과 '문학적 여성literary women'이라는 구호로 도전장을 던진 바 있다. 페미니스트 법학자 중 지적으로 가장 뛰어난 그는 주류 학문에 내재한 성적 편견을 체계적으로 비판하고 나섰다. 당시 미국은 경제학이 사회과학의 왕자 자리를 굳히면서 효용과 합리성이 곧바로 선으로 수용되는 인식의 틀이 자리 잡기 시작했다. 경제학의 부상은 이 학문이 자연과학적 합리성에 가장 충실한 사회과학이라는 이유 때문이었다. 그러나 기술과 과학 그리고 경제와 합리성은 남성의 미덕이자 인간의 악덕이라는 것이 웨스트의 주장이다. 한때 인간 삶의 질을 높이는 데 결정적으로 기여한 과학 기술과 경제적 합리성이 이제는 오히려 인류의 삶 그 자체를 위협하는 재앙이 되었다는 것이다. 이러한 위기의 시대, 기술의 시대에 인간이 어떤 역할을 자임할 것인지가 새로운 세기의 인류 공동체 삶이 해결해야 할 최대의 과제가 되었다.

여성 철학자 마사 누스바움(Martha Nussbaum, 1947~)은 과학 기술의 발전에 의해 인류의 삶 전체의 안정과 예견 가능성을 확보하는 것이 법의 임무이고, 인간으로 하여금 기계의 주인으로서 굳건한 자리를 지키게 하는 것이 문학의 사명이라고 한다. 그것은 바로 여성적 미덕을 인류의 자원으로 삼아 '인간성'의 위병衛兵을 양성해내는 일이라고 한다. 《시적 정의Poetic Justice》(1995)라는 문제작에서 시인과 판사가 일신동체一身同體가 되는 세상이라야 공적 영역에서 정의가 꽃핀다는 주장을 편 그는 실로 여성 법률가의 든든한 지적 보고다.

전쟁의 시대가 평화의 시대로 대체되면서 여성적 미덕이 빛을 보게 되는 것은 필연적인 추세다. 과학적인 삶이 일상화된 새로운 세기에 문학의 중대한 과제는 여성성과 과학적 합리성의 발전적 결합일 것이다. 전통적으로 기계는 남성의 전유물로 여겨졌다. 이 영화는 이러한 기존의 관념을 정면으로 파괴한다.

비니의 약혼녀 모나 리사는 기계와 과학의 일상화 시대에 빛이 나는 여성이다. 시골 건달을 상대로 한 내기 당구 시합에서 손쉽게 이기고, 고장난 모텔 방의 수도꼭지도 고친다. 즉 모든 기계는 그녀가 다룬다. 그러나 그녀는 변호사가 되어 첫 사건을 이기면 결혼하겠다는 어설픈 사내의 약속을 믿고 6년을 기다린다. 여섯 차례 낙방 끝에 비로소 변호사 자격을 얻게 된 사내, 자격증을 얻은 지 6주 만에 생전 처음으로 법정에 선 남자를 그녀는 충실하게 '보조'한다. 그러나 그녀의 보조는 단순한 조수의 수준을 넘어선다. 리사는 논리적 사고력이나 지적 능력에 있어서도 비니보다 월등히 앞선다. 사냥길에 동행한 덕택으로 검사의 수중에 있는 소송 자료를 얻어냈노라며 자랑스럽게 떠벌리는 사내를 조롱이라도 하듯이 "그 자료는 법적으로 당연히 건네주었어야 하는 것"이라며 조용히 형사소송 절차법 조문을 내보인다. 타주의 변호사인 비니에게 변론을 허용하면서 판사가 건네준 앨라배마 형사소송법전을 혼자서 읽어낸 것이다.

어금니와 목젖이 환히 드러날 정도로 파안대소하는 모나 리사의 당당함은 여성 총잡이를 연상시킨다. 과학과 기계의 당당한 주인이 된 그녀가 남성 중심의 폐쇄적인 사회의 법을 파괴하는 첨병이 되는 것은 다가올 시대의 성격을 예고해주는 중요한 신호탄이다.

또한 이 영화는 미국의 전형적인 형사 소송 절차를 이해하는 데 충실한 교과서와 같은 내용을 담고 있다. 체포와 '미란다 경고Miranda Warrings' 그리고 묵비권의 포기, 혐의자 인지 절차, 타주 변호사의 변론 허가, 국선 변호인 선임과 지극히 미미한 역할, 구속과 보석, 배심의 구성 절차, 법정 질서의 유지, 재판 전 죄질 협상에 이르기까지 상당 부분 코미디와 사실적 요소를 훌륭하게 조합한 것이다.

당사자에게는 더없이 중요한 재판의 모든 절차 단계마다 희학적인 요소가 예상 밖의 결과를 초래한다. 이를테면 화자와 언어의 이중적 의미 때문에 발생하는 '이유 있는' 오해가 관객의 허파와 머리를 동시에 자극한다. "씨팔What the fuck"을 연발하는 변호사의 언행을 통해 벌어지는 '실수 연발'의 소동은 웃음 뒤에 따르는 눈물의 정수라는 희극의 본질을 전달하기에 중요한 수단이다. 〈나의 사촌 비니〉는 눈물의 본질을 아는 사람만이 웃을 수 있는 탁월한 코미디다.

포에틱 저스티스

사랑만이 정의다

Poetic Justice | 존 싱글턴 감독 | 1993년

흑인의 좌표를 찾다

시가 정의인가, 법이 정의인가, 아니면 이도 저도 아닌가? 실로 해묵은 논쟁이다. 인간 사회의 힘이 문자를 매개체로 움직이기 시작하면서 문학과 법은 불가근불가원한 사이가 되었다. 문자를 통해 문학은 인간세상의 불의를 고발하고 문자를 내세워 법은 불의를 척결한다고 내세운다. 따지고 보면 문학도 법도 인간 사회의 갈등을 대상으로 한다. 1970~1980년대 이 나라의 대표적인 평론가의 한 사람이었던 김현은 '소설은 왜 읽는가?'라는 화두를 던지고선 이 세상이 과연 살 만한 세상인가, 강한 의문을 제기하기 위해 읽는다고 답했다. 가장 한국적인 소설가라는 이청준은 문학은 자신의 삶에 대한 물음이라고 자평한 적이 있다. 이렇듯 문학의 기능이 세상의 문제를 제기하는 데 있다면, 법은 문학이 제기한 물음에 대해 사회의 이름으로 답을 제공하는 데 있다. 법과

문학의 사이의 거리가 얼마나 가까운가 또는 먼가에 따라 한 사회의 문명지수가 결정된다고 할 수 있다.

영화 〈포에틱 저스티스Poetic Justice〉는 존 싱글턴John Daniel Singleton 감독의 두 번째 작품이다. 싱글턴은 영화예술 세계에서 새로운 흑인의 희망이다. 약관 23세에 만든 데뷔작 〈보이즈 앤 후드Boyz N the Hood〉로 아카데미 감독상 후보(1991)에 오른 사상 최초의 흑인이자 최연소 감독(당시 23세)이었다는 사실만으로도 그의 존재는 남다르다. 자신이 직접 쓴 〈보이즈 앤 후드〉의 시나리오도 수상 후보작이었다. 후일 〈로즈우드Rosewood〉(1997), 〈베이비 보이Baby Boy〉(2001), 〈4형제Four Brothers〉(2005) 등으로 이어지는 그의 작품들은 현대 미국 사회에서 흑인의 좌표를 찬찬히 성찰할 것을 주문하는 시대적 청구서이기도 하다. 굳이 피로 점철된 어두운 과거를 부각시켜 주류사회에 대한 저항과 적개심을 불러일으키지 않는다. 오히려 어지러운 일상에 두 발을 뿌리내리지 못하는 흑인의 관성적인 체념과 자조를 질책한다.

〈포에틱 저스티스〉는 미국 사회에서 흑인 문제를 종합적으로 다룬 수작으로 평가받는다. 출연진도 흑인 올스타를 방불케 하듯 화려하기 짝이 없다. 투팍 샤커Tupac Sahkur, 재닛 잭슨Janet Jackson 그리고 당대 최대의 흑인 여류시인 마야 안젤로우(Maya Angelou, 본명은 마거릿 앤 존슨 Marguerite Ann Johnson)가 직접 모습을 드러낸다. 안젤로우는 1993년 클린턴 대통령의 취임식에서 축시를 낭독한 사람이다. 미국의 역사상 대통령 취임식에서 축시를 낭송한 시인은 1961년 존 F. 케네디 대통령 취임식의 로버트 프로스트(Robert Frost, 1874~1961)에 이어 안젤로우가 두 번째다. 프로스트와 마찬가지로 안젤로우도 대학 졸업장이 없다. 프로스트의 경우는 제 발로 다니던 대학을 뛰쳐나왔지만 안젤로우는 처음부터 대학에 다닐 형편이 되지 않았다. 안젤로우가 학사 학위도 없이 대학의 종신교수직을 유지하는 것도 미국 대학사회가 가진 유연성의 한 단면이다. 수많은 언어에 능통할 뿐 아니라 스스로 영화, 무용, 음악에 통달한 예인이기도 한 그녀는 흑인 재능의 상징이자 민권운동의 대모로서 우뚝 선 존재다. 이 영화에서도 단 몇 씬의 카메오(준 아줌마Aunt June)로 출연하여 "사랑이 무엇인지도 모르는 채 사랑에 빠진 젊은이"에 따뜻한 위로의 눈길을 보낸다. 그는 "흑백의 구분을 모르는 어린 아이들의 축복"을 언급하면서 미국의 장래에 희망을 건다. 마치 '나에게는 꿈이 있습니다I have a dream"라는 너무나도 유명한 킹 목사의 메시지를 연상시킨다. 투팍은 이 영화의 한 장면처럼 권총에 맞아 스물다섯의 짧은 생애를 마감하기까지 90년대 흑인 대중음악의 우상이었다. 결손가정 출신으로 가출, 탈선, 마약, 폭력조직 생활로 이어진 투팍의 초년 시절 불행한 개인사는 흑인 청년의 전형적인 역사이기도 하다. 안젤로우의 경우는 십대 초반의 임신 미혼모, 노숙자 생활 등 여성이기에 더욱더 처참한 십대를 보냈다. 이들에 비해 재닛 잭슨은 '명예백인'으로 분류된다. 유소녀 시절에 이미 친오빠 마이클 잭슨과 함께 잭슨 파이브Jackson Five의 일원으로 무대에 서서 온갖 명성과 영화를 함께 누린, 특히나 예외적으로 선택 받은 상류층이다. 이들 배역들의 개인사도 그 자체가 흑인 사회의 축약도다. 이 영화에는 백인은 거의 등장하지 않는다. 기껏해야 영화 안의 영화 속이거나 식료품점의 점원과 같은 등 단역으로 스치듯 비칠 뿐이다. 백인은 흑인공동체의 바깥에 선 외계인이거나 흑인 집단 속의 변경인일 뿐이다.

이 영화는 제작 과정에서도 풍성한 뒷소문을 물고 다녔다. 남자 주인공 투팍은 영화의 촬영에 앞서 에이즈 테스트를 받을 것을 요구 받았고 이를 거절한 그는 결과적으로 에이즈 감염인의 인권 문제를 공론화시키는 데 기여했다.

이 영화는 흔히 '스트리트 로맨스'로 불리는 장르에 속하지만 '시적 정의'라는 제목만큼이나 심오한 메시지가 담겨 있다. 제목의 뿌리는 17세기 영국 희곡비평가 토머스 라이머Thomas Rymer의 저술 《지난 세기의 비극The Tragedies of the Last Age》(1678)의 한 구절이다. 모름지기 연극은 관객에게 선악의 투쟁에서 반드시 선이 승리한다는 것을 보여주어야 한다는 것이 요지다. 문명사회에 픽션이 허용되는 이유는 문학이 시적 정의를 추구한다는 바로 그 사실 때문이라는 것이다. 그리고 선의 승리는 단순히 결과의 승리일 뿐 아니라 논리적 승리여야 한다고 부연한다. 이러한 시적 정의론을 한국의 비극적인 상황에 대입한 예가 있다. "광주일고는 경북고에게 져야만 돼, 그것이 포에틱 저스티스야." '5월의 시인' 황지우는 1980년 5월 '광주사태'를 이렇게 항변한다. 일체의 정부 공식 발표를 믿을 수 없는 상황에서 떠돌던 흉흉한 정보대로 '경상도 정권'의 하수인으로 동원된 '경상도 군인'에 의해 선량한 광주시민이 참혹하게 살육된 부정의를 고발한 것이다. 5·18항쟁에서 희생된 양민을 "3루에서 생환하지 못한 배번 18의 선수"로 비유하면서 1970년대 전성기를 구가한 고교야구의 양대 명문 라이벌 학교 사이의 경기를 빗대어 핏빛 절규로 고발한 것이다.

미용사 저스티스는 과거의 어두운 정신적 결함을 뒤로하고 오직 일에만 열중한다. 유일한 휴식은 시를 쓰는 순간. 어느 날 오클랜드로 여행할 계획을 세운 저스티스는 우편 배달부 럭키와 새로운 사랑에 빠진다.

시를 사랑하는 저스티스

피의 광주와 같은 극한 상황을 상상할 수도 없는 사람들에게는 '시적 정의'라는 단어 자체가 거창하고 낯설다. 영화가 예상하는 평균의 관객은 평범하고 단순하다. "이름이 뭐지?" "뭐 저스티스라고?" 그러면 법 law 같은 거야? 이들의 눈높이에 맞추자면 '시를 사랑하는 저스티스' 정도로 옮길 수도 있다. 로스쿨에 다니던 어머니가 지은 이름이다. 그녀의 자동차 번호판도 '미국의 정의Justice U. S.'다. 어머니는 알코올 중독과 우울증에 시달리다 딸이 12살 때 자살한다. 법과 정의의 세계에서 추락한 것이 분명하다. 애비의 존재는 처음부터 익명이다. 씨를 밝히려는 시도는 부질없는 일이다. 외할머니가 남겨준 집이 자신의 소유다. 홀로 생활에 익숙한 그녀는 슬픈 노랫말에 눈물을 흘리는 문학소녀다. 모양이 비슷한 5센트와 25센트짜리 동전을 액면 대신 크기로밖에 구분할 수 없었던 어린 시절부터 그녀는 외로움에 익숙하다. 그녀의 사춘기는 반항이 아니라 고립이다. 마약거래 혐의로 복역하고 있는 사내에게 시를 보낸 것이 인연이 되어 그의 연인이 된다. 그러나 출옥한 사내는 '거리의 약사' 패거리를 벗어나지 못하고 암투 끝에 살해당한다. 그녀는 다시 웃음과 일상의 즐거움을 거부하고 독거 생활로 되돌아간다. 집에서 키우는 고양이가 유일한 대화의 상대이고 시 속에 평화를 찾는다. 그녀의 직업은 미용사, 타인의 외모를 가꾸어 주면서 대도시 도심의 황폐를 이겨낸다. 그녀 앞에 사내가 나타난다. 럭키Lucky라는 이름만큼이나 외향도 싱싱한 우편배달부다. 그러나 럭키 또한 마음의 상처를 안고 있다. 공공연한 부정을 저지르는 아내와 헤어지면서 매달리는 딸을 데리고 집을 나오나 마땅한 대책이 없다.

저스티스에게 굳이 친구를 대라면 한 사람 정도, 이에샤Iesha가 있다. 이에샤의 애인 시카고Chicago도 우체부, 성적으로 약한 그는 연신 빗으로 곱슬머리를 쓰다듬는다. 그에게는 모양내는 것이 예술이고 정의다. 둘은 여행길 내내 다툰다. 진하게 애무하다 벌어지고, 쌍말로 욕하다가 주먹질도 주고받는다. 숨은 이유는 성적 능력이다. 이들과 동행한 저스티스와 럭키, 둘의 사이는 어정쩡하기 짝이 없다. 이에샤의 강권 앞에 썩 내키지 않는 발길을 내친 저스티스, 그녀의 가슴에는 아직 누군가를 들일 여유공간이 없다. 그래도 끈질기게 은근한 눈길을 보내는 선량한 사내가 곁에 있다면 그것마저 뿌리칠 이유는 없을 것이다.

행선지는 북 캘리포니아의 오클랜드. 최소한 여섯 시간 주행거리다.

여행은 미국 문학과 영화의 전통적인 주제의 하나다. '로드 무비Road Movie'라는 영화의 세부 장르도 있다. 여행은 인생 그 자체이고, 미국의 역사적 특징이기도 하다. 여행 중에 일어나는 일과 얻는 색다른 경험은 모두 미국인과 미국 사회에게 발전의 동력이 되었다. 그러나 풍요로운 삶은 필연적으로 일상의 나태로 이어진다. 이제 여행의 진수는 새것을 얻는데 있는 것이 아니라 가진 것을 버리는 데 있다. 가장 먼저 내다 버릴 품목이 마음의 찌꺼기요, 머릿속에 박힌 편견이다.

로스엔젤레스와 오클랜드, 두 도시 모두 정평 있는 폭력의 소굴이기도 하다. 로스엔젤레스는 미국의 대도시 중에서 가장 고속도로망이 잘 정비되어 있다. 어느 은행에서나 5분 이내에 고속도로 진입이 가능하기에 은행 강도가 가장 많은 도시였다. 그런가 하면 오클랜드는 1990년대 미국에서 살인 사건 발생 비율이 가장 높았다. 우편배달차가 도착한 황혼녘의 오클랜드, 몇 년 만에 찾은 럭키의 사촌은 총에 맞은 시체가 되어 친척을 맞는다. 폭력은 흑인공동체의 전통적 유산이자 삶의 일부다.

막막한 사막과 평원으로 고속도로 노중에 조성된 쉼터에서 기이한 흑인 종친회가 열린다. "존슨 가족의 야유회"라는 안내문이 내붙어 있다. 존슨과는 아무런 인연이 없는 흑인도 '사촌cousin'의 범주에 든다. 커즌은 그냥 사촌이 아니다. 우리 식으로 하면 육촌, 팔촌, 십육촌… 몇 배로 확대될 수 있다. 게다가 친·외가가 차별이 없는 세상이라 성이 달라도 물론 사촌이다. "흑인은 모두 사촌이다Black, we are all family, my Cousin." 주최자의 선언대로 피부색만으로도 흑인은 공동체 의식을 공유한다. 그러나 언제 어디서나 그러하듯이 정작 공동체를 구성하는 개개인의 입장은 구구하다. "이렇게 많은 흑인이 모여서 쌈질하지 않는 것은 처음 본다"는 누군가의 자조의 변辯 속에 흑인 사회의 고질적인 환부가 만져진다. "검둥이는 도대체 혁명을 모르는 인간들Niggas don't no the revolution"이라고 개탄하며 인권 운동의 필요성을 역설하는 사람 앞에 "너도 그 잘난 성난 여성운동가냐Are you angry bitch-feminist?"라고 노골적으로 핀잔을 주는 무식쟁이 소시민, 남녀노소 불문하고 "씨팔fuck"이라는 어조사 없이는 진한 대화가 이어지지 않는 것이 흑인사회의 끈끈한 정서다.

"누구도, 그 누구도 혼자 살 수는 없다네Nobody but nobody can make it out here alone." 영화는 마야 앤젤로우의 시구 〈Phenomenal woman〉에 음을 입힌 주제가를 반복하여 들려준다. "오늘은 내일의 폐허를 준비하고Today prepares tomorrow's ruin." 그녀의 시구는 멜로디보다 장중하다. 서로가 서로를 감내하기 힘들었던 러키와 저스티스의 여정은 다른 커플의 불화와 반목 때문에 오히려 화해의 계기를 마련해준다. 무엇이 정의인가? 주인공의 입을 통해 나온 답은 시도, 법도 아니다. "사랑이 정의다Love is justice"라고 말하면서 여자는 새까맣게 때가 낀 사내의 손톱을 다듬어준다.

여성과 어린이 그리고 흑인의 연대

The Client | 조엘 슈마허 감독 | 1994년

미국의 초상화가, 포크너와 그리샴

존 그리섐은 윌리엄 포크너(William Faulkner, 1897~1962)에 이어 옥스퍼드가 배출한 또 하나의 세계적인 문인이다. 2세기 전 미시시피 주 평원에 작은 마을을 건설하던 미국인들은 이 소읍의 이름을 두고 고심했다. 언젠가 이 마을에 대학이 들어서면 좋겠다는 염원을 담아 대학의 상징어인 옥스퍼드라고 명명했다. 염원대로 후일 이 평원에 대학이 들어섰다. 대학의 원조 격인 영국 옥스퍼드와의 연관이라고는 중심거리인 법원 로타리의 시립 관광 안내소 앞에 세워진 영국식 빨간 우체통 하나뿐이지만.

　미시시피 주 옥스퍼드에는 도시 규모에 비해 엄청난 규모의 서점이 두 개 있다. 대학 도시임을 웅변하는 증거다. 그중 하나는 런던 캠든타운Camden Town의 전위 문화를 연상시키는 비주류 전문 서점이다. 이름하여 'Odd Books(이상한 책들)'. 영국식 유머는 이 서점에서나 찾

검찰의 추궁을 피해 변호사를 찾아간 마크는 레지 러브 변호사 사무실에서 '남자' 변호사를 찾는다. 그러나 '여자' 변호사인 레지는 마크에서 감옥에 간 아들의 모습을 발견하고 불과 1달러에 사건을 수임한다.

아볼 수 있을까. "공식 언어 미국어. 영국어도 이해 가능American Spoken. English Understood"이라고 내건 도치된 조크가 영국의 옥스퍼드와 미시시피 주 옥스퍼드의 연결을 강조한다. 미국 문학의 아버지 마크 트웨인이 자랑스럽게 내세운 '미국 영어American English'를 굳이 '미국어American'로 비하하는 영국인들의 뒤틀린 오만의 정체는 다름 아닌 열등감일지도 모른다. 이를 뒤집은 미시시피 주 옥스퍼드인의 조크 또한 역사와 문화가 일천한 신흥 대국인의 열등감의 발로이리라.

'오울 미시(Old Mississippi의 약칭)'는 미시시피 주에서 가장 오래된 주립대학교다. 대학을 세운 자랑스런 미시시피 옥스퍼드 사람들은 영국의 옥스퍼드가 그러했듯 세계적으로 걸출한 인물의 탄생을 고대했고 20세기 중반에 그 꿈을 처음으로 이루었다. 윌리엄 포크너라는 노벨 문학상 수상(1949) 작가를 배출한 것이다. "인간은 결국 승리할 것이다!"라는 수상 연설 구절대로 포크너는 승리한 옥스퍼드인이었다. 포크너의 무덤과 사저 로완 오크Rowan Oak에서 맥도날드 식당에 이르기까지 옥스퍼드는 시 전체가 온통 포크너의 기념관이다. 망자의 기념관에는 그의 신화에 버금가는 산 자의 일화가 함께 춤춘다. 오울 미시 법대 졸업생, 대중의 아낌없는 사랑을 받아온 법률 소설가 존 그리섐의 학생 시절 삽화들이다.

포크너가 세상으로부터 분리된 인간의 절대적 고뇌를 문학의 소재로 추구했다면, 그리섐은 세상 속에서 부대끼며 사는 인간 세상의 원리를 법의 이름으로 고발하고 대안을 내걸었다. 개빈 스티븐스로 대표되는 포크너의 변호사들이 산업혁명의 초입에서 그래도 순진했던 사람들의 갈등으로 자신의 밥그릇을 채웠다면, 그리섐의 법률가들은 난숙을 넘어 사양길에 접어든 자본주의의 여러 치부를 다스린다. 콤슨·벤포·사리토리스 등 포크너의 주인공들이 올드 미시시피의 건설자, 구시대의 주인공이었던 백인 남자들이었다면, 그리섐의 영웅들은 포크너 시대의 종속 인간들이던 여성과 흑인 그리고 아동이다. 그리섐의 작품을 영상으로 옮긴 〈의뢰인〉은 이들 새로운 미국인들의 역할을 부각시키는 데 성공한 영화다.

어른의 세계에서 길 잃은 소년

열한 살짜리 소년 마크 스웨이는 동생과 함께 어머니의 부양을 받으며 테네시 주 멤피스시 변두리의 트레일러 파크, 즉 이동가옥에 사는 빈민 소년이다. 교육 환경이 나쁜 빈민 소년의 전형적인 성장 과정대로 그는 일찌감치 어른의 검은 세계에 발을 딛는다. 능숙하게 담배를 피는 소년은 어른의 세계는 악의 세계임을 알고도 한발짝이라도 빨리 그 악의 세계로 돌입하고 싶은 호기심을 일찌감치 충족시킨 '아이 어른'이다. 마크는 담배를 가르쳐달라고 졸라대는 일곱 살짜리 동생 리키를 데리고 집 근처 산으로 들어갔다가 엄청난 사건에 휘말린다. 한 중년 변호사의 자살 시도를 목격하고 이를 구하려고 나선 것이 화근이었다.

뉴올리언스의 변호사 토미 크로퍼드는 마피아 단원을 단골 고객으로 삼은 형사 전문 변호사다. 최근 루이지애나 주의 상원의원이 실종되는 사건이 발생한다. 분명히 살해된 것으로 추정되며 혐의자도 있으나 시체가 발견되지 않고 있다. 크로퍼드는 자신이 변호하게 된 마피아 단원 배리 몰다노가 진범임과 시체가 매장된 곳도 알게 된다. 그러나 마피아 조직의 보복이 두려워 침묵의 고민을 거듭하다 마침내 양심의 가책을 견디다 못해 자살의 길을 택한다. 엄청난 양의 음주와 가스 흡입으로 반 $\pm$ 환각 상태에 빠진 크로퍼드는 마크에게 자신이 아는 비밀을 털어놓는다. 그리고는 마크도 비밀을 알게 된 이상 악당들이 살려주지 않을 터이니 자신과 함께 죽어야 한다며 동반 자살을 강요한다. 악몽의 시련 끝에 마크는 탈출하나 크로퍼드는 권총을 자신의 입 속에 넣고 쏜다. 이 장면을 목격한 동생 리키는 충격 때문에 실어증에 걸린다.

일약 미디어의 스포트라이트를 받게 된 마크는 정치권력과 암흑가 사이에 벌어진 위험한 게임의 희생양이 된다. 소년이 자살한 변호사로부터 들은 사실이 무엇인지를 캐내면 범죄 해결의 실마리가 풀리기 때문에 연방검사 폴트리그로서는 절대적인 이해가 걸린 사건이다. 한편 마피아로서는 마크의 입을 영원히 막음으로써 범죄 증거를 인멸할 수 있다. 마크는 입을 열면 어머니와 동생을 죽이겠다는 마피아의 협박을 받는다. 트레일러 집이 불타는 사고 아닌 사고가 발생하면서 테러의 위험은 경각에 다가온다.

절박한 심정으로 변호사를 찾던 마크는 엉겁결에 들어선 레지 러브의 사무실에서 1달러를 지불하고 변호인 선임 계약을 맺는다. 그러나 둘 사이에 구축되던 신뢰 관계는 알코올과 마약 중독자였던 레지의 과거가 밝혀지자 흔들린다. 그러나 몇 차례의 반전을 거듭한 뒤 두 사람의 신뢰는 회복된다. 혼자서라도 시체를 찾겠다는 마크의 위험한 여정에 논란 끝에 레지가 동참한다. 레지는 시체의 매장 장소를 직접 눈으로 확인한 후 연방검사와 협상에 나선다. 연방의 증인보호 프로그램에 의한 마크 가족의 안전과 생활을 보장하는 조치를 확약받고 나서야 정보를 넘긴다. 마크는 정부의 보호 아래 레지와 작별하고 가족과 함께 떠난다.

소년 가장과 모성의 변호사

이 영화는 앞서 말한 바와 같이 백인 남성의 전유물이던 법 제도 속에서 여성과 아동의 연합전선이 승리하고, 흑인이 그 승리의 기회와 절차를 보장한다는 메시지를 담고 있다. 전통적 미국 사회에서의 전형적인 약자, 이른바 백인 남성이 아닌 '불완전 인간less than a man'들의 승리인 것이다.

열한 살짜리 소년 마크는 변호사 수가 1달러를 지급하고 당당한 사건 의뢰인이 된다. 이렇게 아동과 여자 사이에 법적으로 성립된 특별한 업무적 신뢰는 두 사람의 인간적 신뢰로 발전한다. 두 사람 모두 결손가정 출신이다. 음주와 폭력을 일삼는 독재자 아버지의 지배에서 벗어나 어머니와 동생과 함께 초라한 이동가옥에 사는 마크와 이혼녀로서 비행소년 아들을 감옥에 두고 있는 레지는 전통 가족의 가치관이 무너진 미국 사회의 어두운 단면을 상징하는 전형이다. 둘 다 자신에게 주어진 불행한 여건 속에서 독립된 인격체로서 자신의 책임 아래 살아야 한다.

마크는 친절한 간호원에게 스쳐 가는 춘정을 느끼는 사춘기의 소년이지만, 지능 면에서는 어느 성인 못지 않다. 자살의 현장이나 감호소와 병원으로부터 탈출하는 기지와 용기, 스스로 자신의 변호사를 선임하는 성숙함, 이 모든 것이 외국의 관객에게는 비현실적 인물처럼 느껴진다.

그러나 마크는 '허클베리 핀' 이래 미국 문학이 추구해온 소년 가장의 전형이다. 독립된 판단력과 행동력, 이것은 미국 남성의 미덕 중 최고의 미덕이다. 이성적인 판단력과 독자적인 행동력, 굳이 어깨가 넓은 사내가 아니더라도 미국 사회에서 남자라면 누구나 갖추어야 할 최소한의 미덕이다. 미국 문학의 영웅은 모두 집을 떠남으로써 새로운 자신의 세계를 구축하는 자수성가형이다. 직접 그 여행길에 나서기 전에라도 언젠가는 나설 여행을 위해 준비를 갖추는 것이 소년의 미덕이다. 불량소년 마크는 절대선善 속에서 살아야 한다는 도덕적 메시지보다는 위험한 환경 속에 처해진 결손가정의 아이들이 악의 늪인 어른의 세계 속에서 적응하며 살아야 한다는 메시지를 이 영화에서 읽을 수 있다. 그래서 이러한 일탈도 별다른 긴장과 부담 없이 수

레지는 검찰의 성급한 추궁으로부터 마크를 보호하지만, 결국은 증언하지 않을 수 없다고 마크를 설득한다.

용된다.

소년 가장 마크는 무엇보다도 법 제도에 대해 잘 알고 있다. 텔레비전 드라마 〈L.A. Law〉를 애청하며 묵비권을 담은 '헌법 수정 제5조'가 무엇인지도 알고 있다. 그에게는 법정에서 '이따금씩' 법과 정의가 승리한다는 신념이 있다. 그는 주정과 폭행을 일삼는 아버지로부터 어머니와 동생을 보호하기 위해 야구 방망이 세례를 주저하지 않았고, 법정에서 아버지에게 불리한 증언을 하고 어머니와 어린 동생의 안전을 법의 보호 아래 맡길 줄도 안다.

문명 세계와 아버지의 압제로부터 탈출하기 위해 뗏목을 타고 위험한 항해에 나섰던 허클베리 핀과는 반대로 마크는 법의 품 속으로 피신한다. 허클베리 핀은 문명으로부터 원시의 세계로 탈출을 시도했지만 더 이상 '변경Frontier'도 낙원의 원시림도 잔존하지 않는 미국 땅에서 어떻게 낙원을 건설할 것인가? 이제 낙원은 사람들 속에서 구할 수밖에 없다. 허클베리 핀과 마크를 가른 한 세기 반 동안 미국 땅에서는 광야의 정의가 법의 정의로 바뀐 셈이다.

레지 러브는 어두운 과거를 가진 중년 여성이다. 52세인데도 법과대학을 졸업하고 변호사가 된 지 불과 5년밖에 되지 않았다. 이혼과 정신질환, 마약 복용의 경력이 있다. 이 어두운 과거는 남자에게 종속된 삶에서 비롯한 것이다. 성공한 의사 남편은 젊은 피부를 탐닉하여 아내를 버렸다. 유기의 과정도 잔인하다. 이혼 판결과 위자료 분쟁에서 자신에게 유리한 지위를 확보하려는 목적으로 아내를 강제로 정신병원에 입원시킨 비열한 인간이다. 이러한 잔혹 행위의 결과 레지는 정신병과 마약의 희생물이 되었다.

그러나 그녀는 과거를 극복하고 자신의 독립된 삶의 길을 내딛는다. 종속된 삶에서 해방되어 재탄생한 기념의식으로 이름도 바꾼다. 1980년대의 영웅의 하나인 흑인 야구선수 '레지 잭슨Regie Jackson'의 이름을 따서 레지Regie라고 부른다. 남자의 세계인 법의 세계로 입성하기 위한 의식이기도 하다.

레지를 위기에서 구출해 재활의 길로 인도한 사람은 그녀의 어머니다. 위대한 어머니로부터 위대한 딸이 계승되는 셈이다. 홀어머니의 끈질긴 모정이 자신을 위기에서 구출했듯이 레지 자신도 범죄로 복역 중인 아들의 부활을 포기하지 않는다. 레지는 모든 사람이 평등함을 믿고 그렇게 행동한다. 남녀노소, 지위고하를 불문하고 직위나 경칭 대신 사람의 '이름first name'으로 부르고 불릴 것을 주장하고 고집하는 그녀는 만민평등주의의 화신이다.

종속적인 지위의 여성이 탈출하는 것을 상징하는 또 다른 예는 레지의 비서를 남성으로 설정한 것이다. 레지의 비서는 섬세한 남자다.

그는 레지의 법과대학 동급생이다. 남자가 동급생 여자의 비서가 되는 '비상식적인' 관계 설정은 마크와의 대화에서 드러난다. 그는 학생 시절부터 레지가 자신보다 세상을 보는 눈이나 법적 식견이 뛰어나다는 사실을 인정하고 스스로 조수가 되기를 자청했다고 고백한다. 법은 신분과 성gender의 영역이 아니라 어른과 경험의 세계라는 것을 알리는 중요한 단서다. 이러한 설명에 "변호사를 찾았는데 하필이면 재수 없게도 여자가 걸렸다"고 자탄하는 어린 사내 마크의 편견의 성城이 무너진다. 여자에 대한 마크의 편견은 "사람이 죽었느냐?"는 물음에 "검둥이가 하나 죽었다"고 답하는 허클베리 핀의 장면을 연상시킨다.

지방 판사와 연방검사

테네시 주 멤피스의 소년법원 판사 해리 루스벨트는 작은 사법 영웅이다. 그는 흑인과 아동, 소수자의 후견인이다. 편견과 역경을 딛고 판사가 되었지만 언제나 자신은 가난한 흑인 소년이라고 생각한다. 사시사철 같은 복장이다. 언제 어디서나 같은 디자인의 검은색 양복에 하얀 셔츠를 받쳐입기 때문에 아무도 그가 단벌인지 아니면 50벌인지 알지 못한다. 그는 위기에 처한 아이의 신변을 보호하기 위해 일부러 구금 명령을 발부하는가 하면, 멀리 뉴올리언스의 연방 대배심에 소환되는 것을 피하기 위해 자신의 법정에서 심리를 강행한다.

언제나 도시에서 가장 새 건물인 연방청사에는 우아하고 장엄한 법정들이 자리하고 있다. 이에 비하면 보잘것없는 오두막에 불과한 자신

막강한 연방검사의 위세를 업고 폴트리그는 어린 소년에게서 증언을 받아내려 하지만, 소년법원 판사 해리 루스벨트의 당당함에 힘을 쓰지 못한다.

의 법정이지만 그곳에는 엄청난 권위의 광휘가 이글거린다. 그는 약한 자에게는 자애로운 아버지이나 강자와 권력 앞에서는 더없이 당당한 판관이다. 그는 무모하리 만큼 용감하게 연방검사에게 소환장을 발부한다. "내 법정에서는 시킬 때만 말을 하라!", "일어서지 말라. 법률가의 말을 듣기 싫다!" 등 해리 루스벨트 법정의 '4대 수칙守則'은 막강한 연방의 권력 앞에 약자의 정의를 지키는 권리장전이다.

중앙정부에 대한 비판과 냉소는 미국 영화의 정석에 속한다. 미국은 문자 그대로 진정한 의미에서 연방국가다. 중앙정부는 주와 국민이 위임한 제한된 권력만을 보유하고 위임되지 않은 일체의 권력은 주와 인민에 유보되어 있다고 헌법은 명시하고 있다. 이 헌법에 의해 명시적으로 연방에 위양되지 아니하고 각 주에 의한 보유가 금지되지 아니한 권한은 각 주와 인민에 속한다. '미합중국United States of America'이라는 국호도 이러한 권력 배분의 대원칙을 대변한다. 헌법 수정 제10조의 규정대로 연방정부는 주의 '나머지 권력'의 집적체에 불과하다.

한때 연방에서 탈퇴하여 연방을 상대로 전쟁을 벌였던 남부의 주들에서는 "연방정부는 곧바로 악"이라는 관념이 팽배해 있다. 아직도 남부의 동네 선술집에서 애창되는 노래가 연방에 대한 해묵은 불신의 깊이를 가늠하게 한다. "나는야 자랑스런 늙은 반역자I'm a Good Old Rebel, 그게 바로 내 모습이라네, 이 자유의 대지를 위해서라면 나는 아무것도 두렵지 않아. 양키네 나라놈 하는 짓거리 하나도 마음에 안 들어, 독립선언서 좋아하시네."

연방의 권위에 대한 풍자와 냉소는 살인 사건의 성격에서부터 드러난다. 미합중국 상원의원이 살해되었으나 시체를 찾지 못하니 FBI로서는 치욕이다. (영화에서는 생략된) FBI 국장 재직 42년 만에 첫 번째 사건이다. 상원의원의 죽음의 형태 또한 치욕적이다. 그는 수행원도 없이 혼자 사창에서 은밀한 성sex을 사고 나오다 살해당한다. 중앙권력과 연방의 부패, 타락, 위선을 고발하는 플롯이다. (원작에만 소개되는) 연방검사 로이 폴트리그의 입신 과정도 연방에 대한 냉소를 적절하게 담았다. 학생 시절 그다지 우수한 성적을 내지 못한 그는 법과대학을 졸업한 후 제대로 된 직장을 구하지 못해 뉴올리언스시의 보조 검사로 법조 경력을 시작한다.

미국에서는 주 차원의 사법에서는 검사의 지위는 매우 취약하다. 수사권은 경찰이 보유하고 검찰은 기소와 법정 변론만을 담당한다. 봉급도 매우 낮으며 사회적 신망도 높지 않아 대체로 우수한 졸업생이 직장으로 고려의 대상으로 삼지 않는 직종이다. 다만 공무원의 신분이기에 대체로 큰 잘못이 없으면 자리는 보장되고 극심한 경쟁을 피할 수도 있다. 적어도 노골적인 인종차별이 존재하지 않기 때문에 여성과 소수인종에게 인기가 있다. 미국의 형사 재판이 '부자의 법정'이라고 매도당하는 중요한 원인의 하나는 검사와 일류 변호사 사이에 너무나 현격한 실력 차이가 존재하기 때문이다. 우수한 졸업생 가운데 예외적으로 검사를 지망하는 사람이 있다면 그는 후일 정계에 진출할 야심을 가진 정치 지망생이다.

그러나 주의 경우와는 달리 연방검사는 엄청난 힘과 권위의 상징이다. 연방검사는 전국적으로 불과 몇백 명에 불과할 뿐 아니라 업무상의 힘도 막강하다. 무소불위의 권력을 상징하는 FBI를 지휘하고 법정에서 미합중국의 권위를 지키는 막중한 임무가 주어진 것이다. 임명되는 과정도 지극히 정치적인 경로를 거친다.

연방검사 폴트리그가 이 자리에 이르기까지는 정치적 야심을 키우는 법학도의 전형적인 길이다. 사랑하지 않는 여자와 무난한 결혼을 한다. 양가집 출신의 아내는 연방검사의 품위를 유지시키는 훌륭한 자격이고 두 아이와 부부가 함께 찍은 가족 사진은 사무실과 선거용 벽보를 그럴 듯하게 장식할 수 있는 훌륭한 자산이다. 폴트리그는 머리는 모자라나 근육은 더없이 단단한 철인이다. 집보다 사무실을 더욱 선호하는 일벌레로, 수면 부족을 무슨 훈장처럼 달고 다니며 24시간 내내 일할 수 있는 남성적 기계임을 신봉하는 제도의 화신이다. 1일 18시간 사무실에서 일하는 열정적인 시간과 잠을 필요로 하지 않는 특수한 신체를 자랑하는 그의 클라이언트는 미합중국이다.

지방 사법 관료에 대한 우월감이 몸에 밴 그는 FBI 제2인자의 입김을 받아 다가오는 주지사 선거에 후보로 나설 작정이다. 검사는 '법과 질서'를 준엄하게 집행하는 포도대장의 모습을 보여주어야 정치 입문에 성공할 수 있다. 그가 수행원들에 둘러싸여 거드름을 피우며 여섯 개의 문이 달린 리무진을 타고 내리는 모습이나 기자들을 상대로 범죄가 해결되었음을 자랑스럽게 발표하는 마지막 장면은 연방 권력의 기만성을 상징한다. 그러나 그렇게 막강한 연방의 힘은 기만과 위선의 힘일 뿐 아니라 선용善用되는 경우에는 덕과 정의의 힘이 된다는 것을 이 영화는 보여준다. 실제로 극도로 미화되었지만 연방 정부의 증인보호 프로그램이 마크의 가족에게 평화와 안정을 선사하는 것이다.

이 영화는 지극히 미국적인 리얼리티에 충실하다. 멜로 드라마의 정석을 기대하는 팬에게는 아쉽게 느껴질 마지막 이별 장면은 미국적 리얼리티를 더 한층 부각시킨다. 서로 의지하던 소년과 중년 여인은 관계를 단절해야 하는 법의 요구에 따라 영원히 헤어지게 된다.

"사랑한다 마크, 네가 보고 싶을 거야."
"레지, 전 다시 레지를 못 보는 거지요."
"그래, 아마도 다시 만나지 못할 거야."

누구나 '하이'라는 지극히 가벼운 인사말로 금세 친구가 되는 열린 사회, 그리고는 아무리 긴 연륜 동안 쌓은 애정의 끈도 '바이'라는 단어로 자르는 냉혹한 사회, 그 이별과 단절을 고통 없이 현실로 수용하는 사회, 그리고 떠나 보내는 자에 대한 미련보다는 충실했던 과거의 당당했던 아름다움을 소중히 여기는 사회, 그것이 미국이다.

지극히 미국적인 소설과 영화 〈의뢰인〉은 아무리 힘든 여건에 처한 사람에게도 현실은 도피하는 것이 아니라 극복할 수 있는 것임을 보여준다. 포크너의 말대로 온갖 시련에도 불구하고 인간은 승리할 수 있다는 메시지를 담은 건전한 작품이다.

필라델피아

동성애는 삶의 한 형태일 뿐이다

Philadelphia | 조너선 뎀 감독 | 1993년

자유와 관용의 도시

미국인에게 '필라델피아'는 단순히 하나의 도시가 아니다. 진정한 의미에서 미국이 탄생한 곳, 유럽의 구질서로부터 혁명과 독립을 쟁취한 아메리카인들의 성지다. 뉴잉글랜드와 버지니아가 식민지 시절 신대륙에 정착한 영국 신민臣民의 보금자리였다면 필라델피아는 유럽의 구질서로부터 혁명과 독립을 쟁취한 아메리카 인민people의 정신적 뿌리가 내린 곳이다. 독립선언서가 낭독된 곳, 국기와 헌법이 탄생한 곳, 전 세계를 향해 아메리카인과 인류의 자유의 혼을 타종한 '리버티 벨Liberty Bell'의 산실이다.

이곳은 우리나라 사람들에게도 의미심장한 곳이다. 1919년 4월 14일, 최초의 망명정부 국회가 바로 이곳에서 열렸다. 작은 한 교구의 목사와 유대인 랍비의 축원으로 나라를 되찾겠다던 그 허무하도록 순진한 절박감을 이곳 아메리카 자유의 메카에서 토해냈던 것이다. "대한

독립만세!"(원성옥 옮김, 《First Korean Congress》, 1986)

'형제애brotherhood'라는 도시명의 어원語源은 인종과 종교 그리고 문화와 신조가 다른 사람들이 '형제'로서 공존과 번영을 도모한다는 미국의 이상을 대변한다. 필라델피아는 건설 초기부터 관용의 땅으로 출발했다. 필라델피아가 속하는 펜실베이니아 주도 역사적으로 관용의 전통을 강하게 지닌 곳이다. 이 땅은 원래 종교의 자유와 새로운 삶을 찾아 신대륙을 향해 나선 윌리엄 펜(William Penn, 1644~1718)에게 영국의 제왕 찰스 2세(재위 1660~1685)와 제임스 2세(재위 1685~1688)가 내린 선물이었다. 소수종교인 퀘이커 교도를 이끌고 인디언과 함께 공존의 삶을 누리면서 새로운 유형의 기독교 공동체를 건설하겠다고 공언하는 펜에게 국왕은 친구의 영웅심에 대해 조롱 섞인 경의의 뜻으로 이 원시림의 이름을 지어준다. 펜실베이니아Pennsylvania, 라틴어로 '펜Penn의 숲silva'이라는 뜻이다. 이렇듯 펜실베이니아, 필라델피아는 다른 종교에 대한 관용의 전통이 깊은 곳이다. 한때는 남부 노예의 가장 큰 소망이 펜실베이니아 땅에 발을 딛고 자유와 관용의 품에 안기는 것이기도 했다.

펜실베이니아 대학(흔히 'U-Penn'이라 불린다)은 독립 후 미국인이 세운 최초의 종합대학교다. 설립자는 벤저민 프랭클린(Benjamin Franklin, 1706~1790)으로 미국 건국사를 통틀어 가장 근면한 인물로 손꼽히는 인물이다. '근면', '정직', '절제'. 어린 나이에 스스로 도덕적 생활을 위한 수칙을 정해놓고 극기의 수련을 쌓았던 그 감동적인 기록인 《프랭클린 자서전》(1785)은 출간 후 2세기가 지난 오늘에도 변함 없이 미국 청소년의 필독서다.

거대 로펌의 유망 변호사도 동성애와 에이즈에 대한 편견 앞에서는 약자에 불과했다. 또 다른
약자인 흑인 변호사와 라틴계 '연인'을 비롯한 게이 공동체만이 앤드류의 편이 되었다.

이 대학의 교정 한복판에 프랭클린의 동상이 서 있다. 그 앞에서 아
직도 많은 건실한 미국 청년들이 경배의 선서를 아끼지 않는다. 동일
인물인 서재필과 필립 제이슨Philip Jaison의 '관계'를 묻는 필라델피아
의 코메리칸 2세도 바로 이 동상 앞에서 미국민의 꿈과 자유가 아버지
나라에도 전파되었다는 자부심에 취해 가지런한 치열을 드러내고 웃
었다.

예로부터 필라델피아에는 유능한 법률가가 많았다. 프랭클린의 영
향 때문인지 심오한 이론의 탐구보다는 실용적 지혜를 더욱 높게 평가
하는 필라델피아의 전통이 대학에도 전승되고 있다. 미국어 사전에는
아직도 '필라델리아 로이어Philadelphia lawyer'라는 말이 수록되어 있
다. 이 단어는 '탁월한 논리와 명석한 분석력을 갖춘 유능한 법률가'
라는 원래의 의미에다 '그러나 인간미가 결여된 사람'이라는 뜻이 부
가되어 사용된다.

    1980년대 이래 미국은 동성애자가 과연 일상 생활을 함께 영위할 수 있는 '형제'인가 하는 논쟁으로 나라 전체가 소란스럽다. 조너선 뎀 감독의 영화 〈필라델피아〉는 동성애와 후천성 면역 결핍증AIDS의 문제를 정면으로 다룬 최초의 할리우드 영화다. 동성애를 또 하나의 '삶의 스타일'로 인정함으로써 주류사회와 에이즈 사이를 형제애의 가교로 연결하기 위한 시도로 이해된다. 브루스 스프링스틴의 목소리를 타고 서늘하게 가슴을 파고드는 영화의 주제가 〈필라델피아의 거리 Streets of Philadelphia〉는 해제解題하자면, 미국인의 꿈과 현실의 괴리라고 할 수 있다.

    인류사에서 동성애는 그 뿌리가 깊다. 일찍이 문명의 발상지로 알려진 거의 모든 땅에서 동성애의 흔적을 확인할 수 있다. 오늘날 서구 근대 문화의 뿌리로 인식되는 그리스-로마 시대에도 동성애는 굳이 소수라고 규정할 수 없을 정도로 남성들에게 보편적인 삶의 형태였다. 동성애를 특히 금기시하는 서양의 전통은 유대-기독교의 전통과 밀접하게 연관되어 있음은 물론이다. 기독교 경전에 특히 동성애를 죄악시하는 구절이 많은 것은 여러 가지 관점에서 설명할 수 있다.

    어쨌든 오늘날에도 동서양의 주류 문화에서 동성애를 바라보는 시각은 결코 곱지 않다. 대부분의 나라에서 최근에 이르기까지 동성애를 엄연한 형사 범죄로 규정하였고, 범죄자는 아니더라도 최소한 정신 이상자로 취급하는 나라는 무수하다. 하지만 범죄도, 정신 이상도 아닌, 그저 '삶의 한 형태'라는 것이 동성애에 대한 미국 사회의 공식 입장이다. 그러나 법이라는 공적 규범과 무관하게 주류의 다수는 게이gay에 대한 노골적인 혐오와 질시와 차별을 감추지 않는다.

'인류의 역병疫病'이라는 에이즈가 동성애자에게 준 타격은 크다. 1980년대 이후 에이즈의 급격한 확산으로 동성애자는 결코 단순히 외면함으로 족한, 무해한 도덕적 소수자가 아니라 인류 전체를 재앙으로 몰고 가는 악의 무리라는 극단적인 생각을 품는 사람도 늘어났다. 이런 시대적 상황에서 제작된 영화인 만큼 〈필라델피아〉는 문제작이 될 수밖에 없었다.

문제는 법이 아니라 편견

앤드류 베케트는 문자 그대로 젊은 필라델피아 로이어다. 탁월한 논리와 명석한 분석력, 의뢰인을 존중하고 납득시키는 재주, 모든 면에서 그는 뛰어난 청년 법률가다. 명문대 우등 졸업과 동시에 필라델피아 최대의 로펌에 발탁된 그는 회사의 대표 변호사 찰스 휠러의 총애를 받는 인물로 급성장한다. 신참 변호사의 염원인 파트너 자리는 이미 따놓은 당상이나 마찬가지다. 스스로도 자신이 훌륭한 법률가라고 믿는 앤드류는 '이따금씩 정의를 세우는' 일을 보람으로 산다.

　그의 불행은 주류 법률가와 다른 삶의 스타일 때문에 발생한다. 그는 동성애자다. 사무실에서 갑자기 이례적인 사건이 발생한다. 회사는 앤드류에게 천문학적 액수의 저작권 침해 사건을 맡기고는 바로 며칠 후 업무 처리 능력과 태도를 문제 삼아 해고한다. 앤드류가 분명히 차질 없이 준비해두었던 소장이 증발하는 이상한 일이 발생했고 그로 인해 하마터면 소장을 제때에 법원에 제출하지 못할 뻔했던 것이다.

　그러나 앤드류는 자신이 해고당한 진짜 이유는 동성애자이며 에이

함께 싸워가면서 편견을 벗은 조는 죽음을 앞둔 앤드류와 형제애를 나눈다. 앤드류가 떠나도 그 싸움은 계속될 것을 약속하듯이.

즈에 감염된 사실 때문이라고 믿는다. 펜실베이니아 주법은 에이즈에 감염된 사실이나 동성애자임을 이유로 해고할 수 없도록 규정한다. 자신의 부당한 해고를 다툴 소송을 맡아줄 변호사를 구해 필라델피아 전역을 뒤졌으나 허사였다. 결국 무명의 흑인 변호사 조의 사무실까지 찾아간다. 동성애자의 민권에 무관심하고 에이즈에 대해 무지한 조는 수임을 거절한다. 그러나 얼마 후 우연히 법대 도서관에서 혼자 소송을 준비하던 앤드류를 직원이 격리하려는 것을 목격하고 연민의 마음에서 사건을 맡는다. 미국의 사법 체계에서는 아무리 유능한 법률가라도 자신의 소송을 직접 수행하지 않는 것이 원칙이다. 가장 중요한 이유는 증거법상 운신의 폭이 좁고, 따라서 여러 가지 불이익을 입을 가능성이 크기 때문이다.

이 영화는 법정 변론 기술의 진수를 보여준다. 회사측도, 원고측도 '필라델피아 로이어'의 명성에 걸맞는 수준의 변론을 펼친다. 원고측 변호사 조는 앤드류가 에이즈 때문에 해고되었음을 입증할 책임이 있다. 먼저 앤드류의 능력이 탁월하다는 것, 파트너 중 한 사람이 앤드류의 얼굴에서 에이즈의 증상인 반점을 발견하고 연유를 물었다는 사실, 이에 대해 앤드류는 라켓볼에 맞았다고 대답한 사실 등을 집중 심문한다. 회사의 파트너들은 앤드류가 동성애자인 것도, 에이즈에 감염된 사실도 전혀 몰랐다고 대답한다. 휠러는 앤드류에게 중요한 사건을 맡긴 것은 그동안 그에게 한 투자 비용을 회수하기 위해서였으나 날이 갈수록 앤드류가 기대에 부응하지 못하고 업무를 감당할 능력이 없음이 확인되어 해고했다고 증언한다.

회사측의 여자 변호사는 시종일관 지극히 담담한 어조로 앤드류의 약점을 파고든다. 심지어는 앤드류가 동거한 미구엘과 '연인' 관계에 있으면서도 시내의 게이 영화관에서 처음 만난 파트너와 즉석 섹스를 했다는 사실까지도 고백하도록 유도해낸다. 영화는 엄격한 의미의 증거법의 원칙을 벗어난 변론과 심문 장면을 담고 있지만 전체의 흐름을 방해할 정도는 아니다.

앤드류가 병원에서 죽음을 기다리고 있는 동안 배심이 평결을 내린다. 그가 입은 정신적, 물질적 손해배상과 함께 회사가 저지른 악행에 대해 거액의 징벌적 손해배상을 명한다.

영화는 한 동성애자의 승리보다는 그 승리의 사회적 의미와 함께 승리의 원동력이 된 여러 형태의 '형제애'를 집중 부각시킨다. "내 아들이 버스 뒷자리에 앉아 있기만을 바라지 않았다"라며 아들의 권리 투쟁을 적극 조력하는 아버지와 가족, 법이 동반자로 인정하지 않는 동성 연인 미구엘의 눈물나는 외조, "문제는 법이 아니라 동성애 그 자체에 대한 편견이다"라며 법정 소란을 불사한 변호사 조의 개안 과정 등을 조명한다.

죽음을 목전에 둔 앤드류가 고전음악의 선율에 신과 인생의 의미를 해설하는 장면은 동성애자의 섬세한 예술적 감수성을 부각시키는 압권이다. 움베르토 조르다노(Umberto Giordano, 1867~1922)의 오페라 〈안드레아 셰니에〉 중 'La Mamma Morta' 전곡이 마리아 칼라스의 목소리를 빌어 배우와 관객을 환몽 속으로 끌어들인다.

영화는 필라델피아의 건설자 윌리엄 펜의 동상을 머리에 이고 선 장엄한 시市 청사를 내리 비치면서 막을 내린다. 모든 미국인에게 건국의 아버지가 주창하던 '형제애'의 참된 의미를 되새기는 과제를 관객의 몫으로 남겨둔 채.

영화 속의 펜실베이니아 주법과 마찬가지로 미국의 대부분의 주에서 에이즈 환자의 차별을 금지하는 법률이 제정되었다. 예를 들어 캘리포니아 주법과 연방법은 에이즈 혈액검사 결과가 양성으로 반응해도 이를 직업적 능력이 저하된 증거로 사용하지 못한다는 규정을 두고 있다.

이 영화는 실제 사건에 기초한 것이다. 뉴욕 주 변호사 제프리 바워스Jeffrey Bowers가 자신이 몸담고 있던 세계 제1의 로펌 베이커 앤드 맥켄지Baker & McKenzie를 상대로 배상을 요구하는 법적 절차를 개시했다. 분쟁은 난항 끝에 그가 서른세 살의 나이로 죽은 지 7년 후인 1994년에 1차 결말이 났다. 뉴욕 주 인권국은 로펌에 50만 달러를 보상하라는 조정 명령을 내렸고 이에 불복한 로펌은 정식 소송으로 맞섰다. 또한 바워스의 친척들은 영화사를 상대로 소송을 제기했다. 바워스의 생애에 대한 상세한 정보를 제공해주는 대가를 영화사가 지불하겠다는 약속을 어겼다는 것이다. 소송이 에이즈보다 더욱 빨리 전파되는 역병인지도 모른다.

이사야 지키기

인종편견을 뛰어넘는 성장 환경

Losing Isaiah | 스티븐 질렌홀 감독 | 1995년

기른 정 대 낳은 정

> 그때 이리가 어린 양과 함께 거하며, 표범이 어린 염소와 함께 누
> 우며, 송아지와 어린 사자와 살진 짐승이 함께 있어 어린아이에게
> 끌리며.
> ―《구약》, 〈이사야〉 11장 6절.

예언자 이사야의 입을 빌어 성경은 완벽한 평화의 구현으로 어린아
이의 세상을 그렸다. "어린아이를 잃으면 모든 것을 잃는다." 러시아
의 문호 도스토예프스키도 최후의 대작 《카라마조프의 형제들》에서
조국의 장래는 어린이에 달렸다고 역설한다. 영화 〈이사야 지키기〉는
인종간의 차별과 분리라는 이월移越 부채를 지닌 미국 사회의 새로운
가능성을 제기하는 영화다. 그 가능성은 인종적 편견이 생기기 이전의

어린아이의 인도를 통해 실현되는 것으로 나타난다. 이 영화는 〈크레이머 대 크레이머Kramer vs. Kramer〉(1979) 이래 미국 영화의 한 세부 장르를 이루고 있는 동거 양육권child custody의 문제를 새로운 각도에서 조명한다. 미국판 '기른 정' 대 '낳은 정'의 대결인 셈이다.

사이렌 소리가 화려한 조명 아래 시카고의 밤을 가른다. 이 거대한 도시의 한가운데 버려진 건물에서 부랑자들이 살고 있다. 모두 흑인이다. 중년 여인이 옆자리의 젊은 여자에게 아이가 운다고 핀잔을 준다. 인생의 막장에 몰린 사람에게는 새 생명에 대한 배려를 기대할 수 없다. 인생 자체가 고통인 것이다. 아이의 젊은 엄마 칼리아는 마약을 흡입하면서 고통을 달랜다. 환각 상태에서 종이박스에 갓난 아이를 넣어 인근의 대형 쓰레기통에 버린다. "잠시만 있어 아가야. 다시 찾으러 올게!"라고 자신에게 애원의 다짐을 보내면서. 그러나 청소부가 이를 발견하고 병원 응급실로 보낸다. 아이의 신원은 생후 3일 지난 이사야(미국식 발음 아이제이어) 리처드임이 확인된다.

버려진 아이의 회생 과정을 지켜본 병원의 사회사업사인 백인 여성 마거릿은 알 수 없는 생명의 신비감에 이끌려 아이의 입양을 원한다. 모든 일에 외조를 아끼지 않는 남편과 딸 해너Hannah는 처음에는 미온적이나 일단 입양 절차가 완료되자 사랑으로 어린 새 식구를 감싼다. 아이는 태중에 있을 때 모체가 흡입한 코카인의 영향으로 여러 가지 이상 증세를 보이고 그만큼 양육이 힘들다.

슈퍼마켓에서 음식을 훔친 칼리아는 소액절도죄로 수감되고 모범수의 생활 끝에 재활 과정을 거친다. 비로소 글을 배우고 마약도 끊는다. 지난 3년 내내 제 손으로 아이를 죽였다는 죄책감에 시달린 그녀는 재활 과정에서 알게 된 사회사업사의 격려와 도움으로 자신의 아이가 죽은 것이 아니라 백인 가정에 입양되어 있다는 사실을 알게 된다. 이제 그녀는 아들을 되찾아 나선다. "다시 찾으러 올께!"라고 자신에게 내걸었던 약속을 지키기 위해서이기도 하다.

흑인 아동은 백인 가정에 입양되어서는 안 된다고 믿는 법률구조기금의 흑인 변호사 루이스가 사건을 맡는다. 그의 조언에 의해 칼리아는 좀 더 환경이 좋은 곳으로 주거를 옮기고 불륜 상대이던 유부남과도 관계를 청산한다. 이사야를 지키려는 마거릿 부부는 흑인 여자 변호사를 고용한다. 흑인 아동의 양육권을 얻기 위해서는 흑인 변호사를 고용하는 것이 더욱 도움이 되리라는 계산이었지만, 변호사는 '법은 색맹law is colorblind'이라는 유명한 법언法諺으로 자신이 맡을 사건에서 색채를 걷어낸다.

이 말의 유래는 공적 시설에서 흑백의 분리를 인정하면서 '분리하되 평등separate but equal'이라는 헌법의 원칙을 선언한 1879년의 연방대법원 판결Plessy v. Ferguson에서 존 할란John Harlan 판사가 낸 반대 의견이다. 이 명구는 후일 그 유명한 브라운 판결Brown v. Board of Education(1954)에서 '분리 그 자체가 원천적으로 불평등'이라는 새로운 법리를 통해 부활된다. 그러나 대법원은 법이 색맹이라고 공식으로 선언했지만 현실 사회는 그렇지 않았다. 그 후로도 오랜 세월 동안 국가의 공권력이 개입하지 않는 사적 영역은 엄연히 인종 분리라는 편견의 제도 위에 건설되어 왔다.

중산층 백인 가정에서 흑인 어린아이는 큰 무리없이 잘 자란다. 열살을 갓 넘긴 누이 해너는 피부가 다른 사내 동생을 대하면서 이따금

갈등과 불편이 일어나곤 하지만 인내와 관용 그리고 부모의 인성 교육으로 극복된다. 둘의 손바닥을 함께 펴 보이며 하나가 묻는다. "내 손과 네 손이 어떻게 다르니?" 이사야가 답한다. "내 손이 좀 작네." 아이의 눈에는 색깔보다 크기가 먼저 끌린다.

시카고의 초라한 법정에서 양육권 재판이 열린다. 칼리아는 자신이 결코 입양에 동의하지 않았다고 주장한다. 마가렛측은 아이를 내다 버린 것은 이러한 동의의 권리를 포기한 것이라고 주장한다. 법이 요구하는 대로 신문광고와 인터넷을 통한 공시 절차를 밟았고 그 결과 입양 절차가 이미 완료되었다고 주장한다.

이제는 단정한 차림에 세련된 언어를 구사하는 칼리아는 법정에서 아들 이야기를 할 때마다 눈물을 감추지 못하는 모정母情이 넘치는 어머니다. 한때는 매음과 마약에 빠졌었지만 이제는 모든 면에서 현모賢母가 될 준비가 되어 있다고 주장한다.

아이를 쓰레기처럼 내다 버린 인간 쓰레기에서 갑자기 테레사 성녀로 변한 듯 행세하는 칼리아를 마거릿은 노골적으로 경멸한다. 변호사는 마약 문제를 집중 거론하며 칼리아가 어머니 자격이 없음을 강조한다. "하나님이 나를 아이의 엄마라고 명하셨어"라고 주장하는 칼리아에 대해 마거릿은 "너 같은 인간은 하나님을 팔 자격이 없다"며 맞선다. 이사야를 잃는 것은 모든 것을 다 잃는 것이다. 아이에게는 문화적 여건이 더없이 소중하다는 사회사업사로서의 소명의식에 그동안 기른 모정이 겹친다. 마거릿으로서는 결코 물러설 수 없는 건곤일척乾坤一擲의 사투다.

아이의 복지를 위한 최선

아이의 쟁탈을 위한 법정 공방에서는 여느 재판 못지 않게 추악한 인간의 모습이 적나라하게 드러난다. 상대방의 약점을 파헤치는 온갖 작태가 벌어진다. 칼리아의 매음 전력과 마거릿의 남편(아이의 양부)의 하룻밤 외도 사실도 밝혀진다. 마거릿 부부는 저녁 식사에 흑인을 초대한 적도 없고 이사야에게 흑인 아동을 위한 동화를 읽어준 적도 없음을 인정할 수밖에 없다. 장기적 관점에서는 법의 판단 기준인 '아동의 복지를 위한 최선best interest of child'의 결정이 무엇인지 모른다. 사회사업사의 증언도 분분하다. 인종간의 입양에 대한 수많은 연구가 있지만 어느 한쪽으로 명확한 결론이 나지 않았다. 경제적 부양 능력도 숨은 의제議題다.

격론을 청취한 판사는 고심 끝에 생모에게 아이를 맡길 것을 명하고 그것이 장기적인 관점에서 볼 때 흑인 아이의 복지를 위해 최선임을 강조한다. 판사의 결정은 미국 사회의 보편적인 입양 관행을 대변한다. 흑인 사회사업가 협회National Association of Social Workers는 흑인 아동이 백인 양부모에 입양되는 것을 반대한다는 공식 입장을 발표했다. 캘리포니아와 미네소타 주에서는 가능하면 같은 인종의 양부모를 우선으로 고려하는 법을 제정했다.

그러나 법이 모든 것을 해결하지는 못한다. 아이를 인도받은 칼리아는 어머니로서 정성을 다하나 감당하지 못한다. 키운 엄마로부터 떨어짐을 필사적으로 저항하던 아이는 낳은 엄마의 존재를 인정하지 않는다. 음식도, 잠자리도, 친구도 거부하고 오로지 '진짜 엄마'를 찾아 울음을 그치지 않는다. 법의 이름으로 아이를 빼앗긴 기른 엄마도 마

찬가지다. 실의를 넘어 가히 강박 상태에 빠진 마거릿을 남편이 위로
하려 들지만 소용이 없다. 남편 또한 아내와 마찬가지로 기른 아이의
존재가 그토록 귀중한 줄 미처 예상하지 못했다는 사실을 고백한다.

마침내 칼리아는 마거릿에게 도움을 청한다. 절대로 자식을 포기한
게 아니라 아이를 위해 일시적인 도움을 청할 뿐이라고 조건을 단다.
울음을 그치지 않고 악을 쓰던 아이는 마가렛을 보는 순간 "마미"라고
부르며 달려들어 포옹한다. 아이가 두 어미 사이에서 조화로운 공존을
주도하는 장면이 비쳐지고 이어 예의 성경 구절이 떠오르면서 영화는
막을 내린다.

이 영화는 아동의 성장에 있어 염색체보다 후천적 · 문화적 여건이
더욱 중요함을 강조한다. 마크 트웨인의 만년의 수작 《바보 윌슨》
(1894)에 담긴 메시지다. 어린 시절에 바꿔치기 당한 흑 · 백의 아이는
각각 자신이 자란 문화적 환경에 따라 백과 흑으로 바뀐다는 것이다.
생물학적 법칙과 혈연보다는 사회적 통합과 인간의 애정이 더욱 중요
하고 그리하여 새 세기의 인류는 인종적 편견을 극복하는 새로운 통합
을 이룰 것이라는 꿈을 제시한다. 인종적 편견이 만연한 세계 제일의
고아 수출국, 〈수잔 브링크의 아리랑〉(1991)의 나라 사람들이 이 땅에
서 버림받은 수천, 수만 명의 고아들을 바다 너머에 정착시키고 2000
년 7월 31일에 타계한 홀트 할머니의 영전에 속죄하는 마음으로 가슴
에 손을 얹고 봐야 할 영화다.

더쇼위츠 교수의 재판 일지

Reversal of Fortune | 바버 슈뢰더 감독 | 1990년

가장 유명한 법학자

미국 전체를 통해 대중적 지명도가 가장 높은 법학자는 단연 앨런 더쇼위츠(Alan Dershowitz, 1941~)다. 신문, 잡지, TV 등 그가 등장하지 않는 대중매체는 없다. 대부분의 법학자들이 강의실과 연구실을 오가며 '책 속의 법'을 탐구하며 일상을 보낼 때 더쇼위츠는 법서에 담긴 구절의 참된 의미를 일반 지식인과 대중에게 전하고 법정에서 이를 확인하는 작업을 즐긴다. 전국 규모의 신문에 고정 칼럼을 가지고 있으며, 세인의 이목이 집중되는 법적 사건에 대한 텔레비전 인터뷰의 단골 해설자다. 무수한 칼럼과 에세이의 저자인 그는 모든 면에서 법학 교수의 전형을 깨는 사람이다. 더구나 그는 법학자의 금기로까지 여기는 일심 사건trial조차 담당하는 파격을 보인다. 누구도 그의 근면함에 필적하기 힘들다.

 하버드 사상 최연소 정교수가 된 그는 뛰어난 실무 법률가이기도

하다. 더쇼위츠가 변론하는 의뢰인은 다양하다. 미아 패로나 마이크 타이슨 같은 주머니가 든든한 유명인사가 줄줄이 있는가 하면 이름 없는 포르노 배우와 극빈 흑인 청년도 있다.

그는 1970년대 말 음란물 시비로 세상을 떠들썩하게 했던 포르노 영화 〈목구멍 깊숙이Deep Throat〉의 주연 배우 해리 림스Harry Reems의 항소심 변론도 담당했다. 이 영화는 이른바 '하드 코어' 포르노 영화로서 예술적 가치를 인정받은 최초의 작품이다. 여주인공의 기막힌 오럴 섹스의 기법이 인구에 회자되는가 하면, 애그뉴 부통령도 프랭크 시나트라가 초청한 명사들의 모임에서 이 작품을 보고 토론하기까지 했다. 테네시 주에서 시작된 이 사건은 미국 전체의 보수·진보의 논쟁으로 확대되기도 했다.

더쇼위츠가 최초의 법률 에세이집 형태로 출간한 《최상의 변론The Best Defense》(1983)에서 밝힌 이 사건의 뒷이야기는 편견이 저지른 폭소를 자아낸다. 싸구려 출연료를 받고 감독의 주문대로 영화에 출연한 죄밖에 없는 해리는 테네시 연방법원에서 유죄 판결을 받고 5년 징역의 위기에 처한다. 반전운동과 반권위운동의 물결이 전 대학을 휩쓸면서 영화가 인기 절정에 이르고 해리는 일약 '포르노의 황제'이자 대학생의 영웅이 되었다.

어느 일요일 아침 해리는 도움을 청하는 황급한 전화를 더쇼위츠에게 걸었고 두 사람은 하버드대 교정 주차장에서 만나기로 한다. 정작 문제의 영화를 보지는 못했지만 '포르노 황제'의 외모와 차림새에 대해 나름대로 기대와 예견이 있었기에 쉽게 그를 알아볼 수 있으리라 믿었다. 교수는 마침 조깅에서 돌아온 참이라 청바지와 운동복 차림이었다. 이 차림으로 초면의 의뢰인을 대하는 게 다소 맘에 걸렸지만 상대가 상대인 만큼 오히려 친근감을 더해 주리라고 기대했다.

그러나 15분을 기다려도 약속 장소에는 '포르노의 황제' 근처에 가는 사람도 없었다. 오직 한 사람, 조끼를 포함한 정장에 서류 가방을 든 말끔하게 생긴 청년 한 사람뿐이었다. 전형적인 로스쿨 졸업반 학생의 모습이었다. 이런 차림은 이미 로펌에서 실무 수습을 시작한 하버드 로스쿨 3년생의 비공식 교복이었다.

행여 누군가 택시에서 내린 사람이 있는지 그 청년에게 물었다. 오래 전부터 서 있었는데 택시도 다른 사람도 보지 못했노라는 청년의 답이다. 말문이 터진 김에 자신을 잘 알아보지 못하는 듯한 학생에게 혹시 도서관 문이 열리기를 기다리고 있느냐고 물었다. "아니요, 여기서 더쇼위츠 교수님을 만나기로 했어요." "내가 바로 더쇼위츠 교수요." 두 사람의 입에서 동시에 터져 나온 말인즉 "아니, 당신이?" 설마 하니 삼류 포르노 영화의 단역을 연상시키는 외모의 젊은 건달을 고명한 하버드 법대 교수라고 해리는 도저히 상상조차 할 수 없었던 것이다. 고정관념과 편견이 얼마나 무겁고 견고한 것인지를 보여주는 생생한 실례다.

이렇듯 초기에 더쇼위츠는 '인간 쓰레기'들의 변호를 도맡았고 지금도 주로 이들 삼류 인간들의 변론을 위해 애쓴다. 명백히 죄를 저지른 인간, 만인에게 멸시당하는 인간, 이길 가망이 거의 없는 사람을 변론하는 것이 법률가로서 자신의 주된 사명이라는 것이 그의 지론이다.

법의 절차는 외형적으로 공정하고 중립적임에도 불구하고 불공정이 내재하고 있다. 미국의 정의 시스템은 '오로지 진실만whole truth'에 기초한 것이 아니라 기껏해야 일부 진실에 기초한 제도다. '진실, 전면적인 진실 그리고 오로지 진실만을 말하겠다to tell the truth, the whole truth and nothing but the truth'는 법정에서의 서약은 오로지 증인에게만 적용되고 판사, 검사, 변호사에는 적용되지 않는다. 특히 유죄의 피고인을 변호하는 변호사의 입장에서는 진실을 막아야 하는 일이 주어지기도 하다.

증거 채택의 재구성

어쨌든 변호사의 지명도 때문에라도 더쇼위츠가 사건을 맡는 순간 무명의 의뢰인도 일약 유명인사가 된다. 영화 〈행운의 반전〉은 같은 제목의 책으로 출판한 바 있는 더쇼위츠의 재판일지를 영상으로 만든 것이다. 더쇼위츠 자신이 직접 영화에 출연하여 기록 속의 자신을 연기해냄으로써 성격 배우로서 자질을 선보인 작품이기도 하다.

몰락한 유럽의 귀족 클라우스 폰 뷔로는 병상의 아내를 살해한 혐의로 기소된다. 아내 서니는 알콜과 마약 중독자이지만 엄청난 재력의 소유자다. 서니의 아버지가 막대한 액수의 유산을 남긴 것이다. 첫 남편은 무일푼의 왕족이었고 그와 사이에 두 아이를 두었다. 새 남편 클라우스는 냉정한 이성 덩어리로 뭉친, 돌처럼 차가운 인간이다. 내외는 서로 경멸하나 대외적으로는 이상적인 귀족 부부로 행세한다. 클라우스는 돈이, 서니는 크게 책잡히지 않는 동반자가 필요했던 것이다. 클라우스는 아내의 돈으로 놀고 먹는 대신 자신의 일을 하고 싶지만 아내의 반대에 뜻을 이루지 못한다. 둘은 심각하게 이혼을 논의한다. 클라우스에게는 정부 알렉산드라가 있
고 그녀와 결혼하기를 원한다.

1979년 크리스마스를 전후로
서니가 의식불명 상태에 들어가
자 클라우스는 온종일 침대 옆에
머문다. 서니의 충실한 하녀 마리
아는 걱정이 되어 의사를 부르자
고 하나 클라우스는 단순한 숙취
때문이라며 안심시킨다. 더구나
아내가 혐오에 가까울 정도로 의
사를 싫어하는 사실을 상기시킨
다. 서니가 호흡곤란 증상을 보이
자 비로소 의사를 부르고 다행히
도 서니는 소생한다. 1년쯤 후 또
다시 서니는 혼수 상태에 빠지는
데 이번에는 영원히 깨어나지 못
한다. 한겨울 저녁 창문이 활짝 열
린 채 실내온도가 빙점 이하인 욕

약물과 술에 의존해 사는 억만장자 아내를 두 번이나 살해하려 했던 남편. 감독은 무죄로 막을 내린 판결에서 클라우스가 과연 진실로 결백한지 은근한 의문을 제기한다.

실에서 반라半裸인 채 의식 불명의 상태로 발견된 것이다.

마리아는 클라우스를 의심하여 서니의 두 자녀에게 의혹의 사실을
귀띔한다. 남매는 변호사를 고용하고 클라우스의 방을 수색케 하여 검
정색 가방 속에서 주사기와 인슐린 약병을 찾아낸다. 한때 의사였지만
클라우스는 오랫동안 시술을 하지 않았고 집안에 당뇨병 환자도 없었

다. 클라우스는 살인예비죄로 기소되어 유죄의 평결 끝에 15년 징역을 선고받았다. 그에게 불리한 증언을 한 정부情婦 알렉산드라를 포함해 누구도 클라우스의 유죄를 의심하지 않았다.

그러나 더쇼위츠 교수의 등장으로 국면이 전환된다. 교수는 무료로 맡은 흑인 극빈자의 사형 사건 비용을 충당하기 위해 거액의 수임료를 받고 클라우스의 항소심 변호인이 되어 휘하의 변호사와 학생으로 변론팀을 짠다. 일부 조수는 의뢰인과 사건의 성격을 문제 삼아 주저하지만 교수의 강한 통솔력에 굴복한다. 합숙을 불사하는 강도 높은 훈련 끝에 팀은 일사불란한 체제를 갖춘다.

그러나 모든 증거가 불리하기 짝이 없다. 파경 상태에 이르렀던 결혼 생활, 간병인과 알렉산드라의 입에서 나온 결정적으로 불리한 증언들, 재산 처리를 둘러싼 의혹, 피고인의 거만한 태도. 이 모든 것들이 피고인의 변호사로서는 극복하기 힘든 장애였다.

클라우스는 서니가 약물 오용으로 사망했다고 말한다. 문제의 검정색 가방은 자신의 것이 아니라 서니의 것이고 내용물도 모두 서니가 쓰던 것이라고 주장한다. 번연한 거짓말임을 아는 더쇼위츠는 클라우스에게 닥치라고 호통친다. 그러나 이렇게 편견을 가지고 출발한 변호사는 사건을 깊숙히 파고들면서 의뢰인의 무죄를 확신하게 된다. 그뿐 아니라 클라우스의 차가운 품위와 절제된 언행에서 인간적인 매력마저도 느끼게 된다. 오스카 남우주연상을 거머쥔 제러미 아이언스의 연기로 클라우스는 차가운 이성의 화신으로 완벽하게 재현된다.

법률심인 항소심에서는 배심이 그릇된 평결을 내렸다는 주장만으로는 항소가 성립되지 않는다. 항소심은 사실심이 아니라 법률심이며 사실의 판단은 배심의 권한이다. 설사 배심의 평결이 진실과 다르다고 하더라도 도리가 없다. 사법 주권은 국민의 몫이고 국민의 이름으로 지역공동체의 대표가 내린 결정이기 때문이다.

더쇼위츠는 법의 기술적인 하자뿐 아니라 클라우스의 무고함을 입증하는 새로운 증거를 로드 아일랜드 대법원에 제시해야 원심을 파기할 명분을 줄 수 있다고 생각했다. 마침내 변론팀은 클라우스가 아내의 팔에 인슐린 주사를 놓지 않았다는 증거를 확보하는 데 성공한다. 또한 유족이 고용한 변호사와 경찰의 압수·수색 과정이 헌법의 원칙을 위반한 것이 밝혀진다.

경찰의 수색 과정이 너무나 졸속이어서 압수한 물건의 상세한 목록조차 작성되지 않았다는 것이다. 실제로 검정색 가방 속에 무엇이 들어 있었는지도, 어디에서 수집한 증거인지조차도 명확하지 않았다. 그뿐 아니라 약병의 라벨조차도 떨어져 있었기 때문에 내용물의 진위를 확인할 수도 없었다. 만약 인슐린을 주사하기 위해 바늘을 사용했더라면 주사한 후에는 다시 소독을 하는 것이 상식이었을 것이다. 그렇다면 주사 바늘에 인슐린이 검출된 것은 누군가가 사후에 클라우스에게 죄를 덮어씌우기 위해 한 짓이라고 의심할 수 있다.

로드 아일랜드 대법원은 처음에는 변론팀이 제시하는 새로운 증거를 논의하기를 거부하는 입장을 취했다. 사실심의 심리는 너무나 명백한 오류, 즉 법의 오류가 아니면 논의하지 않는 것이 법률심의 대원칙인 것이다. 그러나 더쇼위츠 변론팀의 강력한 설득이 주효하여 마침내 원심을 번복하고 새로운 사실심을 열 것을 명령했다. 주된 이유는 두 가지였다.

첫째, 원심에서 서니의 자녀에게 고용돼 검정색 가방을 검사한 변호사의 노트를 공개하지 않도록 한 원심의 결정은 명백한 오류였다는 것이다. 알렉산드라와 쿠 변호인 사이의 대화 내용은 '변호인과 의뢰인 사이의 특권attorney client privilege'에 해당하지만 일단 그 사실을 경찰에 보고한 순간 특권을 포기한 것이라는 법리였다.

둘째, 불법 압수·수색 과정이다. 수정헌법 제4조는 주정부의 공무원으로 하여금 불법 압수·수색을 금지할 뿐, 사인私人의 행위를 규율하지 않는다. 그러므로 서니의 유자녀와 그 변호인이 행한 수색은 헌법을 위반한 것은 아니다. 그러나 법원은 이 법리에 뜻밖의 변용을 가했다. 문제의 가방을 넘겨받은 경찰이 수색을 위해 가방을 열기 전에 법원으로부터 영장을 발급받지 않은 것은 명백한 위법이라는 것이었다. 더쇼위츠 자신도 이러한 법원의 판결에 놀랐다고 책에서 쓰고 있다. 사실은 자신도 항소 이유서에 이러한 주장을 담았다가 너무나 억지 같아서 빼버릴 것을 심각하게 고려했다고 고백했다.

새로 열린 사실심에서 배심은 클라우스의 무죄를 확정했다. 모든 상황 증거의 신빙성이 '합리적인 의심'을 극복할 정도가 되지 못했던 것이다. 클라우스는 거액의 재산과 자유를 얻었고 교수와 학생은 상당한 연구비와 현장실습의 경험을 얻었다. 그리고 국민은 또 하나의 유전무죄의 사례를 체험했다. 그게 법인가 보다.

Law+Film

다양한 사회 변화를 포용하다

색깔의 편견에 감추어진 진실

To Kill a Mocking Bird | 로버트 멀리건 감독 | 1962년

앵무새를 쏘아서는 안 된다

"젬 오빠가 팔을 심하게 다친 것은 열네 살 때의 일이었다." 하퍼 넬리(Harper Nelle Lee, 1924~)의 체험적 소설 《앵무새 죽이기》(1960)는 어린 소녀의 회상으로 시작한다. 이 소설의 영상판 〈앨라배마에서 생긴 일〉도 마찬가지다. 영화는 대공황으로 극심한 곤궁에 이른 1930년대 미국의 '극남極南 지역' 앨라배마 주의 소읍을 무대로 미국 사회 전체에 팽배한 인종편견을 고발한다(미국의 법 체계에서 앨라배마 주가 차지하는 지위와 그 의미에 대해서는 〈나의 사촌 비니〉 78쪽 참조). 이 작품에서 앨라배마는 곧 미국의 균열과 모순을 압축시킨, 미국 사회의 축소판이다. 흔히 이 작품은 '인종문학'으로 분류된다. 무수한 인종문학 중에서 이 작품만큼 광범위한 사랑을 오래도록 받고 있는 작품도 드물다. 인종이라는 무겁고 어두운 문제를 편견이 싹트기 이전의 동심童心을 매개체로 인류의 보편적 양심에 호소하기 때문일 것이다. 영화는 더욱

빛난다. 세기의 명배우 그레고리 펙은 정겹고도 품위 있는 논리와 행동으로 동심을 감화시킨 공으로 오스카 남우주연상을 수상했다.

아버지 핀치는 시골 변호사다. 중년에 맞은 열다섯 살 연하의 아내가 남매를 낳고 결혼 6년 만에 죽자 아버지는 혼자서 아이들을 키운다. 비록 힘에 부쳐 격렬한 운동은 함께 해주지 못해도 세심하게 잠자리를 챙기고 어떤 질문에도 답을 피하지 않는다. 그의 육아사전에는 "몰라도 돼", "어른이 되면 알게 돼" 등 권위의 벽을 지키는 차단어遮斷語는 없다. 그는 아이들을 아이가 아니라 나이가 어린 성인으로 대하고, 아이들이 제기하는 어떤 내용의 대화도 피하지 않는다. 맹목적인 권위 대신 구성원이 모두 참여하는 토론, 전쟁 대신 평화, 폭력 대신 설득의 시대가 왔음을 그는 몸소 보여준다. 그러나 이따금 아이들은 혹시 아버지가 비겁한 사람이 아닌가 하는 의혹을 품는다.

어떤 경칭도 생략한 채 그저 애티커스라 자신의 이름을 부르게 하는 아버지이지만 자식이 절대로 어겨서는 안되는 엄한 규칙이 한 가지 있다. 그것은 절대로 앵무새를 쏘아서는 안 된다는 것이다. 타인의 평화로운 삶을 위협해서는 안 되기 때문이다. 마찬가지로 흑인, 심신장애자 등 다른 앵무새들도 해쳐서는 안된다.

톰 로빈슨이라는 순진한 흑인 청년이 백인 처녀 마엘라를 강간하려 시도한 혐의로 기소된다. 재판에서 마엘라는 집안 잡일을 거들어 달라고 톰을 불렀는데 파렴치하게도 폭행 끝에 강간을 시도했다고 증언한다. 그녀의 아버지 밥 이웰의 증언에 의하면 그가 집에 들어오는 순간 톰은 마엘라를 몸으로 짓누르고 있었다.

톰의 증언은 다르다. 과거에도 마엘라가 수시로 자신에게 잡일을

스카웃은 아빠가 "조금이라도 누군가의 존경을 받을 만큼 어떤 일도 하지 않으셨다"고 했지만 애티커스 핀치는 나이, 인종, 성별을 가리지 않고 인간을 모두 존중해야 한다는 진실에만 입각해서 행동한 조용한 영웅이다.

부탁했고 그때마다 그녀가 '불쌍하게' 느껴져서 들어주었다고 한다. 감히 흑인인 주제에 백인을 동정한다는 것은 자신에게 얼마나 불리한 것인지도 그는 모른다. 사건이 터진 날도 마엘라가 자신의 손을 잡고 키스를 퍼부었고 이때 그녀의 아버지가 집에 들어온 것이다.

애티커스의 반대 심문이 주효해 이웰 부녀가 거짓말을 하고 있다는 것이 명백하게 드러난다. 즉 강간을 시도하면서 톰이 가한 폭행의 결과라는 마엘라 뺨의 상처는 그녀의 아버지와 같은 왼손잡이의 소행일 수밖에 없으며 톰은 왼손이 불구라는 사실을 논증해낸다.

그러나 백인만으로 구성된 배심은 감히 백인을 불쌍하게 여긴 방자한 흑인 청년에게 즉시 유죄 평결을 내리고 절망한 톰은 도망치다 총에 맞아 죽는다. 애티커스가 톰의 가족에게 불행한 소식을 전할 때, 밥 이웰이 나타나 모욕을 주고 얼굴에 침을 뱉는다.

원작과 영화의 3분의 1은 재판의 진행 과정에 나타난 사람들의 심리 상태와 사회 분위기를 묘사한다. 핀치의 말을 빌리면 그것은 "비열한 백인이 무지한 흑인을 파멸시키는 과정이다." 이 작품은 원초적인 감정과 집단적인 편견이 지배하는 세상에 합리적 이성의 덕목을 갖춘 개인의 진지한 노력을 강조한다. 비록 현실의 재판이 이성적 결과를 보장하지 않아도 노력을 포기해서는 안 된다는 것을 강론하는 것이다.

핀치 변호사는 마을 사람들의 빈축과 폭력의 위협에 굴하지 않고 톰을 변론하고, 뛰어난 변론으로 진실을 밝힌다. 아이들에게 자신이 이 사건을 맡지 않으면 마을에서 고개를 들고 다니지 못할 것이라고 말한다. 자신에게 위험이 닥치더라도 앵무새를 지키는 일에 나서지 않으면 언행일치의 모범을 보이지 못한다는 것이다.

동시에 이 작품의 진수는 인종문학의 범주를 넘어선다. 작품의 주제이기도 한 핀치의 '앵무새론'은 흑인 톰 로빈슨 이야기뿐 아니라 이웃집의 '유령' 부 래들리 이야기라는 두 개의 플롯을 결합한 것이다. 아이들의 의혹 속에 세상과 교류를 단절하고 자신의 집에 칩거하고 있는 부 래들리는 무언의 행위를 통해 아이들에게 자신의 마음을 전한다. 그리고 결정적인 위기에 처한 아이들을 구하고 이를 계기로 세상 속으로 돌아온다.

작품은 극적인 사건을 계기로 하여 남은 앵무새들, 즉 부 래들리와 아이들이 결합하며 마감한다. 밥 이웰이 밤늦게 학예회에서 돌아오는 젬과 스카웃을 공격한다. 유령인간 부가 아이들을 구출하고 격투 끝에 이웰을 죽인다. 톰 사건에 대해 양심의 가책을 느끼던 보안관은 이웰이 실수로 죽은 것이라고 공식 보고서를 작성한다. 처음에는 사실대로 밝혀야 한다고 주장하던 애티커스는 마침내 보안관의 지혜에 수긍하기로 결론을 내린다.

참교육은 지행일치로부터

아버지 핀치는 참교육의 화신이다. 그의 교육관은 법, 성인 그리고 이성이라는 세 단어로 요약할 수 있다. 법은 사회적 이성이 되어야 하고, 그 사회적 이성은 성숙한 성인의 균형 잡힌 사고와 행동에 기초한다. 진정한 용기는 내면의 것이기에 실제 대결의 승패보다 현실을 정면으로 직시하는 자세가 더욱 중요하다고 가르친다. 톰에게 변호인으로서 최선을 다함으로써 '검둥이 편nigger lover'이라는 폭언과 함께 물리적 위협에 직면하지만 그는 조금도 비굴하지 않게 인내라는 진정한 용기를 보여준다.

코끝에 안경을 걸친 이 중년 서생은 자신의 도덕적 토대 위에 서서 승산 없는 전투에서도 결코 좌절하지 않는다. 진정한 용기는 내면의 법과 정의임을 보여주는 것이다. 편견에 찬 백인 대중을 당당하게 다루면서도 하층 계급 흑인에 대한 연민의 정을 잃지 않는 그는 피부색을 초월한 인간의 가치를 추구하며 흑인 톰 로빈슨을 오로지 정의의 관점에서만 대한다. 그는 아이들에게 언제나 자신의 주장을 관철하기 위해 나서기 전에 다른 사람의 입장을 고려하라고 가르친다. 모든 친척들은 아이를 잘못 키운다고 생각하지만 그의 확신은 흔들리지 않는다. 그는 자신의 아이 교육이든 남부 사회의 정의이든 동일한 비중으로, 동일한 원칙에 입각하여 처리한다.

《앵무새 죽이기》는 가정 교육의 중요성을 보여준다. 불합리한 신분과 계급을 타파하기 위해 등장한 공교육이 오히려 흑·백간의 계급의식을 조장할 때 아버지는 가정 교육을 통해 이를 바로 잡는 것이다. 핀치의 교육 방법은 지행일치知行一致다.

소설에서는 공교육에서도 교육 방법의 혁신이 일어나고 있음을 알 수 있다. 소설의 도입부와 후반 군데군데에서 독자는 캐롤린의 입을 통해 스카웃의 수업에 존 듀이의 '십진법' 교육 방법이 도입되고 있음을 알 수 있다. 젬이 스카웃에게 "캐롤린 선생님의 교습법은 결국 전교에 확산될 것"이라고 말한다. 그 요지는 책에서는 배울 것이 많지 않다는 것이다. 캐롤린이 주장하는 지행일치의 방법을 젬과 스카웃이 이미 체득하고 있었다. 아버지와 함께 읽고 토론함으로써 아이들은 진정한 독해력을 배양시킨다. 이미 상당한 수준의 문자 해독 능력을 갖춘 스카웃에 당황한 캐롤린 선생은 핀치 부녀의 교육 방법을 비판했지만 따지고 보면 핀치의 교육 방법은 곧 그녀가 시도하고자 하는 내용이기도 하다.

게이츠 선생은 민주주의와 모든 인간이 평등함을 가르친다. 그러면서도 그녀는 흑인이 '백인 꼭대기에 기어오르는' 것을 두려워한다. 반면 흑인 식모 칼푸니아는 문맹이지만 진보적 교육의 실천자다. 어린 스카웃에게 경험을 통해 터득한 사물의 이치를 그녀의 수준에 맞게 가르쳐준다. 아이들의 진정한 교육자는 캐롤린이나 게이츠 선생이 아니라 아버지, 칼푸니아 그리고 알렉산드라 아주머니처럼 생활 속에서 지혜를 터득한 이성적인 어른들이다.

"문학은 시대의 산물이며 사회적 텍스트"라는 가설을 이 작품에서도 확인할 수 있다. 이 작품은 흔히 작가의 자전적 소설이라고 알려져 있다. 작가 하퍼 리는 앨라배마 법대를 중퇴한 경력이 있다. 작품의 주인공 핀치 변호사는 몬로빌이라는 작은 읍의 변호사였던 작가 자신의 아버지에게서, 오빠 젬과 여름이면 찾아오는 특이한 성격의 친구 딜은, 후일 법률소설가로 성장하는 작가의 소꿉친구 트루먼 카포티(Truman Capote, 본명 Truman S. Persons, 1924~1984)가 모델이라고 한다. 영화 〈티파니에서 아침을〉의 원작자(1958)이기도 한 카포티는 〈냉혈인간In Cold Blood〉(1966)에서 범인필벌犯人必罰의 메시지를 강하게 주장한 것으로 유명하다.

작품에 그려진 법의 모습도 1930년대 앨라배마 주법의 전형적인 모습으로 이해할 수 있다. 핀치 변호사가 톰 로빈슨 사건을 맡게 된 것은 판사의 부탁 때문이다. 판사로서는 당시의 법 아래서는 당연히 해야 할 일이었다. 1932년 연방대법원은 소위 '스캇스보로 소년 사건'으로 불리는 판결(Powell v. State of Alabama)에서 사형에 해당하는 죄로 기소된 극빈 형사 피고인은 변호인의 효과적인 조력을 받을 권리가 있다고 판시했다. 소설 속의 톰 로빈슨도 이 판결의 혜택을 입은 것이 분명하다.

법정에서 흑인을 2층에 분리 수용하는 장면도 당시의 상황에 충실하다. 흑인도 재판을 '방청傍聽'할 수는 있지만 문자 그대로 소리 없이 옆에서 들을 수 있을 뿐이다. 연방대법원은 1879년의 판결에서 이미 흑인도 배심원이 될 수 있다고 판시했지만(Strauder v. West Virginia) 실제로 흑인이 배심원이 된 경우는 거의 없었다. 앨라배마에서는 절대로 일어날 수 없는 일이었다. 톰이 죽은 후 애티커스는 항소심에서는 승산이 있었다며 안타까워했으나 죽은 자에 대한 아쉬운 조사弔詞에 불과할 뿐 성공 가능성이 지극히 희박한 일이었다. 1심에서 유죄를 평결한 백인 남성으로 구성된 배심은 자신들의 결정이 옳지 않음을 잘 알고 있었다. 그러나 적어도 앨라배마 주의 항소심 판사가 이를 번복할 가능성은 소설 속에서도 매우 희박한 일이다.

섬진강 시인 김용택은 "기계도 종이도 숫자도 아닌 사람과 하루 종일 사는 것은 얼마나 복된 일인가"라며 즐거움을 뽐냈다(《촌아 울지마》, 2000). "아이들은 내 삶의 전부이고 명백하고 엄연한 내 현실이다"라고 그는 말한다.

'어른과 아이 세계의 이성적 결합을 위한 참교육'의 맛과 멋을 우리는 이 작품에서도 배우고 느낀다. 이 작품은 시대적 한계를 초월한 인간의 보편적 심성은 어린이의 교육을 통해 배양되며, 그 보편적 심성은 오로지 합리적 이성에 기초해서만 사회 발전에 기여할 수 있다는 중요한 메시지를 전한다. 바로 이러한 이유 때문에 소설도 영화도 고전의 반열에 굳건히 자리 잡고 있다.

창조론이냐, 진화론이냐

Inherit the Wind | 스펜서 트레이시 감독 | 1960년

성경은 문자 그대로 해석하라

인간은 진화의 산물인가, 아니면 신의 피조물인가? 인류의 역사는 이
미 신의 시대를 뒤로하고 이성과 과학의 시대로 이행했다. 그러나 이
성과 과학을 맹신하는 인간의 오만함은 신의 시대에 대한 동경을 버리
지 못하게 만든다. 〈신의 법정〉은 흔히 '원숭이 재판monkey trial'이라
불리는 미국의 역사적인 재판을 기록한 영화다.

영화의 첫 장면이다. 〈Give me that old time religion〉이라는 장엄
한 노래를 배경으로 세 사람의 신사가 경직된 얼굴로 모인다. 이어 긴
장된 걸음으로 힐스보로 고등학교로 들어간다. 막 수업이 시작될 참이
다. 흑판에 원숭이 차트가 걸려 있다. "제군들, 안녕하신가!" 젊은 선생
이 입을 연다. 이어서 교실 뒷자리에 불청객들이 서 있는 것을 확인하
고서는 "내빈객 여러분, 안녕하십니까!"라고 덧붙인다. "어제에 이어
오늘 수업에도 인간이 하급 동물로부터 진화되었다는 것을 배우겠습니

미국 남부를 거점으로 한 기독교 근본주의자들은 천지창조나 노아의 방주, 처녀수태 등 성경의 모든 일들을 '사실史實'로 받아들인다. 진화론 교육을 금지시키려던 '원숭이 재판'은 처음에는 방청객의 응원 분위기를 등에 업고 창조론 측의 우세로 흘러간다.

다." 즉시 사진이 찍히고 불청객 일행 중 한 사람이 앞으로 나선다. 그리고는 체포영장을 제시한다. 이 학교의 생물 선생 케이츠가 일부러 진화론을 가르치지 못하게 한 주州교육법을 위반하여 기소된 것이다.

전국의 신문이 이 사건을 '원숭이 재판'이라는 제목으로 대서특필한다. 제목이 암시하듯이 대체로 시대착오적인 법이라는 논조였다('monkey trial'이라는 표현은 'kangaroo court'와 함께 엉터리 재판이라는 의미로 널리 쓰인다). 세 차례나 미합중국 대통령 후보에 나섰던 매튜 브래디(실제 인물 윌리엄 제닝스 브라이언, 1860~1925)가 주정부측 변호사로 소추 업무를 맡게 된다. 냉소적인 언론인 혼벡을 위시한 대규모의 보도진이 이 작은 마을에 몰려든다. 브래디는 이 지방의 근본주의자 종교 세력과 결합하여 온 마을을 흥분의 도가니로 만든다. 혼벡의 주선으로 '가망 없는 소수자의 대변인'으로 전국적 명성을 떨친 헨리 드르몬드(실제

인물 클레어런스 대로우, 1857~1938)를 피고인의 변호사로 고용한다.

브래디로서는 손쉬운 사건이다. 케이츠가 현행범으로 체포되었을 뿐 아니라 배심과 지역 사회의 여론이 모두 그를 지지하고 있다. 게다가 능숙한 변론 기술을 발휘하여 케이츠의 약혼녀이자 광신 목사의 딸 레이첼로 하여금 피고인이 무신론자라는 증언을 받아낸다. 이 지역에서 무신론자란 머리에 뿔이 달린 악마나 마찬가지다. 반면 드르몬드는 악전고투의 연속이다. 판사도 노골적인 편견을 드러내기에 그의 심문은 검사의 이의신청에 가로막히기 일쑤다. 진화론 전문가의 법정 소환을 허가하지 않자 변호인을 사임하겠노라고 위협하는 등 폭언으로 법정모욕죄의 위험에 처하기도 한다. '진화'라는 단어 자체가 법정에서 언급되지 못하게 하는 판사는 분명히 지역 정서를 대변한다.

드르몬드는 고심 끝에 최후의 승부를 건다. 성경과 창조론의 전문가로 검사인 브래디를 증인으로 소환한다. 판사는 브래디에게 거절할 것을 종용하나 브래디는 기꺼이 응한다. 성경의 모든 구절을 꿰뚫고 있는 그로서는 자신의 권위를 과시할 절호의 기회인 셈이다. 그리하여 그는 드르몬드가 파놓은 논리의 함정에 걸려든다.

〈창세기〉의 구절대로라면 창세의 첫째 날에 태양이 정지했다. 따라서 하루가 몇 시간인지 판단할 기준도 없었다. 그렇다면 하루가 스물네 시간이 아니라 스물다섯 시간도, 수백만 년도, 심지어는 아시리아의 이시타르(Ishtar, 사랑·전쟁·풍요의 여신)만큼 영원한 시간이 될 수도 있지 않은가? 이러한 사실을 인정한다면 성경 구절을 자구에 얽매이지 않고 시대에 맞추어 해석할 수 있고, 따라서 진화론이 개입할 여지가 있음을 인정할 수밖에 없는 것이다.

그럼에도 불구하고 배심은 유죄 평결을 내린다. 극성 언론의 조롱
감이 될 것을 우려한 판사는 피고인이 초범임을 감안하여 100달러 벌
금이라는 지극히 가벼운 처벌을 내리고 사건을 종결한다. 해산하는 방
청객을 상대로 브래디는 벌떡 일어나 목청을 다해 "성경은 문자 그대
로 해석해야 한다"고 절규한다. 그리고는 청중들의 소음을 등에 지고
바닥에 쓰러져 장렬한 최후를 맞는다. 장엄한 성가가 강한 여운을 남
긴다. "글로리, 글로리 할렐루야…. 마칭 홈."

정·교 분리의 원칙

이 영화는 1925년 테네시 주 데이턴 시에서 발생한 실제 사건과 판결
을 기초로 한 것이다. 1925년 3월 테네시 주는 공립학교에서 진화론의
교육을 금지하는 법률을 제정했다. 이 법은 테네시 주 주민의 절대적
인 지지를 받고 있었다. 미국민권연맹American Civil Liberties Union이 문
제의 법에 도전하는 데 조력할 지원자를 구하는 광고를 게재했고 이에
지방의 한 상인이 화답함으로써 사건은 시작되었다. 이 도시의 상인들
은 재판이 벌어지면 전국적인 주목을 받게 될 것이고, 그렇게 되면 많
은 사람이 몰려들어 영업에 큰 도움이 되리라 생각해 연맹을 지지하고
나선다. 결과를 말하자면 상인들은 기대 이상의 성과를 거두었다. 영
화처럼 재판이 진행되는 동안 수백 명의 기자들이 이 조그만 도시에
상주하다시피 했다. 그중에는 반유대 정서가 노골적인 혼벽도 포함되
어 있었다. 실제 인물인 멘켄E. L. Menken은 영화에서보다 더욱더 냉소
적이고 악의에 찬 인간이었다.

이 재판은 미국의 법원사 전체를 통해 가장 대중적인 논란이 된 사건이다. 아마도 O. J. 심슨Simpson 재판에 뒤지지 않는 여론의 소용돌이에 휘말린 사건이었을 것이다. 진화론 세력은 비록 재판에서는 패했지만 대중의 지지를 얻는 데 성공했다.

영화에서와는 달리 피고인 스콥스(영화의 케이츠)는 풋볼 선생이었고 실제로 진화론을 강의한 적이 없다고 한다(케이츠와 레이첼 그리고 그녀의 아버지 근본주의자 목사는 허구 인물이다). 결강한 생물 교사를 임시로 대리한 그는 주로 풋볼에 대해 강의했을 뿐이다. 그는 진화론에 대해 무지하기 때문에 법정에서 이 문제에 대해 심문을 받지 않았고 학생들의 증언은 모두 각본에 의한 것임이 후일 밝혀졌다.

기독교 근본주의자 연합에서는 윌리엄 제닝스 브라이언을 검사로 지명한다. 네 정당을 오가며 세 차례나 대통령에 도전하여 실패한 브라이언은 미국 땅에서 진화론을 추방하기 위한 전국적인 캠페인을 벌이고 있었다. 그는 미국 땅에서 술을 영구 추방하기 위한 '금주당dry forces'의 주역으로 1919년 헌법 수정 제18조의 제정을 주도한 인물이기도 하다. 그런가 하면 여성의 참정권을 보장한 1920년의 헌법 수정 제19조의 제정에도 중요한 역할을 했다. 그가 한때 인민당Populist Party의 기치 아래 대통령 입후보에 나선 것도 특이하다면 특이한 경력이다.

영화에서와는 달리 브라이언은 진화론에 대해 숙지하고 있었다. 그가 진화론의 교육에 반대한 진짜 이유는 다윈의 진화론이 니체나 허버트 스펜서Herbert Spencer의 추종자들에 의해 인종간의 불평등한 취급을 정당화하는 이론적 무기로 사용될 위험이 크다고 생각했기 때문이다. 니체의 '초인 사상'은 타 인종에 비해 생래적으로 우수한 인종이 존재할 수 있다는 인종차별 정서를 조장하고, 다윈의 진화론을 사회 현상에 수용한 스펜서의 '사회적 진화론'은 특정 사상·이론·종교가 자유경쟁을 통해 상대적으로 우수함이 입증된 뒤 빠지게 될 아집과 독선의 위험을 수반할 수 있었기 때문이다. 1차 세계대전이 발발한 간접 원인도 진화론의 영향이라고 브라이언은 믿었다.

클레어런스 대로우가 미국민권연맹의 주선으로 피고인의 주임 변호사가 되고 그에 뒤지지 않는 유능한 변호사들이 합세한다. 대로우 자신이 피고인으로 '세기의 재판'을 겪은 경험이 있다. 1912년 뇌물수수죄로 기소되어 로스앤젤레스 법정에서 무죄 평결을 받았던 것이다. 미국 역사상 최대의 정치적 재판이었다. '정부 대 대로우The State against Darrow', 그의 연인이자 열렬한 사상적 추종자였던 메리 필드 Mary Field의 재판 참관 기록이 이 재판의 의미를 해설하고 있다. "예수의 재판을 열면서 빌라도 총독은 '정부 대 나사렛의 목수 사건'이라고 말했다. 정부의 눈으로 보면 대로우는 무법자였다. 그가 분노한 아이다호의 광부를 대변했을 때, 그가 철도 노동자의 파업 이유를 경청하자고 했을 때 이미 정부는 그를 단죄하고 있었다. 오늘의 이 모습에 증권 시장과 대기업 사무실이 환호의 축배를 들고 있고, 철도회사와 철강협회가 박수를 보내고 있다. 정부가 그를 기소했기 때문이다."

영화와는 달리 실제 재판에서는 변호인단이 진화론의 합법성을 논증하기 위해 감정증인을 소환했으나 법원은 이에 관련된 증언을 허용하지 않았다. 이들이 감정증인을 소환한 이유는 진화론이 성경의 〈창세기〉 구절과 양립할 수 있음을 입증할 목적이었다. 변호인 측의 주장에 의하면 단순히 진화론을 가르치는 행위를 넘어 창조론을 부정해야 형사 범죄의 구성 요건이 성립한다는 것이었다. 판사는 법률 규정이 너무나 명백하므로 전문가의 감정증언은 일체 필요없다며 이 문제에 대한 일체의 증언을 불허했다. 영화에서처럼 대로우는 실제로 브라이언을 성경 전문가로 증언대에 올려 심문했다. 브라이언은 《구약》의 자구字句와 현대 과학 사이에 조화를 유지해야 하는 넌센스를 연출해내었다. 그러나 판사는 브라이언의 증언 전체를 사건의 쟁점과 무관한 것이라며 법적 효력을 부정했다.

증언이 끝난 후 쌍방이 유죄의 합의를 보았다. 따라서 쌍방은 최종 변론의 기회를 갖지 않았다. 브라이언은 3개월 이상 심혈을 기울여 준비했던 최종 변론의 기회를 갖지 못하고 재판이 끝난 지 불과 닷새 후 사망했다. 죽기 전 최후 변론을 출판할 것을 주선해두었고, 그리하여 그의 사후 육필 원고가 세상의 빛을 보았다.

영화에서 사실심 판사는 법률의 위헌성 문제를 다루기를 거절했다. 그러나 이것은 판사의 재량이 아니다. 일단 위헌성 문제가 제기되면 판사는 반드시 이에 대한 판단을 내려야 한다. 그것이 위헌법률심사 judicial review 제도의 특징이다. 법률이 연방헌법에 위반되는지의 문제는 연방법원에서는 단독 판사 대신 3인의 판사로 구성되는 재판부가 다룬다.

모든 헌법 문제가 그러하듯이 이 판결에서도 두 개의 서로 다른 헌법적 권리가 대립 충돌한다. 먼저, 주정부는 공립학교의 교과 과정을 결정할 헌법적 권리를 보유한다. 주정부가 결정한 이상 비록 교과 과정의 내용이 특정 종교의 교리에 기초하고 있다 하더라도 개별 교사는 이를 준수해야 한다.

그런가 하면 또 다른 헌법적 문제가 걸려 있다. 즉 '정·교 분리의 원칙'이다. 헌법 수정 제1조는 "국교를 설정하거나 특정 종교를 우대할 수 없다"고 규정하고 있다. 문제의 테네시 주법은 암묵적으로 특정 종교의 교리를 공교육에 반영시킬 의도로 제정되었음이 추정된다.

테네시 대법원은 스콥스의 유죄 판결을 번복했으나 진화론의 교육을 금지하는 법률의 효력은 유지시켰다. 이 판결은 연방헌법이 아니라 테네시 주의 헌법을 근거로 한 것이었고 따라서 연방대법원에 상고할 기회가 봉쇄되었다. 또한 스콥스의 유죄를 번복한 이유는 몹시도 기술적인 것, 즉 테네시 주법에 의하면 50달러 이상의 벌금형은 배심만이 선고할 수 있는데 이를 위반하여 판사가 벌금을 선고했기 때문이라는 것이었다. 이러한 판결 이유에 덧붙여서 주州의 평화와 권위를 위해 법원이 또 다시 이렇듯 '끔찍한 사건'을 재판하는 비극이 되풀이되지 않아야 한다고 부연했다.

문제의 법률은 1967년 폐지될 때까지 테네시 주의 법전에 남아 있었다. 그러나 이 법에 의해 처벌받은 사람은 오직 스콥스 한 사람뿐이었다. 이 판결로 인해 전국에서 원숭이 사냥법을 제정하려던 근본주의자들의 입법 운동에 제동이 걸렸다. 바로 이듬해인 1926년에 아칸소와 미시시피, 두 주에서 유사한 법률이 제정된 것으로 만족해야 했다.

그러나 테네시 주 대법원의 희망에도 불구하고 미국 땅에서 끔찍한 사건은 계속 발생했고 연방대법원도 두 차례나 이 문제를 직접 다루게 되었다. 1968년의 에퍼슨 대 아칸소Epperson v. Arkansas 판결과 1987년의 에드워드 대 애귈라Edwards v. Aguillard 판결이 그것이다. 에퍼슨 판결에서 연방대법원은 테네시 주법과 유사한 아칸소 주법을 위헌으로 선언했다. 그러나 이 판결로도 원숭이 문제가 해결되지 않았다. 많은 주에서는 이 판결을 우회하는 각종 편법이 시행되었다. 에드워드 판결에서 문제가 된 루이지애나 주법이 한 예다. 문제의 주법은 진화론을 가르칠 경우에는 반드시 '창조 과학creation science'도 함께 가르칠 것을 규정하고 있었다. 이 법 또한 연방대법원의 위헌 판결을 면치 못했다. 두 판결에서 모두 문제된 법의 제정 목적이 특정 종교의 교리를 전파함에 있고, 따라서 헌법 수정 제1조의 위반이라고 선언한 것이다.

세계의 곳곳에서 아직도 원숭이 재판이 계속되고 있다. 영화 〈신의 법정〉은 종교적 히스테리, 언론의 해악, 미국의 정치사와 법조사에 우뚝 선 두 거장의 빛나는 법정 논쟁, 그 본질에 자리 잡은 헌법 등 기막힌 볼거리와 함께 여러 가지 생각할 숙제를 제공한다.

래리 플린트

자유로운 성의 투사, 법정에 서다

The People v. Larry Flynt | 밀로스 포먼 감독 | 1996년

나는 정직하게 돈을 벌거야

> 연방 의회는 언론의 자유를 제한하는 어떤 법률도 제정하지 못한다.
> ―미합중국 헌법 수정 제1조.

> 내가 원하는 것은 오로지 재미있는 일로, 그리고 정직하게 돈을
> 버는 것이다.
> ―래리 플린트.

　1970년대 중반은 미국에서 '섹스 혁명'의 불길이 전국으로 번지던
때였다. 흔히 '진보의 시대'로 일컬어지는 60년대 시대 정신의 불길이
미국 전역을 휩쓸던 시기였다. 민권운동, 여성운동, 반전운동, 학생운
동, 사법혁명 등 기존 체제의 권위에 도전하는 각종 운동이 '혁명'의

총에 맞아 걷지도 못하고, 섹스도 못하는 불구의 몸이 되었지만, 래리 플린트에게는 불굴의 정신이 있어 세상 사람들의 편견과 끊임없는 싸움을 벌이도록 한다.

이름으로 전국에 번지고 있었다. 그 '혁명'은 피를 동반한 것이 아니었다. 법원이 법의 이름으로 피의 혁명을 막은 것이다.

이러한 법의 혁명이라는 시대의 열기에 편승하여 '섹스'와 '혁명'이라는 두 단어를 교접하려는 시도가 있었다. 무릇 모든 혁명은 사람의 생각을 바꿀 것을 요구한다. 오하이오 주 신시네티의 한 싸구려 야간업소의 주인은 미국인의 생각을 바꿀 것을 요구하면서 주류 사회의 도덕적 인내의 한계를 시험하는 도전장을 던졌다. 그로부터 몇 년 후 그는 도덕적 다수자의 총격을 받고 반신불수의 몸으로 휠체어 신세가 되었다. 10년 후, 연방대법원은 미국이 관용의 사회이고 망나니 무뢰한도 섹스와 언론의 자유를 향유한다고 선언했다.

래리 플린트, 그는 정직한 인간의 욕망을 정직하게 표현하는 성인 잡지 《허슬러Hustler》의 발행인으로 오래 전부터 세계인의 귀에 익은 미국인이다. 영화 〈래리 플린트〉는 이 정직한 무뢰한의 일대기다. 원제목은 미국 형사 사건의 이름을 붙이는 예에 따라 '국민 대 플린트', 즉 미국 국민의 이름으로 플린트의 죄과에 대해 심판하는 과정이라는 뜻이다. 영화의 성격과 내용을 전하기에 더없이 적절한 제목이다.

몇 차례의 소송을 통해 래리의 죄과에 대한 엇갈린 주장의 공방이 펼쳐진다. 법정모욕죄와 신체구금을 감수하며 플린트가 소송의 과정에서 보여준 상궤를 벗어난 기이한 행동도 다수자의 법, 다수자의 윤리에 대한 반항과 조소의 극적인 예다.

1952년 켄터키 주의 오지, 진흙 뒤범벅인 산골길을 두 소년이 리어카를 끌거니 밀거니 하면서 나무통을 운반한다. 행색이 말이 아니다. 힘들여 운반한 밀주를 움막을 치고 사는 주정뱅이 노인에게 판다. 한 모금 시음한 밀주 맛에 만족한 노인은 허리춤에 꼬깃꼬깃 접어 감추어 두었던 링컨 초상화를 한 장씩 펴서 건네준다. "1달러", "2달러." 예비 비행 소년들의 얼굴에 만족의 미소가 번진다. 쓰러져가는 자신들의 집에 돌아온 아이들을 기다리는 슬픈 소식은 팔려고 비축해둔 술을 아버지가 마셔버렸다는 것이다. 아버지에게 대들며 방망이로 폭행하는 패륜아, 그러면서 형은 맹세한다. "나는 정직하게 돈을 벌 거야!"

음란물 제작 반포죄

영화는 "20년 후 오하이오 주 신시네티"라는 자막과 함께 반라의 댄서가 서툰 동작으로 하반신을 흔들어 대는 밤업소를 비춘다. 널찍한 풀 당구대가 왠지 허전해 보인다. 전형적인 미국 지방 도시의 밤업소 풍경이다. '허슬러 고고클럽'이라는 간판이 스치듯 지나간다. 대중의 정직한 욕망을 채워주며 정직한 돈벌이를 하겠다는 래리는 가만히 앉아서 손님을 기다릴 게 아니라 목마른 손님에게 정직한 자료를 제공하겠다는 아이디어를 낸다. 잡지의 창간이다. 이름하여 《허슬러 뉴스레터》.

자료를 건네받은 인쇄소의 늙은 주인은 난색을 표명한다. "글을 섞어야 법에 걸리지 않소. 《플레이보이》를 보시오." 래리의 반론은 명쾌하다. "《플레이보이》는 정직하지 않아요. 그건 사기요. 성기에도 얼굴처럼 인격이 있는 것이오." 플린트의 지론인즉 소위 교양이나 문화의 정체는 위선이라는 것이다. 기존의 성인잡지 《플레이보이》나 《펜트하우스》가 도화圖畵 사이에 굳이 글을 섞어넣는 것은 구역질 나는 지식인의 얄팍한 위장술에 불과하다는 것이다.

첫 시도는 무참한 실패다. 냉랭한 세상의 반응에 위축된 래리에게 뜻밖에 날아든 낭보는 재키 오나시스의 나체 사진을 보관하고 있다는 전문 파파로치의 전갈이다. 성공은 보장된 것이다. 미국 전역의 편의점 판매대를 통해 긁어모은 돈으로 래리는 졸지에 24개의 방이 달린 저택의 소유자가 된다. 졸부의 이미지에 걸맞게 값비싼, 그러나 교양과 문화의 냄새라고는 전혀 없는 가구 더미의 집은 마치 로큰롤의 황제 엘비스 프레슬리의 허벅지 율동과 거드름이 생전 모습대로 보존된 그의 유택幽宅 그레이스랜드Graceland를 연상시킨다.

댄서 출신의 동거녀 알시아는 결혼을 원한다. "결혼하는 순간부터 인간은 소유권을 생각하게 되는 거야. 나는 그게 별로 내키지 않아." 래리의 정직한 반응에는 제도에 대한 허무적 냉소가 번뜩인다. 결코 일부일처제의 의무와 관행을 고집하지 않겠다는 알시아의 맹약을 듣고서야 래리는 정식 결혼에 들어간다.

길고 긴 래리의 법정사는 1977년에 개막된다. 신시네티 경찰은 '음란물 제작 반포죄'로 래리를 체포한다. 체포와 동시에 후일 평생토록 '친구'가 된 27세의 청년, 하버드 출신 민권연맹 소속 변호사 앨런 아이작먼이 등장한다. 변호사의 입장에서 래리는 그야말로 자신이 자부하는 대로 가장 이상적인 고객이다. "부자에다 항상 사고를 저지르는" 말썽꾼이니 말이다. 그러나 1970년대 미국의 많은 젊은 법률가가 그랬듯 앨런은 법률가로서 자기만의 이상을 가진 사람이었다. 래리가 하는 일은 자신의 취향에는 맞지 않지만 미국은 국민의 이상한 취향도 '선택할 권리'로서 보장해주는 성숙한 자유의 사회이며 헌법은 이러한 자유의 문서라는 것이 앨런의 소신이었다. 검열 제도는 도덕을 빙자한 사기라는 의뢰인의 뒤틀린 철학을 변호사는 헌법이라는 지고한 경전이 표방하는 중립의 원칙으로 담아내야 했다.

사건이 제소된 신시네티 소재 오하이오 주법원은 노골적인 편견과 보수성을 드러낸다. 배심의 유죄 평결을 기다렸다는 듯 판사는 '망나니'를 25년 징역에 처한다. 이 극보수 철학의 판사로 래리 플린트 자신이 분扮하여 영화의 메시지인 법 제도의 아이러니를 제대로 보여준다.

5개월 후 항소심에서 무죄 판결을 받고 석방된 플린트는 이제 '자유언론운동'의 영웅으로 부각된다. "살인은 불법인데도 살인 장면을 보도하면 특종이 된다. 하지만 섹스는 합법인데 섹스 장면을 보도하면 불법이 되는 기이한 법의 논리는 사기가 아니고 무엇인가?" 상식의 범주를 자유자재로 넘나드는 래리의 기상천외한 논리는 그의 불안정한 성격과 함께 취재 가치를 배가시킨다. 어느 틈엔가 래리는 법적으로 특별한 취급을 받는 '공적 인물public figure'이 되었다.

자유의 영웅

신시네티 법원이 무죄를 선고했다고 해서 미국 내 모든 지역의 경찰과 법원이 따라야 하는 것은 아니다. 음란이란 법적으로 '지역적'인 개념이다. 지역마다 윤리관이 다르듯이 음란성을 재는 잣대도 다르다. 따라서 같은 잡지의 같은 호수라도 배포된 지역에 따라 유죄가 될 수도, 무죄가 될 수도 있다. 음란물을 전혀 규제하지 않는 나라는 지구상에 단 한 곳도 없지만 그 기준은 나라마다 다르다. 50개 주로 구성된 미합중국은 사실상 50개 국가나 마찬가지다. 주마다 성적 표현에 대한 관념이 다르고, 같은 주 안에서도 지역에 따라 음란물을 보는 시각과 기준이 다르다.

전통적 가치관, 경건한 가족 중심의 보수 정서가 강한 '극남 지역Deep South' 조지아 주의 도시에서 《허슬러》의 판매가 문제되는 것은 오히려 자연스런 일이다. 잡지를 판매하는 소매상이 판매대에서 잡지를 거두라는 압력을 받는다는 소식을 접한 래리는 비행기로 날아가서 직접 판매를 주도하여 경찰의 체포를 유도한다. 이제 래리는 명실공히 자유로운 성을 위한 투사가 된 셈이다.

래리의 소영웅심은 한 전도사와 만나면서 절정을 맞는다. 노스 캐롤라이나의 루스 카터Ruth Carter, 그녀는 당시 현직 대통령 지미 카터의 친누이다. 루스는 "교회는 단지 제도와 의식일 뿐이고 신에 대한 사랑은 교회와는 무관한 것"이라고 주장한다. 루스 자신이 영혼의 상처를 해방시키는 전도사이듯이 래리도 성의 억압으로부터 인간을 해방시키는 투사라는 부추김에 둘은 동업자가 된다. 루스는 성은 신의 선물이라는 계시를 유도하여 래리에게 세례를 준다. 세례를 받고 이단적

재판 때마다 래리 플린트는 법정의 권위를 인정하지 않고, 법정 내 시위를 벌인다. 그에게는 세상을 살아가는 그만의 '정직한 법'이 있었다.

광신자가 된 래리는 음란의 측면에서 성경을 해석하여 잡지에 게재하는 등 종교와 포르노의 교접이라는 기상천외의 발상을 실천에 옮긴다.

이런 신성모독적 행위에 대해 조지아 주법이 건전한 도덕과 윤리의 이름으로 제재를 가한 것은 자연스런 일이다. 래리는 자신의 잘못을 인정하기만 하면 경미한 죄로 기소하겠다는 검찰의 협상 제의를 거절하고 법정에 선다. 1978년 조지아 주법원 판사에게 온갖 모욕을 주고 법정 문을 나선 래리는 변호사와 함께 테러범의 저격을 받는다. 하반신 불구로 평생을 휠체어에 앉게 된 래리, 그렇게 숭상하던 정직한 섹스의 심벌이 사라지자 이제 "신은 없다"고 선언한다. 내게 '성이라는 은총을 내린 신이라면 어찌 내게서 성의 능력을 빼앗아갈 수 있겠는가'라는 것이 그의 논리다.

5년간의 세월을 환각과 자포자기로 보낸 래리는 경영 일선에 복귀할 것을 선언한다. 복귀 후 '래리식' 경영을 주도하던 《허슬러》 발행인은 또 다시 법정에 선다. 이번에는 연방 사건이다. FBI 수사 방법의 도덕성 문제를 싸고 미국 전역을 시끄럽게 했던 '존 들로리언John Delorian' 사건에 관련된 것이다. 함정 수사 끝에 불법 마약 거래 장면을 FBI가 덮치는 장면이 미국 전역에 방송된 사건인데 바로 그 비디오 테이프를 제공한 사람이 래리 플린트였다. FBI의 입장에서는 당혹스럽기 짝이 없는 사건이다. 함정 수사 그 자체보다도 테이프가 유출되었다는 사실이 수사 기관의 자존심과 신뢰에 중대한 상처를 주는 것이었다.

연방 법정에서도 래리의 비정상적인 행각은 계속된다. 진실을 증언할 선서를 거부하면서 그 이유로 "주님은 존재하지 않기 때문에"라며 비아냥거린다. 테이프 입수 경위를 공개하기를 거부하며 엉뚱하게도 국회의원의 섹스 파티 이야기를 끄집어낸다. '씹할 놈의 법원Fuck This Court'이란 글자가 쓰인 티셔츠로도 모자라 바지를 내려 국기로 만든 팬티를 내보인다. 법정모욕죄로 거주지 제한 명령을 받고도 이를 무시하고 유유히 여행하다 보석 불허 조건에 15개월 정신병원 감금을 선고받기도 한다. 이러한 래리의 극단적인 행위는 연방정부를 불법적인 권력의 화신으로 여기고 이에 대한 불신을 표출할 의도였음이 분명하다.

누구도 믿지 못할 농담

래리 플린트가 시도한 최대의 도박은 당시 미국의 '도덕적 다수자'임을 자처하는 제리 폴웰Jerry Falwell 목사를 상대로 도덕적 전쟁을 선포한 일이다. 폴웰 목사는 자타가 공인하는 전통적 도덕의 수호자였다. 활발한 텔레비전 설교를 통해 전통 도덕의 부활 운동을 벌이고 있는 명사 중의 명사였다.

그러나 래리의 눈에는 인간의 정직한 욕망을 허위로 포장하는 위선자에 불과했다. 《허슬러》 잡지에 강장제, 캄파리Campari 광고가 실린다. '제리 폴웰, 첫 경험 고백'이라는 선정적인 제목이 독자의 눈길을 끈다. 실제 광고는 인터뷰 형식을 통해 명사들이 캄파리를 마신 첫 경험을 토로하는 내용이다. 탁월한 강장제의 효능을 암시할 의도임을 추정할 수 있다. 폴웰 목사의 첫 경험은 술이 취한 상태로 정원의 가건물에서 어머니하고 '했다'는 것이다. 그리고 아래에 작은 문구로 실제가 아님을 주지시키는 '픽션: 광고 패러디'라는 설명이 달려 있다.

개인의 언론·표현의 자유가 지상의 금과옥조인 미국의 법제 아래서는 공무원이나 사회적 명사는 일반인에 비해 명예훼손libel의 피해자가 되기 힘들다. 공무원의 공적 행위에 대한 비판은 사실과 달라도 악의가 없는 한 책임을 지울 수 없다(New York Times v. Sullivan, 1964). 그만큼 나라의 주인인 국민의 감시와 비판권을 보장하기 위한 배려다. 법적 개념으로 '공적 인물'로 명명되는 사회 저명인사에게도 마찬가지 기준이 적용된다. 영화배우, 운동선수, 가수와 같이 대중의 관심 대상이 되기를 자원한 사람들은 그만큼 빗나간 언론의 화살을 각오해야 하는 유명세를 부담해야 한다.

1984년 버지니아 주법원에서 '성직자 대 악마'의 대결 제1회전이 열렸다. 폴웰 목사가 공적 인물임이 쉽게 입증되었고 변호인의 변론대로 광고 기사의 내용이 '이성적인 사람이라면 누구도 믿지 않을 농담'이었음을 인정한 법원은 명예훼손이 성립되지 않는다고 판단했다. 그러나 '고의의 정신적 충격intentional infliction of emotional distress'이라는 개념의 불법 행위를 인정해 배상 명령을 내렸다.

패소한 래리는 "에이즈는 인간의 타락에 대한 신의 경고"라는 폴웰 목사의 설교 장면을 보고 연방대법원에 상고할 것을 결심한다. 상고는 그 역병疫病으로 죽은 아내를 위한 위령제이기도 하다. 자신도 '뭔가 뜻 있는 일'을 하고 죽고 싶다는 결심이기도 했다.

연방대법원에서의 논쟁은 보수 철학과 윤리의 지적 대변인으로 널리 알려진 윌리엄 렌퀴스트(William Rehnquist, 1924~2005) 대법원장의 주재 아래 벌어진다. 도대체 술 광고에 공적 인물을 풍자해서 얻는 공공의 이익이 무엇인가? 일반인은 이해하기 쉽지 않은 법리 논쟁의 핵심이다. 종교지도자가 위선자라는 저급의 풍자, 인기 없는 발언도 미국 사회를 건전하게 만드는 데 기여한다는 '사상의 공개시장marketplace of ideas' 이론, 음란성은 개인적 기호의 문제이지 법이 관여할 문제가 아니라는 등의 변호사의 변론 요지를 충분히 반영한 판결문은 아홉 명 판사 전원의 뜻을 담아 렌퀴스트 원장이 직접 집필한 것이다.

"공공의 이해와 관심이 집중된 사안에 대해 사상과 의견의 자유로운 소통을 보장하기 위해 헌법 수정 제1조와 제14조는 공무원과 공적 인물이 자신을 풍자하는 만화 광고를 이유로 고의의 불법 행위에 대한 책임을 부과하는 것을 인정하지 아니한다"(Hustler Magazine v. Falwell, 1988).

130분에 걸친 마약, 비어卑語, 섹스 등의 점잖치 못한 논쟁을 마감하는 연방대법원의 종결사가 우리에게 많은 교훈을 전해주는 것 같다. 한때 '공업용 미싱'이라는 대통령에 대한 수사적 표현이 곤욕을 치렀던 '국민의 정부'의 나라에서는 다소 수긍하기 힘든 '쌍놈 나라'의 판결일지 모른다. 그러나 양반과 쌍놈의 구분이 무너진 지 오래인 세상에서는 쌍놈 문화가 더욱 건전한 세상을 만드는 데 기여할지 모른다는 가설을 받아들여야 할지도 모른다.

리버티 밸런스를 쏜 사나이

무법자 영웅의 장엄한 사망 선고

The Man Who Shot Liberty Valance | 존 포드 감독 | 1962년

서부로 간 법률가

서부는 사나이의 영원한 고향이다. 광야, 총, 기병대, 인디언, 역마차, 지평선, 그리고 아쉬움 접어 뒤에 두고 떠나는 여인…. 스크린으로 옮긴 서부는 전쟁을 숭배하던 시대에 세계의 사내들을 사로잡던 환각제였다. 사나이도 광야도 더 이상 존재하지 않는 밋밋한 시대에 서부영화는 흘러간 세월에 대한 아련한 그리움을 불러일으킨다.

　　존 포드 감독은 서부영화의 대부다. 〈역마차Stagecoach〉(1939), 〈황야의 결투My Darling Clementine〉(1946) 등 한 시대를 주름잡은 그의 서부극은 이 세상 모든 사내아이의 꿈을 사로잡는 건전한 환각제였다. 그의 만년작 〈리버티 밸런스를 쏜 사나이〉(1962)는 서부의 영웅에 대한 아쉬운 고별장이다. 앞선 서부영화들이 문명화되지 않은 사회에서 영웅적인 무법자들의 미덕과 이상을 부각시켰다면 이 작품은 무법자 영웅에 대한 장엄한 사망 선고다.

은발의 정치가 스토다드는 오래 전 연적의 죽음을 맞아 총잡이들이 사라진 서부로 돌아온다.

스토리는 싱거울 정도로 단순하다. 은발의 상원의원 랜섬 스토다드는 아내를 대동하고 신본Shin Bone이라는 기이한 이름의 작은 기차역에 내린다. 자신이 법률가로서 첫 번째 '정강이뼈'를 내디딘 마을이다. 놀란 지방 신문이 연유를 캐묻는다. '순수한 사적 용무'라며 취재를 거부하는 그에게 기자는 "언론은 공인의 행적을 알아야 할 권리가 있다"고 주장한다. 인터뷰에 응한 상원의원은 카우보이 톰 포니언의 장례식에 참석하기 위해서라고 말문을 연다. 가족도, 돈도, 심지어는 총 한 자루도 남기지 않고 죽은 톰은 정부 돈으로 약식 장례를 치러야 할 판이다.

영화의 대부분은 이 마을의 초기 역사와 전설을 전하는 스토다드의 플래시백으로 구성된다. 동부에서 법대를 졸업한 청년 스토다드가 미개척지에서 법률가의 이상을 펴기 위해 역마차를 타고 신본 마을로 오는 도중 노상에서 무법자 리버티 밸런스 일행에게 무자비하게 유린당한다. 법과 질서를 주장하는 백면서생에게 밸런스는 '서부의 법'을 가르쳐준다. 스토다드는 무자비한 폭행을 당하고 애지중지하는 법서法書마저 찢기는 수모를 당한 후 내동댕이쳐진다.

"젊은이여, 서부로 가라!" 무법과 미개의 땅에 문명과 질서, 법치의 이상을 실현하는 것, 한때 많은 미국의 젊은 이상주의자들이 꾸던 꿈이자 대서양과 태평양 사이에 가로놓인 거대한 대륙에 걸쳐 문명 사회를 건설한다는 젊은 나라 미합중국의 공식적인 슬로건이기도 했다.

스토다드가 겪은 수모는 마크 트웨인의 만년 수작 《바보 윌슨》의 주인공의 경험을 연상시킨다. 동부의 명문 법대를 졸업한 윌슨이 미주리의 작은 마을에 도착하는 바로 그날, 낯선 사람을 보고 짖어대는 개를 두고 던진 수준 높은 농담을 이해하지 못한 마을 사람들은 공론 끝에 그를 바보로 낙인찍어버렸기 때문에 윌슨이 법률가로서 이상을 펼기회는 봉쇄되었다. 그러나 묵묵히 연마한 윌슨의 지문 분석 능력이 후일 살인범을 찾아내는 데 결정적인 단서가 되어 빛을 발하듯이 스토다드가 법률가의 능력을 펴기 위해서는 장구한 굴종과 인고의 세월이 필요했던 것이다.

'변경Frontier'이 사라지고, 문명과 교육이 황무지를 평정했음이 공식적으로 선언된 후로는 법을 통해 세상에 기여할 꿈을 가진 서부의 소년에게 주는 격문檄文은 "젊은이여, 동부로 가라!"가 되었다. 미국 연방대법원 역사상 약자의 대변인으로 빛나는 명성을 떨친 윌리엄 더글라스(William Douglas, 1898~1980) 판사는 '약한 자의 한숨과 눈물을 담아내지 못하는 법은 제대로 된 법이 아니라'고 믿었다. 자수성가하여 아메리칸 드림을 성취한 더글라스가 자신의 생애를 회고한 기록의 제목(1974)으로 택한 이 구호는 이제 미국 전체의 중심이 워싱턴에 있음을 알려주는 안내문이기도 하다. 또한 그것은 거친 시대, 무법자 영웅 시대에 대한 장엄한 사망 선고이기도 하다.

그러나 수도 워싱턴에서 법과 정치에 부대끼며 몸에 밴 문명의 노폐물을 세척해내기 위해 주말마다 비행기를 타고 태평양 연안으로 날아가 자신의 산장 구스 프레리Goose Prarie에서 대자연의 기氣를 충전하곤 했던 더글라스의 믿음처럼 절차와 세칙으로 첩첩이 싸인 법과 문명의 정의는 태고太古 이래 흔들림 없는 장엄한 원시의 정의 앞에 경의를 표해야 한다. 그 야만의 원시 속에 인간의 본질이 살아 있는 것은 아닐까? 판결문에 인디언의 시구를 인용하던 더글라스처럼 원시의 자연에서 세속법의 본질적인 뿌리가 되는 자연법이 배태되는 것이 아닐까?

상처 입고 쓰러져 있는 스토다드를 톰 포니언이 구출하여 자신의 애인 핼리에게 간호를 맡긴다. 포니언은 밸런스와 대적할 수 있는 유일한 건맨이다. 그는 스토다드를 '순례자pilgrim'로 부르며 순진무구한 이상주의자를 동정과 연민의 눈으로 바라본다. 이 말은 물론 새로운 성지를 찾아 뉴잉글랜드에서 이주해온 순진한 이상주의자를 지칭한다. 포니언은 스토다드에게 서부에 정착할 생각이면 책 대신 총을 배우라고 충고한다. 세상에서 가장 빛나는 것이 약자에게 보내는 연민의 눈물이라면 포니언은 넓은 어깨와 함께 연민으로 충만한 가슴을 가진 사나이 중의 사나이였다. 그러나 오로지 머리뿐인 스토다드에게는 포니언도 밸런스나 마찬가지로 폭력을 숭상하는 야만인에 불과하다.

결코 신본을 떠나지도 총도 사지 않을 것이라고 다짐하는 스토다드. 변호사 명판을 조리실 선반에 얹어두고 조소와 동정을 감수하며 앞치마를 두르고 접시를 나르는 이상주의자는 사설 학교를 열어 헌법과 선거 제도를 가르치고 독립선언문을 암송하며 법 앞의 평등을 강론한다. "우리는 모든 인간이 평등하게 창조되었음을 자명한 진리로 믿고…."

그의 꿈은 작게는 밸런스를 법의 심판대로 보내는 것, 크게는 법의 왕국을 건설하는 것이다. 스토다드는 신본 마을이 자리한 개척지 준주(準州, territory)를 연방의 정식 주로 편입시키려고 노력한다. 그러나 이미 무법의 기득권을 확보한 '피켓 와이어Picket Wire' 카우보이들은 이를 저지하기 위해 밸런스를 고용한다.

스토다드와 밸런스의 결투에서 뜻밖에도 밸런스가 죽고 스토다드는 무뢰한을 응징한 정의의 사도라는 명성을 쌓아간다. 준주 대표 선출 대회에 참가한 스토다드는 포니온의 배려로 대표자로 선출된다. 사람을 죽인 피묻은 손으로 어찌 법과 질서를 집행하는 인민의 대표자가 되겠느냐고 주저하는 스토다드에게 포니온은 밸런스를 죽인 사람은 포니온 자신이라고 고백한다. 자신의 애인이던 핼리의 마음이 스토다드에게 기울어져 있음을 알고 핼리의 행복을 위해 스토다드의 생명을 구했노라고 고백한다.

톰의 선택, 핼리의 선택

톰 포니온은 밸런스의 원시적 야만성과 스토다드의 순박한 이상주의를 중재한다. 그는 시대의 흐름을 알고 있다. 새로운 시대에 자신이 할 수 있는 역할의 한계를 인식하고 있다. 자신이 속한 야만과 무법의 세계가 스토다드의 부상浮上과 함께 이내 종언을 고할 것을 예측하고 있

톰 포니언은 총잡이 리버티 밸런스를 죽이고 동부 출신의 스토다드를 구함으로써 서부의 전설을 스스로 무너뜨린다.

다. 그리하여 그는 이미 여명이 비치고 있는 법치의 이상을 선택하고 그 선택에 자신의 애인을 맡긴 것이다. "투표는 총을 이기지 못한다"고 믿는 그는 "핼리의 행복을 위해" 무법자를 쏜다. 그러나 포니언은 자신의 선택에 대한 희생과 대가를 치른다. '냉혈의 살인자' 밸런스를 죽이고 스토다드를 구출함으로써 자신은 외롭고 더 이상 쓸모 없는 인간이 되어 여생을 식물처럼 보낸 것이다.

그리고 핼리의 선택이다. 그녀 또한 스토다드와 포니언 중 한쪽을 선택해야 한다. 포니언이 꺾어 만들어 주는 '사막의 장미(선인장)' 정원과 스토다드가 약속하는 진짜 장미 정원, 즉 원시와 문명 사이의 선택을 해야 한다.

스토다드의 플래시백이 시작되기 전 핼리는 포니언의 옛 하인을 대동하고 사막 속에 불에 탄 채로 버려져 있는 포니언의 집으로 말을 타고 달려간다. 포니언이 핼리를 위해 짓던 집, 밸런스를 쏘고 핼리를 문명의 세계로 보내던 날 만취해 스스로 불질렀던 집이다. 핼리는 그곳에서 아직도 남아 있는 선인장꽃 한 송이를 꺾어와 포니언의 관 위에 놓는다. 선인장꽃은 정원과 사막, 자연과 문명 사이에 무너진 신의를 나타낸다. 문명과 야만이 불안하지만 타협 가능한 선에서 균형을 이루고 있던, 잃어버린 세대를 상징하기도 한다.

영화평론가 토머스 샤츠Thomas Schatz의 말을 빌자면 이 영화는 사실과 전설, 역사와 신화의 두 대립적 요소가 어떻게 서로 영향을 미치는가를 기록하려는 노력이었다. 과거의 이야기에서 끄집어낸 미국의 비전에는 관심이 없었고, 대신 현재의 미국인들에게 유리한 시각을 가지기 위해 과거를 조작하는 그 과정에 주목했다는 것이다. 〈역마차〉와 〈황야의 결투〉가 문화의 이상화된 이미지를 찬미하는 반면, 〈리버티 밸런스를 쏜 사나이〉는 그 이미지를 해체하고 비판함과 동시에 역사와 문명의 발전 과정에서 필수불가결한 요소였던 신화와 전설의 역할을 인정하는 것으로 결말을 맺는다는 것이다.

이 작품에는 과거와 현재를 연결하는 역할을 담당하는 중재자가 등장한다. 신본 마을신문의 창립자 편집장은 알콜 중독의 철학자와 같은 역할을 하면서 신화와 전설의 세계의 일부가 되었다. "Liberty Valance Defeeted〔리버티 밸런스 패북敗北〕", 오자誤字의 특호 활자를 뽑으면서 위대한 법과 정의의 승리를 외친 그가 밸런스의 폭력과 독재에 항거하여 언론의 자유를 수호하는 모습은 장렬하기까지 하다.

이러한 신화적 전설을 이고 등장한 새 편집장은 전설과 사실, 신화와 역사, 현재와 과거를 중재하면서 스스로 선택을 내린다. 스토다드의 플래시백이 끝나자 그는 인터뷰한 내용을 찢어버린다. 그가 던진

명언은 언론과 서부의 법칙은 전설이 사실로 굳어지면 전설을 택한다는 것이다.

마지막 시퀀스에 스토다드가 탄 기차가 바람을 날리며 워싱턴으로 달려갈 때, 과분한 친절에 고마움을 표시하는 스토다드에게 차장은 답한다. "리버티 밸런스를 쏜 영웅에게 무엇이 과분하겠습니까?" 사실이 된 전설은 역사의 일부가 된다. 핼리의 선택은 역사가 요구하는 불가피한 선택이었다. 그녀는 자신의 선택이 옳았음을 확신하고 역사 또한 그것을 입증한다. 기차 안에서 스토다드를 옆에 두고 던진 핼리의 독백에 가까운 대사에서도 확인된다. "한때는 황무지였던 땅이 이제는 정원으로 변했어요." 그러나 핼리는 자신의 뿌리가 신본에 있음을 거듭 선언하고 스토다드는 "정계에서 은퇴하면 신본에 돌아와 법률 사무실을 열까"라고 화답한다.

이제 신본도 공식적으로는 다듬어진 법의 정원이 되었지만, 그곳에는 아직도 선인장꽃의 장엄한 아름다움이 전설과 함께 살아 있다. 가히 신경과민에 가까운 수준으로 환경보호에 집착했던 사나이, 그래서 영화 〈펠리칸 브리프Pelican Brief〉(1993)에서 대기업의 앞잡이에게 암살당하는 대법관 더글라스가 원시림의 구스 프레리를 즐겨 찾았던 이유를 알 수 있다. 비록 원시와 신화의 세계가 물러나고 그 자리를 법과 문명의 세계가 대신했지만 그럴수록 웅대한 자연과 사나이 시대의 원천적 정당성은 점차 고갈되어 가는 인간성의 샘에 물줄기를 대주는 원천이 아니었겠는가.

한때 서부영화 팬이었다면 누구나 기억하는 장면이 있다. "셰인! 셰인!" 소년의 애절한 목소리가 남기는 긴 여운을 뒤로 하고 석양의 지평선을 향해 말머리를 재촉하며 떠나는 〈셰인Shane〉(1952)을 기억한다. 그가 관객에게 남긴 말은 "사람을 죽이는 일로 먹고 살 수는 없지." 개척 시대, 준주territory 시대의 법은 총을 가장 빨리 쏘는 사나이의 법이다. 미국 역사에서 준주는 과도기적 성격을 띤다. 개척으로 충분한 숫자의 시민이 정착한 후에는 정식 주로 승격되었다. 역마차 대신 철도가 들어서고 준주가 정식 주로 승격되어 연방헌법의 품속에 안기고 정착민을 보호하는 연방의 '자경농민보호법(Homestead Act, 1862)'이 시행된 이후에는 총 대신 법전이 다스리는 시대가 되었다. 이제는 카우보이 대신 개척 이주민이, 선술집과 매춘부 대신 온 가족이 함께 기도하는 저녁상이, 소 대신 양이, 거친 적자생존의 법 대신 평화 공존의 법이 이 땅의 주인이 되었다.

〈셰인〉에서 개척 이주민 가장 조 스타레트는 황야의 의인義人 셰인의 마력에 아내와 어린 아들의 사랑과 존경을 내주어야 했지만, 〈리버티 밸런스를 쏜 사나이〉에서 "여자는 성낼 때가 더욱 아름다운 법"이라며 애정의 표현으로 가볍게 엉덩이를 다독거리는 포니언은 앞치마를 두르고 접시를 나르며 만민이 평등하다는 위대한 이상을 믿고 허접스런 일상에서 이를 실천하는 생활인 스토다드에게 애인을 내줄 수밖에 없다.

대배우 존 웨인이 상징하는 존 포드의 서부 영웅은 가족 제도의 밖에 서 있다. 그 자신은 가족적 가치를 갈구하나 말과 총이 이를 용납하지 않는다. 그리하여 가족 제도를 통한 서부 사나이와 여성의 결합은 불가능한 것으로 결말이 난다. 톰 포니언은 셰인처럼 말을 타고 황야의 계곡으로 사라지는 대신 영원한 죽음 속으로 사라진다. 포니언의 죽음으로 영웅적 서부 사나이는 이제는 입에서 입으로 전해지는 아득한 전설과 마을 박물관이 재생하는 역사의 몫이 되었다. 영웅이 떠난 빈 자리를 밋밋한 스토다드의 법이 차지했다. 필연적인 역사의 흐름이다.

그러나 이따금씩 과연 법이 정의의 편인가, 강한 회의가 들 때면 차라리 초법超法 시대의 총잡이 영웅이 그립기조차 하다.

크레이머 대 크레이머

무엇이 아이를 위한 최선인가

Kramer vs. Kramer | 로버트 벤턴 감독 | 1979년

만날 때부터 미리 헤어질 것을 생각하는 사람은 드물다. 그러나 만남도 헤어짐도 인생의 다반사다. 부부가 이혼하면 '함께 이루었던' 것을 나누어야 한다. 함께 이룬 재산을 나누는 일은 비교적 간단하다. 따지고 보면 그것은 숫자상의 계산 문제에 불과하기 때문이다. 부부가 혼인 중 이룬 재산은 누가 벌었든지 배우자가 절반을 소유한다는 '부부 공동 재산'이라는 개념도 산술을 용이하게 하게 위해 고안한 제도다.

그러나 함께 이룬 인적 재산인 자식을 어떻게 나눌 것인가는 어려운 문제다. 그것은 재산이 아닌 인간의 문제이기 때문이다. 영화 〈크레이머 대 크레이머〉는 남녀 평등의 시대를 사는 현대인에게 공통된 문제를 제기하는 수작으로, 모든 양육권 소송 영화의 원조로 손꼽히는 작품이기도 하다. 1979년 아카데미 작품상 수상작이기도 한 이 영화는 1960년대 이래 맹렬하게 전개된 여성운동의 성과가 가정에 미치는 새로운 문제에 대한 찬찬한 성찰을 요구한다.

치열한 경쟁의 마당인 광고회사의 중역 테드 크레이머는 아내 조앤과 여섯 살짜리 아들 빌리에게 신경을 제대로 쓰지 못한다. 그는 가사와 육아는 아내의 몫이라고 믿는 평범한 가장이다. 어느 날 갑자기 조앤이 결별을 선언한다. '자신의 길'을 찾아 가정을 떠나겠다는 것이다. 테드로서는 청천벽력, 실로 기막힌 일이나 결혼 때문에 직장을 그만둔 아내로서는 6년간의 결혼 생활이 굴욕의 세월이었다는 것이다. 고통과 당황 속에 테드는 프렌치토스트 요리법을 배우고 어린 아들과 신뢰의 가교를 세운다.

그로부터 1년 반, 실로 힘겹게 새로운 질서를 구축한 시점에 조앤이 나타나 아이의 동거 양육권을 요구하며 소송을 제기한다. 법정에서 공방전이 벌어지고 둘은 서로 상대가 양육자로서 부적합하다는 증거를 경쟁적으로 제시한다. 변호사의 가중된 승부욕 때문에 서로 아픈 약점들이 노출된다. 테드의 부주의로 아이가 다친 일, 조앤에게 애인이 생긴 일 등이 여과 없이 드러난다. 육아 때문에 직장을 잃은 테드는 경제 능력에서도 '여자'에 뒤지는 수모를 겪어야 한다.

판사는 '미성숙 연령tender years'의 아동 복지를 위해 어머니의 품이 최선이라는 기본 공식을 고집한다. 소위 'tender years rule'로 불리는 이 원칙은 '생래적 모성'이라는 신화와 결합하여 인간 사회의 경험칙으로 인정되어 미국 전역의 법원에 걸쳐 널리 수용되고 있었다. 오늘날에는 이미 '원칙'의 지위를 잃어버린 이 원칙은 영화가 제작될 당시인 1970년대 말부터 서서히 무너져왔다. 양육자로서 애정과 자질에 있어 남성과 여성 사이에 생래적으로 다른 차이를 인정하지 않는 것이 남녀평등 사회의 또 다른 모습이기도 하다. 어쨌든 판사는 조앤

아내의 갑작스런 가출로 아들을 직접 보살피게 된 빵점 아빠 테드. 살림하랴, 일하랴, 아이 키우랴 정신없는 중에서도 아들과 단란한 생활을 회복하면서 안정감과 행복을 느끼게 된다.

에게 동거 양육권을 부여하고 테드에게는 양육비 지급 의무와 함께 정기적으로 아들을 방문할 권리만을 준다.

별거 또는 이혼 상태의 부모에게 애인이 있느냐는 질문은 한때 양육권 소송에서 전형적으로 등장하는 질문이었다. 생부모 중 한 사람이 육친이 아닌 이성과 애정 관계에 있다는 사실 자체가 아동의 정서적 안정에 중대한 타격을 준다는 추정이 가능했기 때문이다. 그러나 오늘날에는 이러한 종래의 법적 원칙도 마찬가지로 한때의 경험칙經驗則에 불과하다. 헤어짐과 만남이 일상의 다반사이고 성인 남녀의 만남에 육체가 따르는 것이 지극히 자연스런 일이라는 것이 법이 수용한 새로운 경험칙이다. 그리하여 구체적인 상황에서 아동의 정서에 해악을 미치는 방법으로 성행위를 하는가의 문제로 귀착한다.

미국의 법원에서는 무엇이 '아동의 복지'를 위해 최선인지를 배심이 아닌 판사가 결정한다. 또한 동거 양육의 문제는 상황 변화에 따라 신축성 있는 결정을 내릴 수 있도록 법원이 '계속 관할권'을 보유한다. 그래서 흔히 미국의 가정법원 판사는 수시로 육체의 병세를 진찰하여 처방을 내리는 가정의family doctor에 비유된다.

부자가 생이별을 준비하는 과정은 관객의 손수건을 적시게 한다. 어쩔 수 없는 현실을 설득하는 아버지도, 이를 아픔으로 수용하는 어린 아들도 진한 감동을 주기에 충분하다. 새로운 모자 관계에 애로를 느낀 조앤이 빌리를 아버지에게 되돌려 보내며 영화는 종결된다.

이 작품은 사회와 직장 등 공적 영역은 남성의 무대이고, 여성은 가정이라는 사적 영역에 머물러야 한다는 종래의 윤리가 무너지면서 생기는 사회적 공백을 조명한다. 소설《아버지》와《가시고기》등 몇몇 고성능 부성父性 최루제가 시류를 타는 나라, 부부가 헤어지면 원수 아니면 영원히 불편한 타인이 되는 나라의 부모들에게 깊이 생각할 거리를 제공하는 영화다. 무엇이 '자녀의 복지'를 위해 최선인가라는 영원한 숙제와 함께.

34번가의 기적

산타클로스는 있다

Miracle on 34th Street | 리처드 아텐보로 감독 | 1994년

'신은 죽었다!' 과학과 이성의 시대가 도래하면서 인간은 오만방자해졌다. 눈에 보이지 않는 존재와 가치를 부정하며 오로지 현실의 이해타산만을 추구하는 속물로 전락했다. 영화 〈34번가의 기적〉은 이렇듯 타락한 인간에 대한 경종이다. 환상과 신비의 세계를 뒤로하고 이성의 세계로 진입하는 어린이의 성장에 진정으로 필요한 것이 무엇인가를 생각하게 하는 작품이다. 또한 이 영화는 미국 사회에 깊이 뿌리 박은 종교적 전통과 헌법 숭배 사상을 전달하는 문화유산이기도 하다. 반세기 전(1947) 흑백 영상으로 선보인 이 작품이 20세기 말에 다시 탄생한 것은 이러한 전통에 힘입은 바다. 50년 전 아역으로 출연한 나탈리 우드에게 후일 청춘스타의 자리를 예약해준 작품이기도 하다.

여섯 살짜리 소녀 수잔은 이미 이 세상에 산타 할아버지가 존재하지 않는다는 '비밀'을 알고 있다. 이성을 신봉하는 엄마, 워커 부인의 가정교육이 더욱 그녀의 조숙을 촉진한 것이다. 산타 대신 엄마가 선

물을 사주고 사탕은 건강에 해롭다는 것을 안다. 사내에게 버림받은 어두운 과거를 딛고 일어서려는 워커는 어린 딸에게 환상보다 냉정한 현실을 가르친다.

워커가 일하는 코울 백화점은 뉴욕시의 중심, 34번가에 자리잡고 있다. 이 백화점의 연례행사인 산타가 지휘하는 시가지 행진은 전 뉴욕 시민의 볼거리다. 47년의 영화가 실존하는 메이시즈Macys 백화점이 주관하는 퍼레이드를 백화점의 실명과 함께 영화 속으로 옮긴 데 반해 이 작품은 가명으로 처리한 점이 다르다. 이것은 고유명사와 보통명사의 구분이 존재하지 않던 독점 시대에서 자유 경쟁의 시대로 이행한 이상 필연적인 결과다.

그런데 행사 직전에 산타 역을 맡은 젊은 점원이 술을 마신 채로 썰매를 이끌다가 부상당하는 사고가 발생한다. 그는 상습적인 음주벽이 있는 건달이다. 책임자인 워커는 현장에서 산타의 신성함을 강론하던 크링클 노인을 임시 대타로 기용한다. 흰 턱수염과 인자한 외모도 산타 할아버지로 적격이다. 크리스 크링클의 채용으로 백화점의 매상이 치솟는다. 자신이 진짜 산타라고 믿는 크링클 노인의 진지하고도 양심적인 언행이 어린아이들과 부모들을 몰고 온 것이다. 종업원 신상카드에 주소를 '북극'으로 기재하는 크링클은 여러 나라 말로 아이들의 환상을 사로잡고, 언어 장애 어린이와 수화手話로 소통한다. 그런가 하면 어린이가 선물로 받고 싶어하는 장난감을 다른 백화점에서 반값에 팔고 있는 정보를 가르쳐주는 정직함이 감동을 준다. 욕망으로 가득 찬 이 세상에서 정직한 신념이 인간을 구제할 것이라고 믿는 그는 분명 특이한 존재다.

성탄절 산타클로스의 진위를 놓고 재판까지 벌이는 나라. 어찌 보면 황당무계하지만 법은 법 밖의 추상적 가치와 분리될 수 없음을, 무엇보다 인간의 행복에 기여해야 함을 보여주는 영화다.

같은 34번가, 건너편에 자리잡은 경쟁사는 종업원을 풀어 대책을 강구한다. 우선 크링클의 정체부터 탐문한다. 진짜 산타라면 도대체 같은 날 같은 시간에 지구상의 수천만 집을 방문할 수 있느냐는 질문에 대해 노인은 시간 개념에 대한 인간의 편견을 철학적 차원에서 반론한다. 그들은 노인을 분명한 '또라이'라고 결론 내리고 무시한다.

그러나 영업 사태가 심각해지자 해고당한 주정뱅이를 매수하여 크링클의 파멸과 코울 백화점의 명예를 실추시킬 것을 도모한다. 모욕적인 언사로 크링클의 도발을 유도하여 지팡이를 휘두르게 한다. 덫에 걸린 노인은 폭행으로 체포되고 자신이 산타라는 주장을 펴자 정신병원에 감금된다.

그동안 이성과 과학의 세계를 고집하던 워커는 새로운 깨달음에 도달한다. 딸 수전과 남자친구 베드포드 변호사의 경건한 사랑에 감화된 바다. 워커는 상업적 타산에 기초하여 노인을 버리려는 백화점 간부들을 설득하여 '우리는 산타의 존재를 믿는다'라는 캠페인을 벌여 크링클의 구명운동에 나선다.

재판이 열린다. 자신이 진짜 산타임을 주장하는 크링클의 정신 상태가 쟁점이다. 변호사는 어린이들과 검사의 부인을 증인석에 세운다. 어린이는 자신에게 선물을 준 산타가 바로 법정에 선 노인이라고 증언하고 검사 부인도 남편이 어린 자녀들에게 산타가 존재한다고 가르쳤다고 증언한다. 그러나 이러한 '인간적'인 정황 증거에도 불구하고 과학과 이성에 기초하여 판결을 내려야 할 판사는 기적이 일어나지 않으면 크링클에게 패소 판결을 내릴 수밖에 없다고 말한다.

그런데 판결 직전에 기적이 일어난다. 수전은 크리스마스 카드와 함께 1달러 지폐를 판사에게 건네준다. "우리는 신을 믿는다In God We Trust"라고 선명하게 찍혀 있다. 무언가 강한 깨우침을 얻은 판사는 연방정부의 '공식 입장'을 근거로 산타의 존재를 인정하고 크링클을 석방한다.

영화 〈34번가의 기적〉은 연방헌법이라는 미국 사회 최고의 세속적 경전 속에 종교적 전통이 깊이 뿌리 박고 있음을 보여준다. 기실 헌법전憲法典이 성경을 대신하여 새로운 시대의 경전이 된 것, 그것이야말로 근대 법치국가의 탄생을 알리는 신호다. 미국 헌법에도 종교와 정치는 엄격하게 분리되어 있다. 제퍼슨의 말대로 헌법은 국가와 종교 사이를 차단하는 '장벽'을 설치한 것이다. 국교를 둘 수 없음은 물론 특정 종교에 대한 우대도 헌법은 용납하지 않는다.

그러나 크리스마스를 휴일로 정하고, 대통령을 위시한 공직자의 취임식에 헌법을 수호할 맹세를 성경에 손을 얹어 행하는 등 종교보다는 전통과 문화로서의 기독교 의식은 무리 없이 수용되고 있다. 이 영화에서 가짜 산타가 부상 끝에 해고당한 이유를 음주로 설정한 것은 한때는 기독교 전통에 따라 헌법전에 금주를 공식으로 선언할 정도로(수정 헌법 제18조, 1918) 경건한 사회를 표방하던 미국적 전통이 절멸되지 않았음을 강조하기 위해서일 것이다.

흔히 재판은 가장 합리적인 이성과 상식의 무대라고 믿는다. 그럼에도 불구하고 판사는 전통과 문화라는 지극히 추상적인 사회적 가치를 판결에 반영한다. 그러나 판사가 이해하는 사회적 가치는 경우에 따라서는 판사 개인의 가치일 수도 있다. 종교에서 유래한 사회적 가치만큼 과학과 이성 그리고 상식의 틀을 벗어나는 가치도 드물다. 종교처럼 인간의 이성을 마비시키는 최면제는 없다. 한때 미국 땅에서도 종교적 망령이 마녀재판이라는 허무맹랑한 결과를 초래했다. 그 재판도 '법'의 이름으로 내린 것이었다.

그러나 종교의 아름다움은 다른 곳이 있다. 인간에게 경건한 두려움과 꿈을 함께 마련해주는 것이다. "산타가 살아 있다!"는 판결 소식이 전해지자 거리마다 집집마다 모든 시민이 환호한다. 과학과 이성의 시대일수록 인간의 삶에 경건한 신비로움이 필요한 것이다.

젊은이의 양지

이카루스의 추락

A Place in the Sun | 몽고메리 클리프트 감독 | 1951년

젊은이에게는 양지가 있다. 젊음 그 자체가 양지다. 하지만 젊음의 양
지에는 언제나 위험하기 그지없는 검은 함정이 도사리고 있다. 《한국
현대사》(2001)를 쓴 미국인 브루스 커밍스Bruce Cummings 교수는 태양
을 향한 20세기 여정을 성공적으로 이룩한 나라라고 했다(《Korea's Place
in the Sun》, 1997). 그가 태양론의 개정판을 쓰게 되면 아마도 '거대한
흑점이 태양빛을 가렸던 나라' 라고 토를 달지 모른다

　반세기 전의 미국 영화 〈젊은이의 양지〉(1951)는 태양을 사랑한 젊
은이의 욕망과 좌절을 그린 영화다. 영화는 시어도어 드라이저
(Theodore Dreiser, 1871~1945)의 명작 《아메리카의 비극An American Tragedy》
(1925)을 영상으로 재구성하고 있다. 당시 젊은이들의 우상이던 두 청
춘 배우의 연기와 무더기 오스카상 수상이 빛나는 이 작품의 외형적
줄거리는 더없이 통속적이다. 무지와 가난에서 탈피하려는 청년이 청
춘의 덫에 걸려 파멸을 맞는다는 내용이다. 그러나 이 작품은 치정 살

인의 뻔한 얼개 속에 가볍지 않은 메시지를 숨기고 있다. 원작의 제목이 암시하듯 주인공 조지의 비극은 아메리카 전체의 비극에 대한 대유법인 까닭이다.

영화는 고속도로변의 대형 간판을 비추며 시작한다. 간판 속의 '이스트먼Eastman 수영복'을 입은 젊은 여자의 모습이 고혹적이다. 지나가는 차를 얻어 타려고 허우적거리는 젊은 청년은 유리창이 박살난 고물 짐차를 간신히 얻어 탄다. 운전자도, 호의동승好意同乘하는 승객도 동류 신분임을 확인하고 편안한 여행을 한다. 그러나 자신의 처지와는 거리가 먼 세계를 동경하고 욕망하는 조지 이스트먼, 짐차에서 내리는 순간부터 그의 불안은 계속된다.

조지는 '이스트먼' 회사를 찾고, 반갑게 맞이하는 사장의 집에도 초청된다. 사장은 친척조카뻘 된다는 사실만으로 조지에게 일자리를 준 것이다. 시카고의 호텔에서 벨 보이 노릇을 하고 있던 조지를 불러들인 것도 바로 그였다. 그의 말대로라면 조지는 교육은 제대로 받지 못했으나 패기와 야심에 찬, 그래서 장래의 희망이 보이는 청년이다. '이스트먼'이란 성을 가진 사내에게는 장래가 있다는 사장 자신도 분명 '아메리칸 드림'을 이룬 자수성가한 사람일 것이다.

사장은 후계자 수업을 받고 있는 아들에게 조지의 일자리를 챙겨주라고 지시한다. 아들은 조지를 수영복 포장 라인의 현장에 배치하면서 엄격한 근무 수칙을 통고한다. 이 작업장의 종업원은 90퍼센트 이상이 여자이므로 특히 처신에 조심하라는 것이다. 여공과의 사적 교제는 엄격하게 금지되어 있다. 그러나 조지는 영화관에서 같은 조의 여공 앨리스를 우연히 만난다. 사장의 친척이라는 위치 에너지가 은근히 작용

가난하지만 잘생기고 야심에 찬 청년 조지. 자신의 아이를 가진 앨리스의 죽음 앞에서 아름답고 부유한 앤젤라와 나눈 뜨거운 사랑은 비극으로 끝나고 만다.

하여 앨리스를 쉽게 꼬여내고 마침내 잠자리를 나눈다.

어느 날 생산 현장을 순시하다 조지를 발견한 사장은 즉시 그를 승진시켜 사무실 근무를 명하고 자신의 집에서 열릴 파티에 초청한다. 작업장에서 사무실로 자리를 옮겨 러닝 셔츠 대신 넥타이를 매게 된 조지는 더 이상 앨리스의 품에 밍그적거리기를 거부하는 자신을 확인하며 갈등한다.

파티에 초청받은 날은 공교롭게도 앨리스의 아파트에서 조지의 생일을 축하하는 조촐한 파티가 약속되어 있다. 앨리스의 불만을 무시하고 조지는 '상류사회의 처녀들이 운집하는' 파티장에 간다. 그곳에서 앤젤라 비커스를 대면함으로써 조지의 비극이 시작된다. 눈부신 미모에다 모범적인 가정환경에서 쌓은 교양, 게다가 발랄한 언행이 뛰는 앤젤라의 마력 앞에 조지는 무력하다. 취직이 결정되던 바로 그날 사장의 집에서 스쳐가던 그녀의 모습을 훔쳐본 이래 조지는 이미 앤젤라에 대한 연모의 정을 키워오던 터였다. 신문을 통해 보도되는 상류사회의 동정란에서 앤젤라 집안의 동향을 주시하고 있었던 그다.

객쩍게 혼자 당구실에서 능숙한 솜씨로 '쓰리 쿠션 포켓볼'을 치는 조지의 모습을 뒤에서 지켜보고 감탄사를 발하는 앤젤라(1960~70년대 서울의 고급 당구장에 성화聖畵처럼 걸려 있던 바로 그 장면이다), 계속 묘기를 보여달라는 주문에 자세가 흔들리는 조지.

"내가 신경 쓰이나요?"
"당신의 기사를 읽었어요. 일본에 갔던데요."
"또 무슨 내용이었어요?"
"그저 그런 흔한 이야기였어요."
"당신은 흔치 않은 사람 같아요."

흔한 사랑으로 인한 흔치 않은 파멸의 불씨는 이미 점화되고 있었다. 앨리스가 임신한다. 낙태가 불가능에 가깝던 시절이다. 두 사람의 고통은 가중된다. 앨리스는 결혼을, 조지는 도피를 열망한다. 앤젤라의 흡입력에 조지는 급속하게 빨려 들어간다. 앨리스는 결혼을 졸라댄다. 조지는 판단력이 흐린 강박 상태에서 그녀를 죽일 생각을 품고 헤엄칠 줄 모르는 앨리스를 보트놀이에 데리고 간다. 그러나 정작 망설임 끝에 살해를 포기하였을 때 앨리스의 돌출적인 행동이 일어나고 보트가 뒤집힌다. 무의식 중에 현장에서 도망친 조지는 체포된다.

조지 나름대로 항변이 있지만 성의 있게 들어줄 법의 귀가 없다. 그를 '범인으로 내몬' 조건과 상황을 경청할 사람이 없다. 검사는 대중의 정서에 영합해 중형을 구형하고 탁월한 심문 기술로 조지의 신빙성을 송두리째 흔들어놓는다. 마지막 순간까지 자신의 무죄를 주장하던 조지는 배가 뒤집히던 그 순간 앨리스 대신 앤젤라를 생각한 것은 마음속에 살인을 저지른 것이라는 신부의 논리를 받아들이고 면회 온 앤젤라에게도 자신의 죄를 인정한다. 지극히 불리한 상황 증거를 근거로 조지는 일급살인의 유죄 판결을 받고 전기의자를 향해 걸어간다.

조지에게만 죄를 물을 수 있을까. 그의 살인 충동을 오로지 그의 의지 탓으로만 치부할 수 있을까. 조지를 전기의자로 내몬 것은 미국이다. 제동 장치 없는 욕망의 질주를 부추기고, 그 아래 번연한 함정의 존재를 가르쳐주지 않고, 흔들리는 여정을 교정할 기회를 주지 않은 것은 기회와 가능성의 대륙 아메리카다. 그래서 조지의 비극은 동시에 아메리카 전체의 비극이다.

이 작품은 모든 사람의 가슴속에 잉태된, 태양을 향한 꿈의 여정의 이면에 길게 드리워진 어두운 악마의 그림자를 드러낸다. 그 검은 그림자는 태양을 향해 돌진하는 미국인에 대한 경고이자 제동이다.

윤리와 도덕을 밀쳐두고 부잣집 딸과 결혼하여 신분 상승을 이루려는 조지의 꿈은 결국 이루어지지 않는다. 거부巨富가 되어 잃었던 옛 애인과 사랑을 되찾겠다던 《위대한 개츠비The Great Gatsby》의 녹색 정원의 꿈처럼 헛된 물거품이 된다. 겁없이 태양을 탐한 이카루스는 날개가 다 녹아내린 후에야, 추락의 순간에 와서야 무모함을 한탄한다. 프랑스 혁명의 격변기 《적과 흑》의 줄리앙이 경험했듯이, 이러한 도덕적 마키아벨리즘은 잠시 성공하는 듯하나 끝까지 승리를 가져다 주지는 않는다. 성찰 없는 헛된 욕망의 종착역은 세속적 영락 아니면 도덕적 파탄이다.

　아메리카의 비극에서 코리아의 비극을 본다. 〈젊은이의 양지〉에서 이카루스의 날개를 달고 태양을 향해 돌진하는 한국인의 숨가쁜 여정이 보인다. 최종 종착역은 어디가 될지 실로 불안하기 짝이 없다. 애써 불안을 감추려 인근 어린이 집에서 흘러나오는 동요 한 자락을 되씹는다. "태양을 사랑하는 아이들아, 너의 소원은 무엇무어니? (…) 착한 마음 갖는 것이 소원이란다."

Law+Film

진실을 밝혀내다

아버지의 이름으로

진실은 밝혀지고야 만다

In the Name of the Father | 짐 셰리던 감독 | 1993년

증거를 제조해내는 경찰

인접국에 대해 역사가 저지른 잔혹함의 부채를 지고 사는 나라가 있다. 잉글랜드가 아일랜드에 진 부채는 무겁다. 그 부채는 어쩌면 한때 정복자가 되었던 나라에 공통된 것인지도 모른다. 부채의 핵심은 오만과 편견에서 유래한다. 아일랜드인의 범죄를 수사하는 영국 경찰의 태도에는 악의는 아닐지 몰라도 적어도 '미필적 고의'가 내포되어 있다. 어느 나라에서나 안보와 치안이라는 중요한 국사國事는 속성상 잔혹한 인권 유린의 위험을 동반한다. 국가 안보와 치안 사이에 절대적인 관계를 맺어온 나라에서는 더욱더 그 위험이 높다. '인권지표'라는 국제적 기준도 특정 국가에 특유한 안보와 치안의 사정을 어느 정도 감안한다.

영화 〈아버지의 이름으로〉는 역사의 짐과 권력의 잔혹함을 함께 일깨우는 영화다. 영화가 주는 감동은 한 아일랜드 청년의 비극이 우리

영국과 아일랜드 사이의 정치적 긴장 관계에 함몰되지 않으면서 아버지와 아들의 기나긴 오해와 화해 그리고 그 사이 얻게 되는 개인의 성장과 성숙의 드라마. 꺾이지 않는 진실의 힘을 설파하는 데 있어 〈아버지의 이름으로〉는 비범한 설득력을 지닌다.

자신의 이야기이기도 하다는 공감에서 나온다. 흔히 영국에서 '길포드 4인방Guilford Four 사건'이라 불리는 실제 사건을 재구성한 이 작품의 제목은 4인방의 주범 격인 제리 콘론Gerald Conlon의 자전적 저술, 《밝혀진 무죄Proved Innocent》(1993)를 개명한 것이다. 오명을 진 채 죽은 아버지의 이름으로 진실을 밝혀내는 사부곡思父曲이다. 원작과 마찬가지로 영화는 제리의 회고로 사건의 전말을 보고한다. 중간중간 자동차를 모는 여인의 초조한 모습이 무엇인가를 암시한다. 그 암시는 영화 후반에 그녀가 진실을 밝혀내는 변호사임이 드러나면서 실마리가 풀린다.

북아일랜드 벨파스트Belfast 시의 1974년은 폭약업자와 건달패에게 한철이었다. 영국으로부터 독립을 쟁취하기 위해 무장투쟁을 선언한 아일랜드 공화국군IRA은 영국 전역에 걸쳐 폭탄 테러를 벌인다. 거리에서 데모가 벌어지면 막연히 세상에 대한 불만을 품은 건달들이 덩달아 춤춘다.

벨파스트의 청년 제리는 일정한 직업 없이 좀도둑질과 마약으로 청춘을 죽이는 건달이다. 반정부 단체 요원들과 교분은 있지만 이념성은 전혀 없다. 한번 격렬한 시위에서 설친 일 때문에 정부군과 IRA 쌍방으로부터 기피인물이 되자 순박한 아버지 주세페는 화근을 피하기 위해 아들을 런던의 친척집으로 보낸다. 런던에 도착한 제리와 친구 폴은 아버지의 말대로 친척 집에 기거하는 대신 자유연애와 마약을 표방하는 반항아flower children 집단에 가입하나 이내 쫓겨난다. 제리가 일으킨 여자 문제 때문이다. 빈털터리로 공원 노숙자 신세가 된 둘은 벤치에 자신의 이름을 새겨놓고 기득권을 주장하는 찰리 버크라는 부랑자 노인을 상대로 실랑이를 벌인다. 공원에서 쫓겨난 둘은 우연히 길거리에서 주운 열쇠로 매춘부의 아파트에 침입해서는 돈을 훔쳐 유흥비로 탕진한다. 바로 이날 길포드 시의 대중 펍pub에서 폭탄이 터져 많은 사상자가 발생한다. IRA의 소행이다. 제리 일행을 쫓아낸 '자유연애당원'이 두 사람을 혐의자로 경찰에 제보한다. 범인의 체포에 혈안이 된 경찰로서는 더 이상의 호재가 없다.

경찰은 신빙성이 취약한 증거를 근거로 제리 일당을 체포한다. 이어서 체포된 아들의 변호사를 구하러 런던에 온 아버지 주세페도 체포된다. 불과 며칠 전 제정된 특별법은 폭탄 테러의 혐의자를 영장 없이 7일간 구금할 수 있는 권한을 경찰에 부여했다. IRA가 폭탄을 제조하듯이 경찰은 증거를 제조해낸다. 노골적인 고문과 협박, 유도, 기만, 회유 등 각종 수법을 동원해 자백을 얻어내는 데 성공한다. 아버지를 권총으로 쏘아 죽이겠다는 협박에 굴복한 제리와 기만당한 폴에 이어 추가로 구속된 캐럴과 패디도 똑같은 과정을 통해 범죄를 자백한다. 이것이 역사의 인물이 된 '길포드 4인방'의 탄생 과정이다.

네 사람 모두 살인죄로 기소된다. 제리의 아버지와 애니 숙모 그리고 14살짜리 소년 패트릭을 포함한 이른바 '맥과이어 7인방Maguire Seven'이 추가로 기소된다. 폭발물 제조와 범인 은닉처를 제공한 혐의다. 애니 아주머니의 집을 수색한 경찰이 폭탄의 원료로 널리 사용되는 니트로글리세린의 흔적을 확인한 것이다. 니트로글리세린은 가정용 세제로도 통용되는 화학물질이다. 경찰의 공식 보고서는 폭탄용으로 사용된 가능성에 대해서는 몹시 회의했으나 딕슨 경위는 창의적인 위증을 통해 이를 유죄의 증거로 제시한다.

11명의 피고 전원에게 유죄 평결이 내려진다. 길포드 4인방에 대한 증거라고는 보강 증거가 전혀 없는 자백뿐이었다. 증언대에 선 경찰은 고문한 사실을 강력하게 부인했고, 제리와 폴이 알리바이로 주장하는 공원의 주정꾼 찰리는 찾을 수 없는 가공인물이며, 매춘부집 절도 사건은 보고된 기록이 없다고 증언한다. 제리와 폴은 자신들의 결백함과 강요된 자백을 하게 된 경위를 상세히 진술했지만 상습적인 도둑질과 마약복용 사실이 알려진 이들의 증언은 신빙성이 매우 낮았고 건달보다 경찰을 신뢰하는 배심은 쉽게 유죄 평결을 내린다. 이어 반역죄로 기소되지 않은 것이 유감이라면서 노골적인 적개심을 드러낸 판사는 제리에게 무기징역에 최소 30년 징역의 중형을 선고한다. 맥과이어 7인에게도 마찬가지로 중형이 선고된다. 14살 소년 패트릭에게도 13년 징역이 선고된 것이다.

이방인 틈에서 죽는 것만 유감일 뿐

제리와 주세페, 콜론 부자는 황색 견장을 달고 감옥에 함께 수용된다. 마치 우리나라의 국가보안법 위반자에게 빨간 딱지를 붙이듯이 영국 교도소에서 황색 견장은 가장 무거운 반사회적 낙인의 표지다. 한 방에 수감된 부자간의 긴장과 대립은 인간 제리의 개안 과정을 부각시킨 점에서 '성장소설'의 전형적인 요소를 갖춘다. 이 과정을 통해 비로소 '아버지의 이름으로'라는 제목이 빛을 발한다.

'주세페'라는 아버지의 이름은 할머니가 막연히 호감을 가졌던 이탈리아 아이스크림 가게 주인 아저씨 이름을 딴 것이다. 이렇듯 순박한 심성을 이어받아 오로지 정직하고 바르게 살라고 훈계하는 아버지는 어린 아들에게는 엄청난 벽이다. 평생 단 한 번 상을 탄 축구 시합이 끝나고 나서도 칭찬은 고사하고 시합 중에 파울 볼을 찬 것을 질책하던 아버지다. 씩씩거리며 땅바닥에 아버지의 이름을 써놓고 오줌을 쌌던 일곱 살 때부터 아들은 반항아였다. 잡역부로 세상에 번듯이 내세울 것이 없는 초라한 아버지는 아들의 눈에 기껏해야 엄한 위선자에 불과했다. 한마디로 아버지는 부끄러운 존재였을 뿐이다. 신앙이 없는 아들에게 아버지의 무력한 가톨릭 신앙은 냉소의 대상일 뿐이다. 결코 저지르지 않은 죄로 수형 생활을 하는 부자의 상반된 태도는 신앙이 있는 자와 없는 자의 차이에서 유래할지도 모른다.

진실이 밝혀질 기회가 있었으나 경찰이 은폐한다. IRA의 핵심 테러리스트 조가 체포되면서 자신이 길포드 사건의 주범임을 자백하고 무고한 사람들을 석방할 것을 주장했으나 경찰에게 더없이 당혹스러운 이 사실은 비밀에 덮인다. 최후의 순간까지 아들을 사람으로 만들 것을 포기하지 않는 아버지는 조의 패거리와 어울려 마약에 손대는 아들에게 실망한다.

그러다 우연히 감옥을 시찰 나온 여자 민권 변호사의 등장과 더불어 국면이 전환된다. 그녀의 노력으로 위증, 허위의 증거, 감춰진 증언, 강요된 자백, 진범이 밝혀진 이후에도 계속된 사실 은폐 등 경찰의 온갖 비리가 한 층씩 벗겨진다. 그녀는 찰리 버크를 찾아 런던의 모든 공원을 샅샅이 탐색하고 경찰 문서보관소에 보관된 콘론 부자의 서류 열람을 허가받는다.

그러나 진폐증의 악화로 죽음을 앞둔 아버지를 격려하는 변호사에게 "아버지에게 헛된 꿈을 주지 말라"며 아들은 냉소한다. 경찰은 임박한 죽음을 고려하여 가석방을 제의하나 아버지는 무죄를 밝히기 전에는 나갈 수 없다며 감옥에서 죽어간다. "네 엄마보다 먼저, 그것도 이방인 틈에 죽는 것이 유감"이라며 아버지는 눈을 감는다. 아버지의 죽음이 임박해서야 비로소 아들은 아버지의 위대함을 깨닫는다. 초라하고 비겁한 사내로 경멸했던 아버지야말로 가장 강한 내면을 가진 위대한 인간이었음을 깨달은 것이다.

"주세페가 죽었다!" 한밤을 가르는 슬픈 소식에 모든 감방의 환기구로부터 내던져진 소지燒紙 조각이 최명희의 《혼불》 속 꺼멍굴 사람들의 서러운 혼백처럼 편편이 나른다.

아버지의 죽음은 아들의 새로운 탄생이다. 생명의 배턴 터치가 이루어진 것이다. 새 사람으로 거듭난 제리의 투쟁의식과 민권 변호사가 주도한 시민운동이 진실을 밝히는 새로운 계기를 마련한다. 그러나 결정적인 계기는 실로 우연히 찾아든다. 휴일 대체근무를 하던 경찰이 이 사건에 대해 전혀 알지 못한 채 실수로 '대외비' 문서를 변호사에게 건네준다. "피고인측에 보이지 말 것"이라고 적힌 서류철 속에는 놀랍게도 이들이 체포된 직후 경찰이 가공인물이라고 주장한 찰리 버크를 심문한 기록이 담겨 있었다. 경찰은 이들의 알리바이를 알고 있었던 것이다.

폭탄이 터진 후 15년 만에 고등법원에서 다시 재판이 열린다. 네 사람 모두에게 공소 기각이 선언된다. 법원 정문을 통해 당당하게 대로에 나서서 "아버지의 이름으로 결백함을 밝히겠다"는 제리의 모습을 뒤로하고 자막이 비친다. "길포드 사건으로 인해 IRA 단원 누구도 기소되지 않았다. 마찬가지로 수사에 관여했던 형사들은 면책되었고 경관들에 대한 기소는 없었다."

영화가 끝나도 쉽게 자리를 뜨기 힘든 것은 이 메시지가 주는 아픔과 무거움 때문이다. 폭력정권 아래 일어났던 수많은 의문사 중에 한 건도 속시원히 진상이 밝혀지지 않은 우리의 상황이 아닌가?

웨이코

모든 공권력은 정당한가

WACO : The Rules of Engagement ㅣ 윌리엄 가제키 감독 ㅣ 1997년

이른바 정부의 '공권력'은 국민의 자유를 보호하기 위해 주어진 힘이다. 국민을 보호하는 것이 국가의 존재 이유이자 임무이기 때문이다. 그런데 그 공권력이 오히려 앞장서서 국민의 자유를 탄압할 때는 어떻게 해야 하는가? 종교의 자유는 자유민주주의 헌법의 핵심에 속한다. 종교에는 세속과 다른 삶의 원리가 있다. 그런데 종교가 국민의 삶에 위협이 될 때, 공권력은 어떤 조건 아래 개입할 수 있는가? 미국 영화 〈웨이코〉는 '공권력 발동 수칙rules of engagement'이라는 부제가 대변하듯 이 난제에 대한 공개 토론의 장을 연다.

1993년 미국 텍사스 주 웨이코 시의 외곽에 자리한 한 종교집단촌에 공권력이 투입된다. 그 과정에서 4명의 연방군과 86명의 민간인이 생명을 잃는 참사가 발생한다. 그로부터 2년 후인 1995년 4월 19일 오클라호마 주의 연방청사가 폭발한다. 19명의 어린이를 포함해 168명이 사망했고 500여 명의 부상자가 발생했다. 폭탄 테러의 주범 티모시

맥베이Timothy Mcveigh는 자신을 '오클라호마 민병대militia' 단원이라고 내세운다. 그리고 자신의 범행은 연방권력에 대한 전쟁 행위라고 주장한다. 오랜 시일에 걸친 재판과 논란 끝에 2001년 6월 11일 그는 사형에 처해졌다. 죽기 직전 맥베이는 웨이코 사태가 자신에게 준 충격에 대해 고백했다. 만약 웨이코 사태가 없었더라면 자신은 결코 이런 '전쟁' 행위를 계획하지 않았을 것이라고.

형장의 이슬로 사라지기 전 맥베이는 희생자에 대한 사과와 유감의 뜻을 표했다. 그럼에도 불구하고 자신의 행위는 연방정부라는 거대한 괴물을 상대로 전쟁을 수행하는 한 불가피한 전략이었다고 주장했다. 구체적으로 자신의 범행은 웨이코 사태에서 연방 정부가 보여주었던 그 잔인함이 국민을 적으로 삼는 괴물의 화신임을 거듭 강조한 것이라고.

연방정부에 대한 미국인의 불신은 역사가 깊다. 헌법에 보장된 인민의 무장권도 정부의 공권력에 대한 불신에서 유래한다. "질서정연한 민병대는 국가의 안녕을 위해 필요하므로 무기를 소지할 인민의 권리는 이를 침해하지 못한다."(수정헌법 제2조) 미국 국민의 일상 생활 속에 무기의 소지가 보편화된 근본 연유가 바로 이 조항에 있다. 이 조문의 연원은 그 역사가 길고도 깊어 중세 영국에까지 소급한다. 강력한 중앙정부를 장악한 국왕이 상비의 정규 군대까지 보유하게 되면 그 위험은 불문가지다. 군대는 오로지 외적을 상대로 한 전쟁을 위해서만 필요한 것이므로, 평화시에는 국왕이 상비군을 보유하지 못하게 하는 전통이 확립되어 있었다. 이 전통이 미국 헌법에 수용된 것이다.

그러나 역사는 필연적으로 중앙정부의 상비군을 탄생시켰다. 그렇기 때문에 군대를 견제할 민병대의 역할이 더욱 절실하게 필요했는지도 모른다. 외적으로부터 나라를 지킬 임무를 국가에 맡긴다는 신뢰 이면에는 군인이 외적 대신 나라의 주인인 국민에게 총부리를 들이댈 경우 국민은 무장으로 저항할 헌법적 권리가 있다는 신념이 자리 잡고 있다.

영화 〈웨이코〉에서는 특정한 주인공도 없이 2시간에 걸쳐 수십 명이 교차하여 등장한다. 이 작품은 신문 기사, 비디오 기록, 해설, 각종 인터뷰와 증언 등을 엮어 만든 변형 기록영화다. 영화사상 최장 다큐멘터리인, 클라우드 란츠만Claude Lanzmann 감독의 10시간짜리 〈쇼아 Shoah〉(1985)의 기법이 십분 원용되었다. 세계 인권영화제의 단골 초청작이기도 한 이 〈쇼아〉(히브리어로 '절멸', '파국'을 의미)는 '기록 영상'이 전혀 없는 '다큐멘터리'라는 특이한 작품이다. 유대인의 대량 학살을 다룬 이 수작은 대중의 접근은 쉽지 않지만 전문 영화인의 세계에서는 가히 신화적인 권위를 누린다

다윗파 건물로 밀고 들어가는 장갑차 위에서 기념사진을 찍는 미 연방군 대원. 이 장면은 공권력의 폭력성과 무성찰성을 여실히 증명한다.

고 한다. 스필버그의 〈쉰들러 리스트〉도 이 영화의 영향을 받은 작품
이라고 알려져 있다. 스필버그가 영상을 통한 역사의 재구성이라는 방
법을 택했다면 란츠만은 오로지 증언이라는 가공되지 않은 새로운 영
화 기법을 창조했다.

〈웨이코〉에서 데이비드 코레쉬David Koresh라는 교주의 영도 아래
집단 생활을 하던 130명의 다윗파Branch Davidian 신도들은 '세상의 종
말'을 준비하고 있었다. 다윗을 죽여버린 골리앗을 응징하기 위해 자
신이 감연히 폭탄을 실은 차를 몰았다는 맥베이의 주장과 교주의 이름
이 다윗이라는 사실은 맥을 같이한다.

이 소집단의 뿌리는 1934년 창립된 미국 기독교의 미미한 말단 종
파로 소급한다. 몇 차례의 내분을 거쳐 새 지도자 데이비드(본명 버논
하우엘)가 분파를 장악했고, 여러 곳을 전전하며 현대 유목민 생활을
하던 이들은 마침내 웨이코 시 외곽에 위치한 단일건물에 집단 주거지
를 건설했다.

기독교 성경의 자구字句를 본래의 의미대로 해석하기를 고집하는
이들은 시대를 초월한 자신들의 진리를 확신했다. 주정부와 연방정부
는 미성년간음과 마약복용 등 갖가지 범죄 혐의가 짙은 이들을 사교邪
教 집단으로 규정하였다. 신도와 이웃의 생명과 안전에 대한 위험이 높
고 심지어는 전 세계인을 경악의 충격으로 몰았던 '인민사원People's
Temple' 사건처럼 집단자살 사태가 임박했다고 판단했다. 클린턴 대통
령 취임 첫 해, 강력한 '법과 질서'를 내세운 초강경파 여성 법무장관
재닛 리노의 강경 진압책이 엄청난 인권 유린을 초래한다. 평화로운
하나님의 법을 신봉하는 시민들은 사건이 발생하기 불과 몇 분 전 중

무장한 공권력이 투입되는 사실을 알았다. 미미한 저항을 진압하기 위해 마약 단속반과 FBI의 중화기가 불을 뿜었고 피신하는 신도들을 무차별 '소탕'했다. 심야에 감행된 작전은 안전 시야를 확보할 최소한의 순간도 용납하지 않았다. 결과는 실로 참혹했다.

영화는 국회의 진상조사 청문회를 중심으로 사건을 재구성한다. 정부와 피해자 그리고 중립적인 제3의 목소리를 비교적 균형 있게 조합해 종교 행위에 대한 공권력 발동의 요건을 심도 있게 조명한다. 수십 명의 현역 국회의원이 등장해 예리한 질문을 퍼붓는 모습은 국회 청문회의 진수를 보여준다. 관객은 소수종교 국민을 적으로 바라보는 정부 관리의 편향된 시각이 거짓, 유인, 폭력, 혼란, 대량 살인의 원흉이라는 결론을 어렵지 않게 내릴 수 있다. 그러나 '종교의 폐악'이라는 숨은 원인에 대한 진지한 토론의 필요성 또한 강하게 느끼게 한다.

기록영화 〈웨이코〉는 전혀 치장하지 않은 말투로 쉽지 않은 질문을 던진다. 종교의 이름으로 저지른 개인 혹은 집단의 배타적 행위는 공동체 내부에서 어디까지 보호될 수 있는가? 믿음과 신념이라는 정신적 가치 편향에 대해 옳고 그름의 판단을 어디까지 미루어야 하는가? 객관적 기준에서의 인권 보호와 개인의 주관적 선택 사이의 균열은 어떻게 해결되어야 하는가? 세계 어느 나라 못지 않게 극성 종교집단이 많은 우리에게 이 영화는 손을 놓다시피 한 공권력의 문제를 진지하게 생각해볼 계기가 될 터이다.

어 퓨 굿 맨

전쟁 시대의 법, 평화 시대의 법

A Few Good Men | 롭 라이너 감독 | 1992년

사건의 파장을 축소하라

전쟁의 시대에 소년은 군인을 동경한다. 빛나는 총칼과 제복의 매력,
그리고 사악한 적을 무찌르고 나라를 구한다는 순진한 애국심이 빚어
낸 아름다운 꿈이다. 그러나 성인이 되면 달라진다. 학력이 높은 사람
일수록, 지적 엘리트라고 자부하는 사람일수록 군인을 꿈꾸지 않는다.
심지어는 군대 근처에 몸담기조차 싫어한다. 어린 시절 품었던 아름다
운 꿈이 성인의 현실에서 빛을 잃는 것은 세상이 근본적으로 달라지고
있기 때문일지도 모른다.

　　"한 번 해병이면 영원한 해병이다." 육 · 해 · 공군, 삼군을 통틀어
해병대만큼 자부심이 강한 군대도 드물다. '진짜 사나이' 해병의 신화
와 권위의 일부는 적과의 거리가 가장 가까운 군대, 죽음과 가장 가까
이 있는 부대라는 사실에서 나온다.

　　〈어 퓨 굿 맨〉(소수정예부대)은 전쟁의 신화가 더 이상 최고의 흥행거

리가 아닌 시대에도 호소력을 지닌 영화다. 이 영화가 우리나라에서도 엄청난 인기를 누렸고 비디오 시장에서도 꾸준한 인기를 유지하고 있는 이유는 젊은 미남 배우(톰 크루즈)나 현실감 나지 않는 미모의 여자 장교(데미 무어), 또는 악역의 명인 잭 니콜슨 등 호화 배역이 불꽃 튀게 벌이는 연기의 경연 때문만은 아니다.

그렇다면 전쟁과 군대라는 특수한 체험이 한국인의 의식 속에 차지하는 보편성 때문일까. 한국인이 지니고 있는, 군대라는 특수한 조직에 대한 특수한 정서는 일종의 각인된 로망스다. 그러기에 국회의원의 자격 요건으로 자신은 물론, 아들의 군 복무 여부가 더없이 중대한 시빗거리가 되고, 하급 공무원 임용 시험에서 현역 복무자에게 가산점을 주는 시험 요강이 여성을 불합리하게 차별하는 악의 제도라고 선언한 헌법재판소의 판결에 대해 온 나라 제대군인이 반발한다.

그러나 이 영화의 진정한 무게는 전쟁의 시대에서 평화와 법의 시대로 이행해가는 21세기의 사람들에게 던지는 중요한 메시지에 있다. 폐쇄된 한계 상황에서 나타나는 인간의 오만과 독선 그리고 그로 인한 파멸의 위험에 대한 경고가 그것이다.

한 해병 사병의 죽음에 대한 책임 소재를 두고 벌어진 진실 규명의 과정이라는 〈어 퓨 굿 맨〉의 외형적 줄거리는 꽤 간단하다. 해군 본부의 법무관 갤로웨이 중령은 쿠바의 관타나모Guantanamo 베이에 주둔한 해병부대에서 올라온 사병의 사망 보고서를 검토하다 기록된 사인에 석연치 않은 점을 발견한다. 산티아고 이병을 린치 끝에 죽음으로 몰고 간 두 사병의 죄를 판정하기 위해 군사재판이 열리고, 법무감의 결정에 의해 변호인팀이 구성된다. 팀장으로는 하버드 출신의 캐피 중위

갤로웨이 중령은 캐피 중위와 달리 합의보다는 진실을 추구하기 때문에 두 사람은 매번 충돌한다. 린치를 가한 두 해병은 직속상사 캔드릭의 비공식 명령를 받은 것뿐이라 하지만, 캔드릭이나 제섭 장군은 사실을 부인한다.

(톰 크루즈)가, 그리고 그 보조수로 갤로웨이 중령(데미 무어)과 다른 중위 한 사람이 배속된다. 계급이 직책의 중요도를 결정하는 것이 상식임에도 중위 팀장에 중령이 팀원이 되는 기이한 구성은 재판에서 업무의 전문성 때문이기도 하다.

그러나 숨은 의도는 실제로 법정에 한 번도 서본 일이 없고 오로지 '죄질 협상'으로 사건을 해결해온 협상 전문가를 변론팀 책임자로 선정함으로써 사건의 파장을 축소하려는 데 있다. 다시 말해 정식 재판을 통해 행여 군 내부의 치부가 적나라하게 노출될 것을 두려워한 의도적인 배려다. 군 검찰도 오로지 협상을 통해 사건을 종결하려 한다. 사실 미국의 법 아래서는 피고인과 검찰간에 협상이 널리 이용된다. 피고인이 혐의를 받고 있는 죄보다 가벼운 죄의 자백을 하는 대신 무거운 죄는 불문에 부치는 협상이 이루어지면 검사도 판사도 협상 내용을 지켜야 하며 이를 어기면 법의 위반이다. 검찰과 피고인 사이에 이러한 '신사 협정'이 이루어지면 판사는 배심 재판을 거치지 않고 곧바로 자백한 죄에 대해서만 형을 선고하는 것이다.

죄상은 있는 그대로 명명백백하게 밝혀져야 한다는 실체적 진실 발견을 금과옥조로 삼는 나라의 법제에 익숙한 사람에게는 도둑놈과 국가 공권력 사이의 신사협정은 좀처럼 이해하기 힘든 제도다. 그러나 이 제도는 자백을 얻어내기 위해 고문이 자행되는 것을 방지하고 조직 범죄의 공범자를 분리하여 처리함으로써 수사상의 편의를 도모할 수 있는 장점이 크다.

급조된 변론팀은 팀워크가 맞을 수 없다. 모든 일을 성실하고도 진지하게 처리하는 것을 일상의 수칙으로 삼는 직업 군인과 명문가에 명문 법대 출신으로 잠시 경력을 쌓기 위해 군에 입대한 법무관 사이의 불협화음은 예상된 것이다. 갤로웨이 중령은 엘리트 코스에서 제외된 이류 법률가다. 개인의 능력에 따라 사회적 지위가 결정되는 경쟁적인 시장이 여성에게도 열려 있는 것은 그나마 다행이지만 그녀는 남성이 주도하는 군대와 법률가 세계의 주류에서 벗어난 커리어를 굴욕적으로 유지하고 있을 뿐이다.

팀장 다니엘 캐피 중위는 불과 1년 전 하버드 로스쿨을 졸업한 애송이, 야구와 농구를 일상적으로 즐기는 신세대 청년이다. 그는 명색이 해군일 뿐 배를 타지 않는 해군이다. 게다가 법무관이란 직책은 군대에서는 보조수일 따름이다. 적과 불과 400야드 거리에 주둔해 있는 해병부대의 사령관 제섭 대령의 눈에 비친 법무관들은 '진짜 사나이'의 세상을 모르는 철없는 백면서생에 불과하다. 해병 사병도 마찬가지다. 장교 계급장에 대해 거수 경례를 하고 꼬박꼬박 '써Sir'를 힘주어 말하지만 기실 육탄전을 장기로 삼는 해병의 눈에는 해군 법무관 따위는 진짜 군인이 아니다.

엉성한 변호팀이 여러 차례 충돌 과정을 통해 정비된다. 이들은 다분히 형식적인 현장 조사에 나간다. 부대에서 마주친 해병 장교들은 이들 조사단을 마치 철없는 어린아이 다루듯 조롱의 눈으로 대한다. 가히 모욕에 가까운 대접을 받고 돌아온 이들은 갖가지 난관 끝에 드디어 진상을 밝혀낸다.

법정에서 체포된 전쟁 영웅

신체가 허약하고 용맹이 부족한 산티아고 이병은 9개월 동안 14차례나 전출을 신청했으나 묵살당한다. 나중에는 전출시켜주지 않으면 쿠바군을 먼저 공격한 부대의 비밀을 폭로하겠다고 위협에 가까운 절박한 심경을 토로한다. '어 퓨 굿 맨' 부대 사령관으로서는 더없이 치욕스러운 일이다. 부대장 제섭 대령은 코드 레드Code Red를 발동한다. 그리고 산티아고 이병은 과도한 린치를 견디지 못하고 죽는다. 코드 레드란 자랑스런 해병 부대가 '겁쟁이를 사내로 만들기 위해' 만든 일종의 자치 규약으로, 체벌을 통해 해이한 정신 상태를 바로 잡는 의식이다. 사령관에게 직접 탄원서를 보낸 산티아고 이병의 행동은 선임자—분대장—소대장—중대장으로 이어지는 명령 지휘계통을 벗어난 불명예스런 일이다. 엘리트 집단일수록 집단 내부의 규율이 강하다. 사병들도 자신들을 사명감에 찬 명예 집단으로 인식할 뿐, 그들 스스로 보이지 않는 거대한 조직 윤리의 희생물임을 깨닫지 못한다.

제섭 대령이 법정에 소환되면서 영화는 클라이맥스를 향해 치닫는다. 군인에게 죄를 묻는 법정에서 이 영화의 메시지는 차가운 불꽃을 튀기며 폭발한다. "적군을 지척에 대면하고 있는 내가 목숨을 걸고 지켜 선물한 평화의 담요를 깔고 자는 너희들이 감히 나를 심판할 권리가 있느냐." 너무나도 당당한 전쟁의 미덕과 논리다. "당신은 법을 몰라!" 야전군 부대장과 법무관 사이에 벌이는 논쟁은 전쟁의 법과 평화의 법에 대한 인식의 차이, 그 극명한 거리를 드러낸다. 명령에 죽고 사는 군대, 자신은 절대 체벌을 명령한 일이 없다는 위증, 그는 평화시의 법 논리에 승복할 수 없고 그 오도된 자부심이 몰락을 자초한다.

전쟁의 영웅은 법정에서 체포된다. 법원은 평화시 분쟁 해결의 상징물이다. 그의 법정 체포는 전쟁과 군인의 시대에서 평화와 법의 시대로 이행해가고 있음을 상징한다. 그것은 또한 전쟁을 매개체로 하여 배양되어온 '남성적 미덕'의 실체가 위선과 기만의 조직 윤리임을 폭로하는 메시지이기도 하다. 그뿐 아니라 모든 사내의 가슴속에 자리 잡고 있는 전쟁 시대에 대한 은근한 그리움에 쐐기를 박는 의식이기도 하다. 군대는 전쟁이라는 한계 상황에서 빛나는 남성적 미덕의 상징이고, 전쟁을 유념한 신체적 훈련은 남자의 육체적 능력의 한계를 시험하는 야만의 의식일 것이다.

일찍이 2차 세계대전과 한국전쟁의 영웅으로 미국의 절대적인 존경을 받던 맥아더 장군이 남긴 전역의 변이 새삼 되살아난다. 자신을 해임한 아이젠하워 대통령의 결정에 불만이 없느냐는 언론의 질문에 대해 그는 "민간 질서가 군의 질서를 앞서는 것은 미국의 자랑스런 역사의 일부분이다"라고 대답했다.

영화는 코드 레드의 집행수였던 두 사병에게 가벼운 처벌과 동시에 전역 처분이 내려지는 것으로 종결된다. 명백히 불법인 상관의 명령에 대해 거부할 의무를 지키지 못한 책임을 물어 '불명예' 제대 선고가 떨어지자 '명예'에 죽고 살았노라고 자부했던 일병은 기막힌 표정을 짓는다. 그의 항의에 대해 다소나마 군과 인생의 연조가 깊은 상병은 "자신을 지킬 능력이 없는 사람을 위해 싸워야 할 의무를 지키지 못한 불명예가 죄"라고 답한다. 전쟁 중 양민 학살을 저지른 혐의를 받고 있는 나라의 군인들이 귀담아들어야 할 대목이다.

단지 그대가 여자라는 이유만으로

진짜 강간

Only Because You Are A Woman | 김유진 감독 | 1990년

강간당한 죄

경관이 있다. 그는 강간예비범이고 가장이다.

그는 당신의 이웃이고 당신 오빠의 죽마고우다.

제딴에는 어떤 이상을 가지고 있다.

그가 장화를 신고 은빛 배지를 달고

말을 타고 권총에 손을 뻗칠 때

그는 이미 당신에게는 타인이다.

당신은 그를 잘 모르지만 그를 알아야만 한다.

그는 당신을 죽일 수 있는 기계를 가지고 있기에.

그래서 시간이 되면 당신은 그에게로 달려가야만 한다.

치한의 체액이 아직도 당신의 허벅지에서 끈적거리고

당신의 분노가 미친 듯 소용돌이 칠 때도

당신은 그에게 자백해야 한다.

강간당한 죄가 있다고.

미국의 여류시인 에이드리언 리치(Adrienne Cecile Rich, 1931~)의 시 〈강간Rape〉(1972)의 구절이다. 김유진 감독의 작품 〈단지 그대가 여자라는 이유만으로〉는 리치의 시를 한국의 현실에서 확인하는 좋은 소재다. 강간의 법리와 적용의 과정에 뿌리 깊이 박혀 있는 여성에 대한 편견을 적나라하게 고발하는 작품이다. 1980년대 후반에 지방 도시에서 발생한, 세칭 "키스 혀 절단 사건"으로 알려진 실제 사건을 바탕으로 재구성한 작품이다. "고통받는 이 땅의 여성들에게 바친다"라는 헌사 자막은 영화가 의도하는 메시지를 명확하게 한다. 후반에 등장하는 여자 변호사의 입을 통해 제기되듯이 한마디로 강간은 개인적 차원의 문제가 아니라 모든 여성의 문제다.

스물아홉 살의 임정희는 신체장애의 아들이 딸린 이혼녀다. 반반한 얼굴보다도 심성이 더욱 고운 돼지갈비집 안주인이다. 술을 곁들여 파는 종업원으로 일하다 역시 전혼에 실패한 경험이 있는 주인 이영하의 청혼을 받아 안주인이 된 것이다. 의붓아버지는 아내가 달고 온 아들을 극진히 대하는 드문 사내다. 내외는 억척같이 일하고 저축하면서 내 집 마련의 꿈을 키운다. 불행한 사건이 터지기 이전까지는 적은 액수나마 형편이 허락하는 대로 꼬박꼬박 시어머니에게 생활비도 대주는 착실한 며느리였다. 사업자금을 빌려달라는 시누이의 무리한 요구도 부드럽게 거절할 줄 아는 지혜의 소유자다. 불행한 사건은 시누이로 인해 일어난다. 건달 남편의 폭행에 시달리면서 친정에 찾아와 상습으로 하소연과

가족을 위해 희생을 감수해온 주부는 성폭행에 관한 세상의 이중잣대에 돌이킬 수 없이 큰 상처를 입는다. 주위 사람들의 차가운 시선과 포악한 소문, 무엇보다 남편과 가족들의 불신은 여자를 참혹하게 짓이긴다.

떼를 쓰는 시누이다. 이날 따라 친정까지 찾아온 남편에게 손찌검당하고 집을 뛰쳐나가는 시누이를 달래러 따라나간 것이 화근이었다. 방탕기가 몸에 밴 시누이는 함께 소주잔을 나눈 후 자정이 넘은 시간인데도 억지로 떼를 쓰다시피 하여 올케를 디스코바에 끌고 간다. 바에서 일어난 일은 지극히 전형적인 스토리다. 웨이터의 합석 주선, 합석한 사내의 추근거림과 뿌리침, 모면한 위기 끝에 닥친 새로운 위기 그리고 마침내 터지는 불행한 사고.

자신은 간신히 바를 박차고 나왔으나 시누이가 걱정이다. '홧김에 서방질' 하는 시누이의 탈선 현장을 목격하고는 망연자실하고 사태가 진정되기를 기다리며 엉거주춤 길거리에 앉아있던 그녀를 마침 거리를 배회하던 대학 초년생 두 사람이 목격한다. 처음에는 거동이 불편한 것으로 여기고 도움을 줄 의도였을지 모르나 겨드랑이를 껴안고 살 냄새를 맡는 순간 이성을 잃는다. 위기를 감지하고 총총 귀갓길에 나선 정희를 곱게 보내주지 않는다. "얼굴 한번 죽여주는" 미끼를 그냥 보내기 아깝다고 합의한 둘은 밤길을 추적하여 강간을 시도한다.

리치의 시구대로 모든 남성이 강간범이 될 수 있다. 경관으로 상징되는 세속적 권위와 물리력을 가진 사내는 힘의 철학에 산다. 별스런 불량기가 노출되지 않은 착한 대학생이라도 언제나 강간범이 될 수 있다. 그것은 사내가 자신의 존재와 힘을 과시하는 지배의 전형적인 수단으로 강간을 택하기 때문이다. 흔히 우발적인 성범죄로 치부하는 지극히 온정 어린 언어인 '우발적'이라는 수식어는 은연중에 강간이 자연스런 남성 윤리의 표출임을 정당화하는 법적 관용어다.

반항하는 여인에게 심한 주먹질이 가해졌음은 물론이다. 벌어진 입술 사이로 독사의 혀가 날름거렸고 무의식중에 꽉 다문 이빨에 독사의 혀가 잘려나간다. "당하지 않으려고 발버둥친 기억밖에 없다"는 심문시의 진술을 믿어줄 경관이 아니다. 각각 다른 응급실로 옮겨진 엇바뀐 가해자와 피해자, 의사의 석연치 않은 표정이 사건의 석연치 않은 진행과 결과를 예고한다. 뒤늦게 허겁지겁 나타난 시누이의 간청으로 정희는 집안 문제로 둘이서 육탄전을 벌였다고 남편과 의사에게 이야기한다.

벙어리가 된 청년의 부모가 정희를 상해죄로 고소한다. 길가는 아이를 성적으로 유혹하고는 혀를 '물어뜯어' 상해를 입혔다는 주장이다. 분통이 터질 억울함에 맞고소하겠다는 아내의 결의에 남편은 묵묵히 돌아누울 뿐이다. 착한 남편도 감당하기 힘든 부담이다. 정희는 끝내 맞고소를 제기한다. 강간치상의 죄목이다. 몸체의 '침입'에 실패하여 비록 강간이 이루어지지 않더라도 그 과정에서 사람이 다치면 강간치상죄에 해당하는 것이 법이다. 조사를 담당한 형사는 물론 남자다. 리치의 시구대로 그 또한 강간예비범이다. "아주머니! 강간하려던 놈이 어떻게 고소를 합니까?" 지극히 편파적인 수사 태도다. 가부장제와 남성적 윤리가 지배하는 사회는 강간당한 여성을 감싸주고 빼앗긴 권리를 보상해주기는 커녕 오히려 불행을 당한 여성의 죄를 문책한다. "누가 알아, 진짜로 당했는지?" 동네 아낙네들의 수군거림 또한 타인의 불행이 확대되는 것을 보고 싶은 인간의 추한 본능이다. 유부녀 강간범을 법전에도 없는 '가정파괴범'이라 부르는 언론의 관행도 주부가 불행한 강간을 당하면 곧바로 가정이 파괴되어야 한다는 남성적 관념의 소산이다. 환향녀還鄕女의 서글픈 역사의 유습이 아직도 엄연히 살아 있는 것이다.

공개법정에서 감추고 싶은 사적인 사실이 속속 밝혀진다. 억지로 감추려고 한 것은 아니지만 굳이 밝히고 싶지 않았던 정희의 과거가 재판 과정에서 적나라하게 드러난다. 현장검증이 행해지고 자신의 범행을 은폐하려는 어린 사내들의 거짓에 말문이 막힐 뿐이다. 법정은 "혀가 잘린, 전도가 만리 같았던 대학생"과 한밤중에 술에 취한, 이혼과 술장사의 경력이 있는 느슨한 여자, 둘 중에 누구의 손을 들 것인가? 1심 법원은 형법과 폭력 행위 처벌 등에 관한 법률을 적용하여 쌍방을 모두 유죄로 판정하고 징역의 집행유예 판결을 내린다. 대학생에게는 폭행의 죄과를 물었고 정희에게는 정조를 방위하기 위해 혀를 절단한 '과잉방위'의 책임을 물은 것이다.

모든 여성이 당한 것

재판의 후유증은 심각하다. 어떤 손님들은 "사내 후리게 생겼어"라고 뒤통수에 대고 수군대기도 하고, 때때로 남편에게 노골적인 협박과 조롱의 전화를 걸어오는 사내도 있다. 시어머니는 아들에게 "몸 놀리고 나다니다" 화와 망신을 자초한 계집이니 이혼하라고 노골적인 압력을 넣고, 친구도 "여자는 또 구하면 된다"라면서 아내를 버리라고 종용한다. 학교에서 놀림받는 아들과 "감당할 능력이 없다"며 가게마저 내놓고 번민하는 남편을 보면서 더욱 실의에 빠져 있는 정희에게 여자 변호사가 등장하면서 사건은 새로운 국면을 맞는다. "깨무는 것"과 "물어뜯는 것"의 차이가 무엇인가라는 선문답 같은 논제를 끌어내면서 변호사는 정희를 설득한다. "당신 혼자 당한 것이 아니다. 모든 여성이 당한 것이다."

고등법원에서 본격적인 논쟁이 벌어진다. "보호할 가치가 없는 정조"와 "생명과도 같은 정조" 사이의 논쟁이 어쩐지 진부하게 느껴져 현실감을 떨어뜨리는 게 영화의 흠이다. "생명과도 같은 여성의 성"이라는 변호사의 수사는 전가傳家의 은장도銀粧刀이나 이제는 그 누구도 심각하게 받아들이지 않은 고사성어에 가깝다. "보호할 가치가 없는 정조"라는 검사와 상대방 변호사의 말은 1950년대 세상을 소란하게 했던 희대의 플레이보이 박인수 사건의 재판에서 유래한 말이다. 오늘날에 가부장제 윤리의 극대화를 상징하는 이런 표현을 당당히 법정에서 사용하는 사람이 얼마나 될지 의문이다.

사실 관계에 대한 논쟁이 벌어지면서 정희의 고통은 더욱 가중된다. 반대측 증인으로 전 남편이 나서서 결혼 생활이 파탄으로 끝난 책임을 정희의 희박한 정조관념 탓으로 돌렸다. 카바레 종업원이 외간 남자와 합석한 사실을 증언한다. 상대방 변호사는 강압적인 질문을 퍼부으면서 최소한의 설명 기회조차도 봉쇄한 채 "예, 또는 아니오"라고만 대답하라고 강요한다. 재판의 진행에 따라 치욕스런 과거가 드러나고 남편과 사이에 대화가 단절된 데 절망한 정희는 마침내 자살을 시도한다. 카메라는 고통 속에 술 한 병씩 들이키는 남편과 수면제 한 알씩 털어넣는 아내, 깨지는 술병과 쓰러지는 여자를 교차하여 보여준다.

시누이가 위증을 번복하여 진실을 증언하러 나서면서 결정적인 반전의 계기가 열린다. 자신의 탈선 사실을 은폐하기 위해 위증했던 시누이가 양심의 가책을 견디지 못하고 진실을 털어놓는다. 고등법원은 정희에게 무죄 판결을 내린다. 대법원도 고등법원의 판결을 지지했다. 1960년대 말 비슷한 사안에서 보호할 가치가 의심스러운 "여성의 정조가 남자의 혀보다 더욱 중요하다는" 주장은 납득할 수 없다는 판결을 내린 바 있었다. 새 판결은 세상이 달라지고 있음을 확인해주는 것이다. 그래도 법에 의지하고 희망을 버릴 수 없는 이유다.

영화가 전하는 강력한 메시지는 변호사와 정희의 입을 통해 제시된다. "단지 여자라는 이유 때문에 유죄"라는 냉소의 도발장을 던진 변호사는 통렬한 비판을 가한다. "이 법정은 피고인의 처참한 과거, 치욕스런 현재, 결정되지 않은 미래를 즐기면서 세 번 죽었다. 사건이 터지면서 여자로서의 인생을 죽였고, 현장검증을 통해 인권을 가진 인간의 지위를 죽였으며, 법정에서 가정주부로서의 생을 죽였다."

정희의 최후변론은 더욱더 처절하다. 법 제도에 대한 일체의 항변을 포기하겠다고 한다. "앞으로는 어떤 결과가 나오든 순순히 당하고 말겠습니다. 누군가가 사내에게 당할 처지이면 절대로 반항하지도 말고, 억울한 일을 당해도 누구에게도 이야기하지도 말 것이며, 특히 재판은 절대로 안 된다고 말하겠습니다." 피해자 스스로 "강간당할 뻔한 죄"가 있노라고 고백한 것이다.

하버드법대의 여교수 수전 에스트리치Susan Estrich는 《진짜 강간Real Rape》(1987)이라는 책에서 자신이 강간을 당했노라는 쉽지 않은 고백을 담으면서 지배자 남성의 법인 강간죄의 수사와 적용 과정에 뿌리 깊은 편견을 조목조목 비판했다. 형법학자 이영란은 이 책을 《진짜 강간》으로 제대로 번역했다가 다시 찍으면서 《법 앞에 불평등한 여성》이라는 제목으로 당의를 입혔다. 개명으로 중견 여류 법학자의 품위는 다소 고양되었는지는 모르나 원저가 전하고자 하는 메시지가 반감되었다. 이영란 또한 단지 여자라는 이유 때문에 활동이 위축될 수밖에 없는 불행한 지식인일지 모른다. 수전 브라운밀러Susan Brownmiller의 선구적인 저술 《우리의 의사에 반하여Against Our Will》(1975)의 머리말이 가슴에 와닿는다. "모든 남성이 끊임없이 우리를 강간한다. 그들의 몸으로, 눈으로, 그리고 뻔뻔스런 그들의 도덕률로."

교도소에서 사람이 정말 갱생하는가

Murder in the First | 마크 로코 감독 | 1990년

죄수의 지옥, 알카트라즈

감옥은 포섭과 배제의 기술이 가장 시퍼렇게 탁마되는 곳이다. 감옥은 그 견고하고 육중한 구조물 내부의 사람들에게 살갗에 부딪히는 물리력과 위협, 격리와 감금에 대한 원초적인 공포를 동원한다. 동시에 그 거대한 몸피의 존재는 감옥 바깥의 세상에는 선명한 배제의 기제로 작용한다. 감옥 '밖'의 사람들이 감옥 '안'의 사람들에게 품는 혐오와 경멸 그리고 그 '안'으로 수용되었을 때의 낙인과 배제에 대한 두려움은 감옥 바깥의 사회를 포섭하고 한눈 팔지 않도록 결속시키는 것이다. 굳이 미셸 푸코를 들지 않더라도 어떤 사회에 있어 감옥은, 그리고 죄수는 가장 어두운 타자他者다. 그래서 우리는 거듭 형벌이 겨냥하는 것이 무엇인지를 묻게 된다.

형벌의 본질적 목적은 어디에 있는가? 처벌과 사회로부터의 격리인가, 아니면 사회 복귀를 위한 교육인가? '감옥'을 '교도소'라 개명한

것은 인류의 역사가 진보한 증거라 한다. 그러나 그 진보가 가져다준 부담을 참지 못하는 사람도 적지 않다. 영화 〈일급살인〉은 이 해묵은 논쟁을 재연한다.

샌프란시스코는 아름다운 도시다. 1849년 황금을 찾아 시에라네바다 산맥을 넘어온 '포티나이너스49ers'가 건설한 '골든 스테이트Golden State'의 대들보 도시다. 그 사내들이 뿌릴 황금가루 냄새를 더듬어 뉴올리언스에서 먼 뱃길을 돌아온 '블랑쉬'들이 긴 다리를 흔들어 올리던 곳이다. 바다와 만을 굽어보는 다리들과 가파른 경사로를 질주하는 전차가 더없이 정겨운 도시, '샌프란시스코에 마음을 남겨두고I left my heart in San Francisco' 왔다는 노래가사처럼 수많은 사내들이 심장을 떼어두고 가는 곳이다.

이 세계의 미항美港 샌프란시스코의 만 안에 작은 돌섬이 있다. 이제 관광명소가 된 알카트라즈 섬은 한때 교화의 가망이 전혀 없는 '인간 쓰레기'를 보관하던 연방형무소였다. 남북전쟁 시기에 군 요새로 건축된 이 섬은 1934년 미합중국 연방정부가 펼치는 교도 행정의 위용을 과시하기 위해 감옥으로 개조되었다. 수많은 배와 사람들이 군집하는 피셔맨즈 와프Fishermen's Wharf에서 불과 반 마일, 그러나 올림픽 수영선수도 헤엄쳐서 탈출하는 것이 불가능한 해류 때문에라도 이 섬은 난공불락인 연방정부의 이미지를 상징하는 쇼 케이스였다. 세인의 주목을 받은 흉악범을 수용하여 바깥 세상으로부터 완전히 격리한 것을 과시함으로써 '선량한' 시민들에게 법과 질서의 위대함을 보여주려는 의도였다. 잠시나마 마피아의 보스 알 카포네를 수용했던 것도 바로 이러한 전시 효과 때문이었다. 감옥이 들어서고 난 후 4년 동안 무려

30여 차례나 탈옥 시도가 있었으나 그 누구도 육지에 발을 디디지 못했다.

하지만 재생 불가능한 인간 쓰레기의 부피에 비해 너무나 과도한 유지비가 든다는 비판이 일자 인위적으로 인간 쓰레기를 만들어 내기도 했다. 이 영화가 다룬 헨리 영의 경우가 그것이다. 영화의 막이 열리면서 흥분한 아나운서의 목소리가 들린다. 이어서 모자를 쓴 자랑스런 미국 신사의 인터뷰가 이어진다. "알카트라즈는 도주가 불가능한 감옥임이 다시 한번 확인되었습니다. 이제 탈주(미수)범들은 '교화 절차rehabilitation process'에 회부될 것입니다." 이어서 내레이터의 차분한 목소리가 울린다. "헨리 영이 교화 절차를 시작했을 때 나는 하버드 로 스쿨 신입생이었다."

10살 때 부모를 잃고 소년 가장이 된 영은 17살 되던 해 여동생을 데리고 일자리 구걸에 나선다. 일리노이의 식료품 가게에서 네게 줄 일자리가 없다는 말을 듣고 무심결에 금고에서 5달러를 훔치다 체포된다. 이 가게가 연방기관인 간이 우체국을 겸했던 것이 영의 불행을 가중시킨다. 영의 죄는 '연방 우편물 강도'다. 법은 픽션이라지만 영의 죄를 묻는 법은 픽션 치고도 심한 관념의 조작이었다. 유죄 판결을 받은 영은 대륙을 가로질러 태평양 연안의 이 바위섬에 수감된다.

그는 탈옥을 시도하다 동료 죄수의 밀고로 발각된다. 하나님과 미 합중국의 이름으로 '짐승'들을 교화, 조련하는 교도관 글렌은 잔혹하고도 변태적인 린치로 영을 유린한 후 지하독방에 감금한다. 규정에는 19주일 이상 독방 감금을 못하게 되어 있지만 무려 3년 2개월을 감금한다. 장구한 시일 동안 단 하루, 그것도 단 30분의 운동 시간이 주어

제임스는 영이 3년 동안 지하 독방에서 짐승과 같은 생활을 한 것에 대해 참을 수 없는 분노를 느낀다. 제임스는 헨리를 지하 감방에 가두게 한 진짜 장본인은 교도소 부소장 글렌이고, 그 뒤에는 알카트라즈와 연방정부라는 거대한 권력이 도사리고 있음을 알게 된다.

졌을 뿐이다. 빛 한 줌 들지 않는 굴 속에서 영은 벌거벗은 몸으로 3년 이상을 견뎌낸다. 흐릿한 기억을 더듬어 한때 학교에서 배운 곱셈 암산과 기억에 남는 야구 경기를 회상하는 것으로 암흑을 버틴다. 그리고 마침내 독방에서 풀려난 지 1시간 만에 그는 식당에서 숟가락으로 밀고자의 목을 찔러 살해한다. 자신도 설명할 수 없는 일종의 환각 상태에서 일어난 일이다.

"1941년 1월 나는 변호사 시험에 합격했다." 다시 내레이터의 목소리가 울린다. 연방검사는 영을 일급살인죄로 기소한다. 실로 '가망 없는' 이 사건은 신출내기 국선 변호인 제임스에게 배정된다. 원숭이라도 다룰 수 있는 사건이라는 상관의 냉소가 서류에 덧붙여진 채. 변호인 제임스에게 최대의 적은 피고인 자신이다. 오랜 독거로 언어 능력을 거의 상실해버린 영은 타인과 대화를 거부한다. 천신만고 끝에 영과 대화의 창구를 열었지만 서로 관심사가 다르다. 대화의 실마리가 열린 후에도 영은 살인 당시의 상황을 기억하지 못한다. 자신이 살인하는 현장을 많은 사람이 목격했다니까 분명히 유죄이리라는 게 그의 간단한 입장이다. 이미 사형을 각오한 그에게는 오로지 야구스타 조디마지오의 활약상을 전해줄 사람이 필요할 뿐이다.

범생이 변호사와 자폐증 죄수

죄인과 변호사는 동갑내기다. 그러나 미국인 최대의 오락인 야구의 대스타, 후일 세기의 섹스 심벌 마릴린 몬로와 정식 결혼했던, 그야말로 수퍼스타 중의 수퍼스타, 디마지오가 누군지조차 모르는 '범생이'와 이 세상에 친구 한 사람 없는 자폐증 죄수 사이의 교감은 쉽지 않다. 제임스의 상의에서 묻어나는 여인의 향취를 정신 없이 탐닉하는 죄수를 위해 변호인은 속임수로 여자를 들여 폐쇄된 욕망의 분출구를 찾아주려 하나 유착된 영의 남성은 미동조차 않는다.

　판사는 신속한 사건의 종결을 종용하며 단 1주일의 변론 기간을 준다. 온갖 장애를 무릅쓴 젊은 법률가의 노력으로 심문 과정에서 형리刑吏들의 잔혹 행위가 밝혀진다. "나의 영웅은 베이브 루스나 루 게릭이 아니었다. 에밀 졸라와 클레어런스 대로우(Clarence Darrow, 법정 변론 기술이 뛰어났던 미국의 변호사, 〈신의 법정〉 139쪽 참조)가 나의 영웅이었다"라는 제임스. 그는 살인자 헨리에게는 공범자가 있다는 기막힌 주장을 편다. 검사가 발끈한다. 도대체 3년 동안 외부와 일체의 의

사소통이 단절된 독방에 감금되어 있었고, 석방된 지 1시간도 채 못되어 벌어진 살인인데 무슨 뚱딴지 같은 공범 타령이냐는 검사의 말을 되받아 제임스는 그렇듯 비인간적인 감옥과 교도관들이 살인의 공모자가 아니고 무엇이겠느냐고 반문한다. 감옥의 잔혹한 상황이 영을 살인으로 내몰았다는 논리다. 즉 감옥이 가해자이고 죄수가 피해자라는 주장이다.

뜻밖에도 판사는 제임스의 신청을 받아들여 알카트라즈의 교도관들을 '인간성에 대한 죄crime against humanity'로 심문할 것을 동의한다. 그러나 감옥의 비인간적인 상황을 증언할 사람이 없다. 게다가 연방정부의 위신을 해치는 일을 하지 말라는 각종 정치적 압력이 주어진다. 제임스가 거절하자 법률구조협회는 제임스를 해고한다. 그러나 영이 새로 임명된 다른 변호사와 의사소통을 거부하자 이제 제임스는 사선변호인의 자격으로 영의 변론을 계속한다.

용케도 전직 간수였던 심슨을 증언대에 세워 그가 글렌의 지시를 받아 영에게 가혹 행위를 했다는 진술을 받아냈으나 검사는 그가 상습적인 음주벽 때문에 해고된 사실을 드러내어 증인으로서 신빙성을 문제 삼는다. 일류 로펌에서 활동하는 제임스의 형도 형제간의 우애를 무기로 충고를 건넨다. 제임스는 가혹 행위를 한 장본인인 글렌을 증언대에 세운다. 글렌은 자신의 재직 중 두 명의 죄수가 쇠조끼에 결박당해 정신병원으로 이송된 것에 대해 납득할 만한 이유를 대지 못한다.

마지막으로 교도소 감시관 헌트가 증언대에 선다. "천만 번 양보해도 헌트만은 증언대에 세우지 마라, 그는 워싱턴의 후버 CIA 국장이 직접 임명한 사람이다"라던 형의 협박과 애원을 뿌리친 것이다. 심문을 통해 헌트가 실제로 알카트라즈 감옥 현장을 방문한 적이 거의 없다는 사실이 밝혀지고 글렌이 어떤 가혹한 행위를 했는지 전혀 모른다고 답한다. 3개 감옥의 책임을 맡은 자신이 어떻게 이 작은 감옥 내부에서 벌어진 세세한 상황을 속속들이 알 수 있겠는가라는 항의도 내비친다. 그는 단지 이 사건에서 영이 탈옥을 시도했다는 사실만을 거론할 뿐이다.

그러나 피고인 영은 가벼운 형에 처해지면 다시 알카트라즈에 수감될 것이 두려워 사형을 원한다. 제임스는 스스로 일급살인의 유죄를 인정하겠다는 영을 증언대에 세우는 모험을 감행한다. 극적인 심경의 변화를 겪은 영은 마침내 알카트라즈에 돌아가기 싫은 이유를 밝히면서 "나는 무기일 뿐, 그들이 살인자"라는 변호인의 주장을 뒷받침하는 진술을 한다. 배심은 일급살인 대신 징역 3년의 '과실치사involuntary manslaughter'를 평결한다. 동시에 알카트라즈의 상황을 조사하여 처벌할 것을 권고한다.

영은 다시 바위섬으로 보내진다. "나는 변호사가 필요 없어. 내가 필요한 것은 친구야"라며 절규하던 영은 이제 제임스를 친구로 부르고 둘은 디마지오의 기록에 관한 정보를 주고받는다. "연속 몇 게임 안타를 쳤지?" "54게임?" "아니야, 56게임이야." 우려했던 대로 영은 독방에 다시 감금되고 이내 시체로 발견된다. 헤어지기 전 제임스에게 다짐했듯이 다시 한번 '블랑쉬'의 두 개의 바위 틈에서 청춘을 찾는 뱀이 되어보겠다는 소박한 소망을 펴지도 못하고 짧은 일생을 마감한 것이다.

7개월 후 연방대법원의 판결 끝에 알카트라즈의 교도관들은 처벌을 받았고 20년 후에는 감옥도 영원히 폐쇄된다. 영 덕택에 제임스도 여느 미국인처럼 열렬한 야구팬이 된다.

<u>의혹</u>

무죄 추정의 원리와 유죄 추정의 법칙

Presumed Innocent | 앨런 파큘라 감독 | 1990년

무죄 추정의 원칙

스콧 터로우(Scott Turow, 1949~)는 법률소설가다. 문자 그대로 《로스쿨
1년생One L》이란 소설로 필명을 쌓은 바 있다. 이 작품은 미국의 많은
우수한 대학 졸업생이 진학하는 법과대학원 신입생의 실태를 그린 소
설이다. 보다 앞서 나온 존 오스본John Osborn의 《하버드 대학의 공부
벌레들Paper Chasers》과 함께 장차 로스쿨에 진학할 대학생들이 즐겨 읽
는 소설이다. 터로우의 베스트셀러이자 영화 〈의혹〉의 원작인 《무죄
추정》은 로스쿨 학생의 ABC인 형사 사법의 대원칙을 역설적으로 조명
한다.

　　모든 형사 사건의 피고인은 유죄가 확정되기 이전에는 무죄의 추정
을 받는다. 현대법의 기본 원리다. 국가가 원고인 형사 사건에서는 원
고인 국가가 피고인인 개인의 유죄를 입증해내야 한다. 국가 권력과
개인 사이의 기본 관계를 상징하는 법 원리이기도 하다. 그러나 이러

한 현대법의 대원칙과는 정반대로 수사기관에 종사하는 사람들의 통념은 죄 없는 사람은 경찰서 근처에도 오지 않는다는 것이다. 사실상 유죄 추정의 원칙이다.

무죄 추정 원칙의 어두운 측면은 실제로 죄를 저지른 사람이 이 원칙 때문에 죄값을 치르지 않는다는 것이다. 무죄 추정의 원리가 가장 강하게 적용되는 미국의 형사 사건에서는 더욱더 그러하다. 열두 사람이 만장일치를 이루어야 하는 배심의 평결과 피고인의 절차적 권리를 극도로 보장하는 제도의 부산물이기도 하다.

〈의혹〉은 전형적인 탐정영화이자 미스터리극이다. 그러나 단순한 미스터리극으로 보아 넘길 수 없는 심각한 메시지를 담고 있다. 배심이 주도하는 미국의 형사 사법체계 내에서 검사라는 보조적인 지위에 있는 사법기관의 특성을 절묘하게 그린 작품인 것이다.

영화의 시작과 끝 장면의 화자의 독백이 배심을 보조하는 검사의 인간적·직업적 한계를 간접적으로 암시한다. 막이 열리면서 카메라는 텅 빈 법정, 열두 개의 빈 의자를 비춘다. 배심원석이다. 카메라의 움직임을 따라 화자의 독백이 이어진다. "나는 검사다. 사람을 판단하고 증거를 수집하여 기소한다. 배심이 숙고 끝에 무엇이 일어났는지 사실을 밝힌다. 배심이 밝혀내지 못하면 정의의 희망은 흔들린다."(원작은 배심에 대해 종속적인 검사의 입장을 좀 더 분명하게 제시한다. "나는 범죄의 증거를 제시한다. 당신들은 이들 증거를 검토하여 피고인의 유죄를 입증하기에 충분한지 아닌지를 결정할 것이다.")

마지막 장면에서도 카메라는 배심석에서 출발해 방청석, 판사석, 그리고 법정의 전경을 비춘다. 내레이터의 독백이 함께 돈다. "나는 검사

촉망받는 부장 검사 러스티는 박사 과정을 밟고 있는 부인과 귀여운 아들도 있는 행복한 가장이다. 그런데 그는 동료 검사인 캐롤린과 불륜 관계에 빠져들었다가 그녀가 살해되자 살인 의혹을 받게 된다.

다. (…) 같은 범죄로 두 사람을 처벌할 수 없다. (…) 범죄와 피해자는 있으나 처벌은 없다." 좀더 유능한 감독이었다면 "나는 검사다. 나는 또 다시 어둠의 늪에서 일상을 계속한다. 배심이 사실을 가려줄 것을 기대하며…. 그리고 그 책임을 그들에게 돌리며…"라고 덧붙였을 것이다.

이 영화는 시종일관 긴장을 유지해 재미를 유발한다. 미녀의 시신, 무고한 피고인, 사소한 증거에서 엄청난 추론을 연결시키는 수사 기법, 의외의 진범 등 여러 관점에서 미스터리 영화의 요소를 갖추었다. 원작과 마찬가지로 영화도 전반부에 등장인물의 성격·동기·의혹 등을 바탕에 깔아놓고, 후반부에서 이를 풀어간다. 그러나 마지막 순간에 이르러 비로소 진실에 접근한다.

재색을 겸비한 차장 검사 캐롤린 플리머스의 나체 시신이 발견된다. 손을 뒤로 묶인 채 강간당했고 머리통을 흉기로 강타당한 흔적이 있다. 모든 단서가 수사관들의 지극히 '논리적인' 접근을 통해 '잘못' 해석된다. 원작의 독자나 영화의 시청자도 마찬가지 오류의 늪으로 인도된다. 초동 수사 후 경찰이 세운 최초의 가설은 캐롤린이 기소했던 강간범 하나가 앙심을 품고 저지른 보복 범죄라는 것이다. 팔을 뒤로 묶고, 가랑이 사이에 몸체를 박아 체중으로 압사시키는 범행의 수법을 보면 범인은 피해자를 '박아 죽일fuck her to death' 의도였다는 것이다.

그러나 다른 정황도 있다. 피해자의 아파트에 강제로 침입한 흔적도, 결박당하기 전에 저항한 흔적도 없다. 무엇보다도 피해자의 질 속에서 발견된 정자가 수사용어로 '뜬 물blank', 의학 용어로 무정자non-viable였던 것이다. 범인은 A 혈액형의, 생식 능력이 없는 남성으로 판명된다. 이어서 경찰의 검시의가 피살자의 질 속에서 '다이어프레임과 함께 피임용 젤리'를 발견했다는 보고서를 제출하자 플롯은 더욱 복잡해진다. 이제 범인은 강간자가 아니라 피살자의 연인이라는 새로운 가설이 성립된다. 이러한 가설 끝에 사건의 수사를 맡게 된 러스티가 혐의자로 체포된다. 러스티는 한때 피살자의 연인이었다.

소설과 영화의 후반부에 해당하는 러스티의 재판 과정은 살인 재판의 전형적인 모습을 사실적으로 그렸다. 그렇기 때문에 더욱더 현실감과 박진감을 더해준다. 배심원 선정 과정, 판사실에서 당사자의 회의, 법정 변론의 공방, 증거법에 대한 판사의 결정, 변호인들에 대한 판사의 경고, 배심에 대한 판사의 설시說示 등 형사 소송법 교과서에 충실하다.

모든 상황이 러스티에게 불리하게 돌아간다. 연인에게 버림받은 사내의 분노가 부른 우발적인 복수라는 가설이다. 그러나 또 다른 증거들이 제출된다. 캐롤린이 수년 전에 난관을 묶는 수술을 했다는 사실이 밝혀지면서 검시 보고서의 신빙성이 흔들린다. 검시의가 고의 또는 과실로 다른 시체에서 채취한 정액과 혼동한 것이라는 사실이 밝혀지자 판사는 증거 불충분을 이유로 사건을 각하한다. 즉 당초 기소 자체가 잘못된 것이라는 것이다.

범인은 아내

무죄 추정을 받은 사람의 무죄가 확정됨으로써 소설도 영화도 종결되는 것처럼 보인다. 마치 《베니스의 상인》에서 4막 포셔의 재판이 끝남과 동시에 극 자체가 종결된 것으로 착각하게 하듯이. 그러나 《베니스의 상인》의 5막이 포셔의 법관法觀을 이해하는 중요한 단서를 주듯이 이 작품에서도 모든 법적 절차가 종료된 후 비로소 진범이 밝혀진다. 혐의를 벗은 러스티는 한가로이 정원 일을 하던 중 피와 금발blond 머리카락이 엉켜 붙은 손도끼를 발견한다. 복잡한 상념에 잠긴 러스티의 등을 향한 외침. "내가 죽였어요!" 뜻밖에도 아내 바바라의 당당한 자백이다. 바바라는 정원용 손도끼로 캐롤린의 머리를 쳐죽인 후 두 손을 뒤로 묶고 지하실 냉장고에 보관해둔 자신의 다이어프레임 속에서 냉동된 죽은 정액을 캐롤린의 몸에 투여한 것이다. 진상을 안 러스티는 고민하나 어린 자식을 생각해서 묵묵히 핏자국을 씻어내고 침묵을 지킨다. "나는 내 아들을 어미로부터 빼앗을 수 없었다." 그의 독백은 지나치게 인간적이다.

영화도 원작도 엄밀한 법의 관점에서 볼 때 토론의 여지가 많다. 법조와 정치의 유착, 'B-파일' 뇌물수수와 선거를 앞둔 윤리 문제, 동료 수사관에 의한 물증 은폐 등. 그러나 아마도 이 작품에 내재한 가장 중요한 이슈로 법률가의 세계에 팽배한 직업 여성에 대한 편견을 들 수 있을 것이다. 이 영화는 남자의 세계에 들어와서 성공한 여성 법률가의 비극적 종말이 필연적인 것임을 암시함으로써 남성 세계의 견고한 벽을 과시한다. 그뿐 아니라 바깥 세상에서 여성이 성공할 수 있는 유일한 방법은 자신의 성을 담보로 잡히는 것이요, 게다가 여자가 속할 곳은 가정이라는 가부장적 가치관을 강연하는 것이다.

어느 날 갑자기 낙하산을 타고 내려와 검사보에 임명된 후 초고속 승진을 거듭한 끝에 차장검사 자리에 오른 캐롤린의 비결은 그녀의 미모다. '바비 인형, 블론드의 물결, 거의 밋밋한 엉덩이, 수밀도 가슴'을 함께 나눈 짜릿했던 날들을 회상하는 러스티도 성적 매력을 애정의 본질로 여긴다. 캐롤린은 능력보다는 '자신의 질膣 때문에 출세한' 사이비 법률가인 것이다. 신문 보도도 이런 점을 부각한다. "미녀 검사 피살", "복잡한 치정 관계", "혐의자는 버림받은 정부" 등 그녀의 죽음과 수사를 보도한 기사의 제목이다. 미모의 독신 여인, 콜라 캔 버리듯 수시로 섹스 파트너를 바꾸는 여자, 그녀의 불행한 죽음은 자초한 것이라는 세평은 "정치와 법과 같은 바깥 세상은 여성의 몫이 아니다, 따라서 바깥 세상에 몸을 내던진 여성에게는 파멸이 따른다"는 메시지를 담고 있다.

캐롤린은 독신이다. 그 누구도 아들이 있는지 몰랐다. 원작에서는 늦게나마 캐롤린에게 10대인 아들이 있음이 밝혀지지만 영화에서는 아예 삭제되어 가정과 어머니로서는 부적절한 여자라는 이미지를 더욱 강하게 부각한다. 캐롤린의 전 남편은 그녀를 일러 "창녀였다"고 말한다. 원작에서 아들은 러스티에게 질문한다. "당신도 어머니의 보이 프렌드였어요?" 돌이 갓 지난 자신을 버리고 떠난 어머니를 찾아 모자 관계를 맺으려 전화를 걸 때마다 "바쁘다", "집에 손님이 있다"라는 답을 되풀이한 생모였다. "어머니에게는 일이 전부였어요." 아들은 어머니의 성공이 섹스의 대가라는 것을 주장하지 않을지 모르지만 독자나 관객은 누구나 그 의미를 알고 있다.

반면 캐롤린을 죽인 바바라는 이상적인 아내다. 자신도 교수 지망생으로 박사 학위 논문을 쓰고 있다. 그러나 여덟 살짜리 아들과의 관계는 더할 수 없이 모범적이다. 바바라는 만만치 않은 미모의 소유자이며 동시에 훌륭한 내조자다. 원작에서 그녀는 캐롤린과의 관계에 대한 고백을 들은 후 남편보다는 상대방 여자를 화냥년이라고 욕한다.

이러한 바바라의 유일한 결점은 사람을 죽였다는 것이다. 그 결점은 남편과 자식을 지키기 위한 정당방위로 용서된다. 범행에 사용된 물건이 정원을 가꾸는 도구라는 점, 그것을 발견하는 것도 지극히 일상적인 가장의 역할을 수행하는 과정 중이었다는 사실도 그녀의 정당성을 암시하는 도구다. 독자와 관객의 상식 속에 바바라가 혐의자로 떠오르지 않았던 이유는 이 사건이 바깥 세상, 남자의 세상에서 벌어진 것이기 때문이다. 바바라는 오직 안의 세계, 가정의 세계에서만 존재했을 뿐이다.

살해자는 피해자의 연인의 아내, 살인 동기는 복수와 연적의 제거, 연적은 가정의 평화를 위협하는 외부의 적이다. 한동안 가정의 평화를 유린한 외부의 적은 정당하게 살해당하고 남은 사람은 행복하게 정상의 상태로 돌아간다. 평화와 정의의 회복이 이루어진다. 그들의 뼛속 깊이 체화된 가부장적 가치관은 편견을 넘어 일종의 신념인 것이다.

이 작품의 마지막 결론은 아내와 정부情婦의 대결에서 언제나 아내가 승리한다는 공식을 선언한다. 원작에서는 더욱 분명하다. 러스티는 바바라에게 "당신을 이해하오. 우리 가족을 위해 그랬으리라는 것을"이라고 말할 뿐이다. 일급의 탐정영화 〈의혹〉도 '합리적인 의심'을 극복하지 못한다. 현모양처가 무죄 추정을 받는 반면, 사회 활동을 하는 여성, 특히 미모를 갖춘 직장 여성은 유죄 추정을 받는 남성 중심적 편견이 미국의 형사 사법 제도와 할리우드에 깊이 뿌리 박혀 있음을 우리는 본다.

케인 호의 반란

복종과 항명의 정치학

The Caine Mutiny | 에드워드 드미트릭 감독 | 1954년

선장의 이상 징후

평상시에도 군인은 상관의 명령에 복종해야 한다. 하물며 나라의 운명
과 많은 생명이 걸린 전쟁 중에야. 그러나 상관의 명령이 명백히 불법
이거나 상식에 어긋난 경우에도 무조건 따라야 하는 것은 아니다. 영
화 〈케인 호의 반란〉은 '항명抗命 작품'의 고전에 속한다. 허먼 워크
(Herman Wouk, 1915~)의 동명 소설(1951)을 영상으로 재구성한 이 영화
는 1950년대 은막銀幕의 영웅 험프리 보가트의 예기藝技에 편승하여 법
정 드라마의 명예의 전당에 자리잡고 있다. 직업 군인과 단기 복무자
사이의 갈등이라는 군대 내부의 은밀한 치부를 파고든 수작이기도 하
다. 영화에서는 명문 대학 출신 애송이 장교의 눈에 비친 전쟁과 군율,
인간의 용기와 비열함이 교차된다.

    영화의 첫 장면은 2차 세계대전이 한창일 때 프린스턴 대학 우등
졸업생 키스의 해군 장교 임관식이다. 샌프란시스코에서 태평양을 향

해 출항하는 배를 타는 아들에
게 어머니는 전쟁은 바로 지옥
이니 절대로 위험한 일에 먼저
나서지 말라고 당부하며 용돈
을 건네준다.

키스는 열렬하게 갈망한 전
함 대신 구축함의 작은 소해정
(掃海艇, 기뢰 제거 함정) 케인 호
에 배속된다. 낡아빠진 이 배는
실제로 기뢰를 제거한 실적이
전혀 없을 뿐 아니라 치욕스런
사고까지 당한 전력이 있어 이
름조차도 개명한, 이를테면 해
군에서 낙인찍힌 삼류 함정이
다. 군기도 느슨하기 짝이 없
다. 여가 시간에 소설을 쓰고
있는 통신장교 키퍼는 노골적
으로 케인 호는 해군의 쓰레기
집합소라고 자조한다.

새로운 선장 퀴크는 케인 호의 질서와 명령체계
를 새로 잡겠다는 굳은 의지를 보이며 강력한 통
솔력으로 부대를 지휘한다. 그러나 그는 신속한
결단을 내려야 할 때나 위기에 처했을 때, 별로
중요하지 않은 일을 들추어 부하들을 추궁하는
등 정신 불안 증세를 보인다.

새 함장 퀴크가 부임하면서
분위기가 달라진다. 직업 군인
인 그는 수병 하나하나의 헤어
스타일과 복장에 대해서까지 과도하게 간섭한다. 한번은 목표물을 예인하는 훈련 과정에서 바지 위에 너덜대는 수병의 셔츠를 문제 삼기에 급급한 나머지 배가 항로에서 벗어난 것도 모른 채 넘긴다. 퀴크는 극도로 긴장하면 호주머니에서 조그만 쇠구슬 두 개를 꺼내 손안에서 호두처럼 굴리는 버릇이 있다. 찰각찰각, 철렁鐵玲의 불길한 소리는 그의 정신적 강박증을 암시한다. 연이어 지휘관의 여러 가지 '이상 징후' 가 일어난다. 전 대원이 영화를 관람하는 오락 시간을 뒤늦게 알게 된 퀴크는 사전에 영화 상영에 대한 보고가 없었다는 이유로 상영 자체를 취소할 뿐 아니라, 군기가 빠졌다는 이유로 일체의 영화 상영을 중지한다. 또 훈련 중 일부 수병이 헬멧과 구명조끼를 착용하지 않았다는 이유로 함대원 전원에게 기합을 주고 외출도 금지한다.

케인 호는 상륙작전을 조력하는 임무를 부여받는다. 작전에 의하면 해안 1500야드까지 접근하면서 상륙하는 해병을 엄호하도록 되어 있었다. 그러나 케인 호는 막상 작전에 임해서는 이를 무시하고 훨씬 이전에 뱃머리를 돌린다. 그리고는 황색 부표를 바다에 떨어뜨림으로써 '늙은 겁쟁이' 라는 오명을 얻는다.

함장실에서 장교 회의가 열리고 결정적인 해프닝이 벌어진다. 더없이 심각하고 진지해야 할 순간에 퀴크는 자신의 가족과 개가 자신을 사랑한다는 기막힌 소리를 한다. 장교들은 아연실색이다. 대원의 사기는 바닥에 떨어지고 모두 가능하면 어떤 사건에도 휘말리지 않으려고 전전긍긍한다.

이어서 장교 식당에서 먹다 남은 딸기가 사라지는 사고가 발생한다. 당직장교는 식당 담당 수병이 먹어치우는 것을 목격했다고 보고했으나 퀴크는 사건의 의미를 확대한다. 누군가 복제 열쇠를 사용해 장교 식당을 수시로 드나든 게 분명하니 이 기회에 전원이 소지하고 있는 열쇠를 점검하여 범인을 색출하라고 명령한다. 야단법석 소동이 벌어졌지만 복제 열쇠는 끝내 나타나지 않았다. 물론 퀴크는 자초지종을 상세히 알고 있으면서도 의도적으로 일을 크게 벌인 것이다.

세 사람의 장교는 해군항해복무규정 184조에 의해 지휘권을 인수하고 이 사실을 제독에게 통보할 것을 모의한다. 키퍼의 부추김에 의해 행정장교 마리크가 모의를 주도한다. 이 규정은 전쟁 중 지휘관이 정상적인 지휘 능력을 상실한 경우, 전체의 안전을 위해 하급자가 임시로 지휘권을 인수할 수 있는 근거를 제공한다. 군의 엄격한 상명하복의 질서를 고려해 이러한 예외적인 상황이 존재했다는 사실을 입증할 책임은 항명한 반란자에게 부담시킨다. 이 조항은 현재에도 해군복무규정에 있다. "이러한 행동을 취한 장교는 정당한 책임을 져야 하며, 이를 입증할 책임을 부담한다."(Navy Regulations 1088조)

그러나 최종 실행에 옮기기 직전 키퍼가 발뺌을 했고 나머지 둘도 물러난다. 실제의 반란은 절박한 위기 상황에서 일어난다. 작전 중 심한 폭풍우가 불어닥쳐 배가 좌초 위기를 맞는다. 조타수의 간곡한 건의에도 불구하고 퀴크가 항로 변경을 허용하지 않자 마리크는 함장을 감금하고 배의 지휘권을 인수하여 위기를 넘긴다.

마리크와 키스가 군사 법정에 기소되고 소송 전문가 그린월트가 배후에 키퍼가 관여된 것을 알고 사건의 변론을 자원한다. 그린월트는 차라리 자신이 검사였으면 한다는 말로 의뢰인의 기선을 제압한다. 마리크에 대한 변론은 지지부진이다. 의학적 정신 장애에 대해 무지함을 인정한 그는 함장의 기이한 행동도 엄한 군기를 유지하기 위해 필요하고도 적절한 조치일 수도 있다는 것을 인정할 수밖에 없었다. 만약 퀴크가 정신 장애가 아닌 것이 판명되면 마리크는 자동으로 항명죄의 책임을 부담하게 된다. 키퍼의 증언은 피고인들에게 치명적으로 불리하여 그린월트는 반대심문조차 포기한다. 키퍼의 주장인즉 자신의 생각으로는 지휘권을 인수한 것은 명백한 불법이자 오류였으며 시종일관 자신은 항명 행위에 반대했다는 것이다. 비겁한 지식인의 전형적인 예다. 해군 정신과 의사는 퀴크가 정상이라는 의학적 소견을 표명했다.

그린월트의 반대심문은 퀴크가 보여준 일련의 비상식적인 행동을 종합하면 의학적으로 '강박증상'에 해당한다는 것을 입증하는 데 맞춰진다. 검사와 재판부는 시종일관 함장을 감싼다. 변호인에게 퀴크의 평판을 보호할 것, 특히 퀴크가 겁쟁이라는 인상을 주지 않도록 각별히 유념하라는 경고성 주의를 준다.

진짜 범인은 따로 있다

마침내 그린월트는 비상수단을 동원하여 증언대에 선 퀴크의 직업 군인으로서의 자부심을 심하게 자극한다. 직업 군인의 명예와 자부심을 건드리는 집요한 질문을 견디지 못하고 퀴크는 이성을 잃는다. '딸기 도난 사건'을 상기시키며 당시 문제의 딸기를 사병이 먹는 것을 목격하고 이를 퀴크에게 정식으로 보고한 장교 하딩을 소환해 대질 심문을 시키겠다는 말에 갑자기 광기가 발동한다. 주머니에서 예의 쇠구슬 한 쌍을 꺼내어 찰각찰각 소리를 내면서 케인 호의 모든 사람들을 격렬하게 비난한다. 이것으로 상황은 끝이다. 긴장된 위기에서 자제력을 잃는 퀴크의 강박증이 입증되었고 두 장교는 무죄 방면된다.

승리를 자축하는 자리에 그린월트가 들어선다. 이미 상당히 취한 그는 좌중에 대해 엄중하게 설교한다. 뜨내기 군인에 불과한 자신들이 평화롭게 인생을 즐길 때 퀴크는 나라를 지키는 직업 군인으로 온갖 궂은 일을 다했음을 상기시킨다. 만약 장교들이 퀴크를 조롱하지 않고 합심하여 조력했더라면 이와 같은 불행한 일은 결코 일어나지 않았을 것이라고. 그리고는 키퍼야말로 이 사건의 진짜 주범이며 무고한 군인의 생명을 앗아간 장본인이라면서 그의 얼굴에 술잔을 끼얹는다. 비로소 진상을 알게 된 장교들은 키퍼를 혼자 남겨두고 자리를 뜬다.

"미 해군 역사상 선상반란은 한 건도 없었다"라는 자막이 영화의 서두에 비친다. 이 영화가 제작된 시기가 2차 세계대전이 종결된 지 얼마 되지 않았던 것을 감안하면 군의 사기를 보호하려는 의도를 충분히 알 수 있다. 그러나 실제로는 2건의 항명, 반란 사건이 발생한 역사적 기록이 있다. 1842년의 소머스Somers 사건과 1849년의 유잉 호ESS Ewing 사건이다.

특히 소머스 사건은 당시 정가에 초미의 관심사였고 허먼 멜빌 (Herman Melville, 1819~1891)의 작품 《화이트 재킷》(1850)과 《빌리 버드》 (1891)의 소재가 되었다. 소머스 호에 승선했던 장교 한 사람과 수병 셋이 반란 혐의로 약식 군사재판 끝에 교수형에 처해졌다. 주범으로 사형을 당한 청년 장교 필립 스펜서는 당시 전쟁장관 존 스펜서의 아들이었다.

유능한 법률가로 후일 알렉시스 토크빌의 명저 《미국의 민주주의》의 편집자이기도 한 스펜서 장관은 아들을 처형한 함장 매켄지를 살인 혐의로 법정에 세운다. 서둘러 약식 재판을 치를 만큼 위급한 상황이 아니었고 불과 나흘만 항해하면 뉴욕 항에 정박할 수 있는 거리에 있었는데도 서둘러 약식 재판 끝에 형을 집행한 데 대한 의혹과 불만의 여론이 팽배해 있기도 했다. 매켄지에게 무죄 판결이 내려졌지만 대중은 승복하지 않았다. 멜빌의 작품에서도 1인칭 화자가 항명, 반란의 권리를 주장하고 나선 것은 이 사건을 빗댄 것이라고 하기도 한다.

심지어 대학 사회에서도 필립 스펜서는 전설적 영웅이 되어 있다. 엄청난 지적 탐구에 몰두하던 대학생이 모험의 길을 찾아 해군에 입대했고, 그의 지적 상상력과 다소 치기 어린 영웅심을 수용하지 못하는 군대의 희생물이 된 것으로 전해진다. 이따금씩 스펜서의 억울한 원혼이 대학 주변을 배회한다는 괴담도 있으며 심지어는 그를 시조로 받드는 대학의 동아리도 있었다. 스펜서 장관도 이루지 못한 아들의 복수 사건으로 인해 자신의 정치 생명에 큰 타격을 받았다. 그는 1844년 연방대법원 판사로 지명을 받았으나 이 일로 부담이 되어 상원의 인준에 실패한다.

이 영화는 직업 군인을 대하는 지식인이 지닌 알량한 우월의식의 허구를 해부한다. 흔히 전쟁을 혐오하는 지식인의 양심과 일반 정서가 군대와 직업 군인에 대한 편견으로 직결되곤 한다. 그러나 키퍼의 예에서 보듯 이른바 지식인으로 자처하는 사람 중에는 자신은 어떤 희생도 책임도 지지 않으려 하는 비겁한 인간이 많다. 직업 군인에 대한 경멸에 가까운 지식인의 냉소는 따지고 보면 이러한 도덕적 열등감의 발로일지도 모른다.

아울러 이 영화는 전쟁 중 군법회의 재판에서도 진실이 밝혀지고 정의가 담보될 수 있다는 메시지를 담고 있다. 베트남전쟁에서 양민을 학살한 한국군이 군법회의와 대법원에서 중형을 선고받았다는 기록이 밝혀졌다. 인권 유린을 막아주기는커녕 오히려 이를 묵과했다는 비판의 대상이 되다시피 한 우리의 군법회의와 법원의 역사가 비로소 정의를 향해 교정되기 시작한 것이다. 권위의 실체에 대해, 복종과 항명의 정치학에 대해 만만찮은 생각거리를 던져주는 영화 〈케인 호의 반란〉은 전쟁과 군인의 시대가 한 걸음 뒤로 물러서고 있는 시점에 깊이 음미해볼 영화다.

Law+Film

세상의 잘못을 법으로 바꾸다

진실과 정의의 편에 서는 법

A Civil Action | 스티븐 자일리언 감독 | 1998년

민사 소송은 형사 소송과 성격이 다르다. '죄'를 추궁하는 절차가 아니라 '책임'의 소재를 가리는 절차다. 다른 말로 표현하자면 선악의 문제가 아니라 선택의 문제다. 그래서 당사자가 '합의settlement' 하면 그것으로 절차가 종결된다. 공식적으로 승자도 패자도 없는 것이 이른바 '화해' 제도다. 그 화해는 돈의 액수가 좌우한다. 법의 천국이자 자본주의의 대국인 미국에서는 민사 소송은 사실상 합의를 위한 준비 절차에 불과하다. 대기업을 상대로 하는 소송은 더욱더 그러하다. 일반 시민으로 구성된 배심은 대기업에게 적대적인 경향이 있다. 그래서 배심의 가혹한 평결을 피하기 위해서라도 대기업은 합의 종결을 선호한다.

　영화 〈시빌 액션〉은 현대 산업사회와 '합의법'의 어두운 측면을 부각한 작품이다. 실화소설을 영상으로 축약한 이 작품은 환경 공해에 유린된 인간의 존엄성을 변론함과 동시에 법 제도가 완전한 진실을 규

명해내지 못하는 한계를 자조하는 영화이기도 하다. 작가가 8년 이상 취재한 후 쓴 원작은 한동안 미국 사회에 파문을 던진 작품으로 미국의 주요 법과대학이 추천하는 법률 작품 리스트에 단골로 드는 문제작이다.

"앰뷸런스 뒤를 따라붙어라. 그곳에는 부러진 다리가 있다. 그건 곧바로 돈이다." 주인공 잰 슬릭먼은 '구급차 쫄쫄이ambulance chaser', 즉 인상人傷 사건 전문 변호사다. 영화가 시작하면서 오프닝 타이틀에 등장하는 삽화가 이를 나타낸다. 잰이 휠체어의 환자를 밀고 법정으로 들어온다. 자신의 목소리로 내레이션이 휠체어의 바퀴를 따라 울린다.

"가장 이상적인 피해자는 40대 백인 남자다. 한참 잘 나가는 직장에 고액의 수입이 거액의 보상금을 약속한다. 가장 나쁜 피해자는 전과 기록이 있는 흑인과 어린이다." 휠체어에 앉은 사람은 그의 말대로 이상적인 피해자인 백인 남자다. 일급 간병인 제스처를 연기한다. 말도 제대로 못하는 그에게 "물이라도 한잔 가져올까"라고 속삭이듯 묻는다. 환자는 만사가 귀찮다는 표정을 짓는다.

시시각각 배심원의 얼굴에 나타난 표정 변화를 읽고 있던 병원측 담당 변호사가 황급히 메모지에 숫자를 기록하여 잰에게 보인다. 100만, 120만, 150만 액수가 올라간다. 잰은 고개를 젓는다. 드디어 모래씹은 표정으로 제시한 "200만, 최종"이라는 메모에 마치 큰 선심이라도 쓰듯 고개를 끄덕이는 잰. 이어 사건의 종결을 알리는 판사의 선언이 들린다. 장면이 바뀌고 왁자지껄, 승리의 자축연이 벌어진다.

잰(보스턴에서 가장 인기 있는 독신 남성 10인의 리스트에 든)은 라디오 토크쇼를 진행한다. 생방송 중에 전화가 걸려온다. 앤 앤더슨이라는 여성이다. 그녀는 잰에게 "왜 전화해주지 않는가?"라고 다그친다. 전화 번호를 모른다는 대답에 사무실로 서류를 보낸 지 2년이나 되었는데 무슨 소리냐고 힐난한다. 당황한 잰은 엉겁결에 내던진 약속을 지키기 위해 소도시 우번으로 자동차를 몬다.

이 작은 마을에서 지난 15년 동안 백혈병으로 12명이 사망했고 그 중 8명이 어린이였다. 인근 공장에서 버린 산업폐기물에 오염된 수돗 물 때문이라는 것이 피해자들의 주장이다. 한자리에 모인 피해자 가족 들은 처음부터 보상금이 목적이 아니라 책임 있는 사람의 사죄를 받아 내고 공장의 폐쇄를 원할 뿐이라고 밝힌다. 그러나 잰은 난감해한다. 누구의 사과를 받아내야 할지, 피고가 누구인지도 분명치 않은 사건이 다. 그래서 정중하게 수임을 거절한다. "우리 사무소는 규모가 작습니 다. 사건은 오랜 시일이 걸리며 돈도 많이 듭니다."

어쨌든 가는 길에 오염된 강물이나 구경하라는 앤의 맥빠진 부탁을 뒤로하고 황급히 차를 몰던 잰은 과속 딱지를 받는다. 다리에서 우연 히 내려다본 강물은 온통 검정색이다. 강변을 따라 걷던 그는 공장 부 지 주변을 답사하다가 두 대의 트럭을 발견한다. 그레이스와 베아트리 스라는 상호가 보인다. 두 회사 모두 《포천Fortune》지가 선정한 미국 500대 기업 리스트에 든 기업이다.

오로지 돈이 목적인 잰과 동료 변호사는 마치 금광을 발견한 기분 으로 소장을 낸다. 이들 상해 사건 전문의 작은 법률 사무실이 대기업 을 상대로 하는 공해 소송을 제기하는 것이다. 잰의 사무실은 대규모 의 지질 탐사단을 동원하는 등 엄청난 경비를 들여 소송을 준비한다. 배심을 염두에 두고 연기 연습도 철저하게 한다. 그러나 폐기물을 버

패처는 합의금으로 소송을 종료시키려 한다. 그러나 앤 앤더슨은 돈보다도 제대로 된 책임규명을 원한다고 해서 '쉽게 가려고 하는' 잰과 그의 동료 변호사를 곤란하게 한다.

리는 현장을 목격한 결정적인 증인을 증언대에 세울 수 없다.

베아트리스 시카고 식품회사의 변호사 패처는 소송 실무의 대가다. 하버드 법대에서 소송법을 강의하는 그는 냉정한 법의 세계에서 잔뼈가 굵은 사람이다. 실무가로서 그의 소신은 이렇다. "법은 진실과 무관한 것이야. 진실 근처에만 접근해도 다행으로 여겨야 해. 민사 소송은 감정 싸움이다. 소송에 이기려면 무엇보다도 재판의 흐름을 읽어야 한다. 언제 어느 순간이라도 흐름이 좋지 않을 때는 '이의신청objection'으로 흐름을 끊어라. 법정에서 졸다가 깨어나도 첫 마디는 '이의 있습니다. 재판장님objection! your honor'이라고 말하라."

3개월에 걸쳐 법정 외 증거 조사discovery 절차가 진행된다. 당사자와 수많은 증인이 양쪽 변호사의 심문을 받았다. 그레이스사는 계속 합의를 시도하나 의뢰인의 의도를 존중하려는 잰의 정의감과 상황을 제대로 파악하지 못한 미숙한 고자세 때문에 번번이 결렬된다.

그레이스의 법률 담당 부사장 유스티스는 고급 가구와 요트에 파묻혀 사는 법률 귀족이다. 회사의 재정 상태야 잰이 요구하는 대로 주어도 무리가 없지만 합의금의 액수가 높을수록 그만큼 더 유죄를 인정하는 결과가 된다. 한 번 양보한 선례를 만들면 돈에 혈안이 된 왕파리들이 달려들 것이다. 그것은 도저히 용납할 수 없는 일이다. 그가 보는 민사 소송은 돈의 문제다. 다친 사람의 피에서 풍기는 돈 냄새에 달려든 인간 흡혈귀, 변호사들의 난전일 뿐이다.

판사는 배심에게 최후 평결에 앞서 특별 평결special verdict을 요구하는 3개 문항을 제시하겠다고 결정한다. 피해자 가족으로 하여금 법정에서 증언하게 함으로써 불필요한 정신적 고통을 주는 비인간적인 일을 막기 위해서라고 이유를 댄다. 그런데 그 문항들은 형식은 지극히 간단하나 지질학 전문가도 답할 수 없는 내용이다. 누구도 단정적으로 답할 수 없는 질문이라 결과적으로 피고에게 절대 유리한 질문이다. 마치 "영어를 일본어로 번역하여 다시 영어로 답하게 하는" 것과 같은 질문이라며 잰은 항의하나 판사는 단호하다. 노회한 패처의 의미심장한 침묵 뒤에 가려진 파안의 미소를 읽어내기에는 잰은 너무나 피가 튀는 초보다.

특별 평결을 기다리는 동안 패처가 2000만 달러의 합의금을 제의하나 잰은 이를 거절한다. 평결의 결과는 패처가 예상했던 대로다. 베아트리스사는 면책되고 그레이스사만 남는다. 그나마 배심의 최종 평결을 앞둔 마지막 순간, 파산에 쫓긴 잰의 사무실이 유스티스가 제시한 금액인 800만 달러에 합의함으로써 사건은 허무하게 종결된다. 보상금을 배분하는 자리에서 앤은 다시 한번 자신들이 원했던 것이 돈이 아니었음을 상기시키며 자리를 뜬다.

그러나 이 사건을 계기로 눈을 뜬 잰은 정의와 진실을 찾는 길에 나서기로 결심한다. 동료들과 결별하고 사건에 계속 매달린다. 그의 독백이 이어진다. "드디어 나는 증거를 확보했다. 다시 일을 시작하면 실수를 되풀이하지 않을 것이다. 그러나 이제는 돈도 동료도 의뢰인도 없다. (…) 상고上告는 더욱 어렵다. 50건 중 5건의 비율로 승리할 뿐이다. 어느 도박장보다도 이길 확률이 낮다."

결국 연방 환경청EPA은 두 회사를 정식으로 기소한다. 두 회사는 각각 증거 인멸과 위증으로 모두 공장 폐쇄 명령을 받았다. 그리고 환경 정화 비용으로 6940만 달러라는 거액을 지불해야 했다.

잰이 파산법원 판사 앞에 서는 장면으로 영화는 종결된다. 17년간 변호사 생활 끝에 남은 전 재산이 14달러와 소형 라디오 하나뿐인 연유가 무엇이냐는 판사의 질문에 묵묵부답인 잰의 심통 사나운 표정이 코믹하고도 복잡하다.

〈시빌 액션〉은 남의 나라 이야기만은 아니다. 서울 시민이 마시는 수돗물에 인체에 해로운 바이러스가 검출된다는 학자의 고발이 나온 지 오래다. 환경 당국은 이를 부인했고 서울시는 그 학자를 형사 고발했다. 여론에 밀려 소송을 취하하기는 했지만 물의 불씨는 아직 남아 있다. 언젠가는 서초동에서 한국판 '시빌 액션'이 벌어질지 모른다. 그 자리에서는 법이 어느 만큼 진실과 정의의 편에 다가설지 미리 궁금하다.

금지된 자유

출산의 자기 결정권

Roe vs. Wade | 그레고리 호블릿 감독 | 1989년

여성의 몸은 특수하다. 따라서 여성의 몸에 대해서는 특수한 철학적 성찰과 법적 취급이 필요하다. 여성은 임신과 출산을 통해 인간의 생명에 영속적 가치를 부여한다. 여성의 몸을 보호하는 것은 바로 인류의 장래를 보호하는 것이다. 이를테면 인류 전체의 자산이자 환경인 것이다.

그러나 이러한 여성만의 특권은 여성에게만 가해지는 속박일 수도 있다. 1973년, 미국 연방대법원은 당시로는 전 세계에 커다란 충격을 던지는 판결을 내렸다. 흔히 '낙태 판결'로 불리는 로 대 웨이드 판결(Roe v. Wade, 1973)에서 일곱 명의 대법관들은 여성은 자유의사로 낙태를 할 헌법적 권리가 있다는 데 의견의 합치를 보았다. 기존의 사회 통념과 법 이론을 정면으로 뒤집는 획기적인 판결이다. 그리고 그 권리는 여성의 몸에 함께 얹혀 있는 가족적 가치와는 무관하게, 오로지 여

성 개인의 권리라는 함의를 담았다.

이 판결로 본격적인 여권 운동에 불이 지펴진다. 사람들의 삶의 행태와 가치관을 바꿀 것을 주문하는 판결인 만큼 이 판결의 내용과 지혜에 대해 끊임없는 논란이 가열되고 있다. 판결이 내려진 지 거의 30년이 지난 오늘까지 미국 대통령 선거와 대법관의 임명에서 어김없이 반복해서 등장하는 주제이기도 하다.

낙태를 반대하는 세력은 태아의 '생명권pro-life'을 빼앗는 문제라고 주장하는 반면 찬성하는 세력은 여성의 '선택권pro-choice'의 문제로 인식한다. 레이건 대통령 시절 대법관 후보로 지명된 로버트 보크 Robert Bork는 공공연히 로Roe 판결을 비판하는 학술 논문을 발표한 것이 문제가 되어 진보주의자들의 공격을 받고 끝내 상원의 인준을 얻는 데 실패했다.

연방대법원이 이 재판의 판결 과정을 상세하게 기술한 저술도 많다. 그중 〈형제 대법관들The Brethren〉(1979)이 압권이다. 워터게이트 사건을 파헤쳐 일약 전설적인 명성을 얻은 밥 우드워드 기자의 심층 취재 끝에 탄생한 이 책은 수천만 권의 판매 실적을 남긴 연방대법원 비사다〔이 책은 《판사가 나라를 잡는다》, 《판사가 나라를 살린다》(안경환 옮김, 1995·1996) 두 권으로 국내에 번역·출간되었다〕.

영화 〈금지된 자유〉는 이 역사적인 판결 과정을 재구성한 작품이다. 판결 후 16년이라는 시차를 두고 제작된 영화는 판결 내용을 기정사실로 받아들이게 하는 데 도움이 된다.

안정된 직업도 없이 아비 없는 아이를 임신한 엘렌은 낙태를 원한다. 그러나 텍사스 주법은 임신을 유지할 경우 임신부의 생명에 위협이 초래될 경우에만 낙태를 허용한다. 강간당했노라고 거짓말을 하면서 백방으로 방법을 모색하던 엘렌은 낙태 합법화 운동을 벌이기 위해 누군가의 제소를 기다리는 여자 변호사 사라를 만난다. 사라는 '제인 로Jane Roe'라는 가명으로 텍사스 주 검찰총장을 상대로 댈러스 소재 연방법원에 소송을 제기한다. 문제의 법이 연방헌법이 보장하는 여성의 프라이버시권(사생활 자유권)을 침해했다는 것이다. 헌법에는 프라이버시라는 명문 조항이 없다. 그러나 연방대법원은 헌법의 해석을 통해 이러한 권리를 창출해낸 바 있다.

이 판결보다 불과 8년 앞선 1965년의 판결(Griswold v. Connecticut)에서 판결문의 집필을 담당한 윌리엄 더글라스 판사는 헌법의 기본권 조항인 권리장전의 '반영半影'으로부터 '방출'되는 것이 프라이버시권이라고 선언한 바 있다. 이를테면 헌법전에 구체적으로 열거되지 않은 권리를 헌법의 구조와 근본정신에서 도출해낸 것이다. 그리스월드 판결은 기혼 부부가 자율로 피임 수단을 사용할 수 있는 프라이버시의 권리를 인정한 것인데 이제 로 판결은 가족 제도와 무관한 여성의 프라이버시권을 인정한 것이다.

햄릿의 말대로 '법이 지연law's delay'임을 모르고 즉시 처방을 고대하던 엘렌은 그동안 아이를 출산한다. 엘렌 개인의 문제가 모든 여성의 문제이기에 소송은 계속된다. 3년 후 사라가 직접 변론대에 선 재판에서 연방대법원은 역사적인 낙태 판결을 내린다. 엘렌은 익명의 로Roe가 바로 자신임을 밝히고 주위의 격려를 받는다.

영화 〈금지된 자유〉는 균형 있는 담론의 장을 제공하는 작품은 아니다. 그러나 세계의 모든 여성과 여성의 몸을 규제의 대상으로 삼은 법제에 대해 던져주는 엄중한 경고 메시지는 경청할 가치가 충분하다.

지고한 권위의 전당인 연방대법원은 '새 생명이냐, 아니면 여성의 자유 선택이냐'라는 본질적인 가치관의 대립을 조정해야 할 의무를 부여받았다. 버거 원장은 한때 의사 지망생이었고 또 수많은 노벨 의학상 수상자를 배출한 미네소타 주의 메이요 병원에서 원내 변호사 경력을 쌓은 해리 블랙먼 판사를 판결문의 집필자로 선정했다.

블랙먼이 1년 가까이 고심 끝에 내놓은 것이 세계 각국의 낙태 입법에 지대한 영향을 미치게 된 너무나도 유명한 '3분기 원칙(三分期 原則, trimester principle)'이다. 출산을 할 것이냐 아니냐를 선택할 부녀婦女의 프라이버시권과 태아의 생명 그리고 부녀의 건강을 보호해야 할 국가의 이해 관계(부차적으로 태아 생부의 이해 관계도 포함)는 3단계로 나누어 법 원칙을 정립할 수 있다는 것이다. 즉 ①임신 최초의 3분기 동안 부녀는 (의사의 충고에 의해) 스스로 선택에 의해 낙태할 수 있고, 국가는 이와 같은 임부姙婦의 프라이버시권을 제한하지 못하며, ②제2삼분기 동안은 임부의 건강을 고려하여 낙태의 절차를 규율할 수 있으며, ③최후 삼분기 동안에는 태아의 생명이나 임부의 생명을 구하기 위해 필수불가결한 경우를 제외하고는 일체의 낙태를 금할 수 있다는 것이다. 블랙먼의 3분기 원칙은 태아의 생명이 시작하는 시점에 관한 과학적 기준보다는 의학적 경험론에 입각한 실용적인 기준으로, 임부의 건강에 관한 국가의 이해 관계는 최초 3분기 말에 '필수불가결compelling' 하게 되며, 태아의 생명에 관한 한 '독립 생존 가능성viability'이 높아지는 제2삼분기 말에 '필수불가결' 하게 된다는 것이다.

이 판결이 미국뿐 아니라 전 세계에 큰 파장을 던진 것은 물론이다.

독일에서는 로 판결의 3분법에 따라 최초의 3분기 동안 여성의 자유로운 선택에 의한 낙태 권리를 인정하는 법률이 제정되었으나 1975년 연방헌법재판소에 의해 위헌으로 선언되었다. 태아의 생명권을 침해하는 법률이라는 것이다.

로 판결에 대한 시비는 오늘날에도 끊임없이 이어지고 있고 '낙태 판사'라는 별명이 주어진 블랙먼은 수 차례 테러를 당하기도 했다. 로 판결은 일련의 후속 판결에 의해 그 세칙에 약간의 첨삭·수정이 이루어지고 있으나 여성의 프라이버시권이라는 헌법적 권리 그 자체는 이미 미국의 헌법에 깊이 뿌리내리고 있다. 로 판결과 프라이버시권 드라마의 주연 배우는 영화 속의 홀리 헌터처럼 임신한 여성이지만 최근 들어서는 남성 동성애자도 보조자로 편승하고 있다.

미국 법원이 도덕적 비난을 감수하면서도 내린 일련의 프라이버시권 관련 판결이 우리에게 주는 교훈은 다른 곳에 있다. 첫째로 전통적인 도덕이나 윤리에 어긋난다 하더라도 사회에서 일어나는 현상을 직시하여 판단과 지침을 내려주는 것이 사법부의 임무라는 사실이다. 법원이 사법의 기본 속성을 내세워 지나치게 사법 자제司法 自制의 태도를 보이면 점점 국민과 괴리를 자초할 뿐이라는 교훈이다. 또한 판사는 자신이 바람직하다고 생각하는 판결을 위해 구체적인 실정법 조항뿐 아니라 상위의 규범을 동원할 기회가 언제나 마련되어 있다는 것이다. 이 영화는 새로운 '시대 조류'를 앞장서서 수용하는 나라의 최고 법원의 유연한 자세와 함께, 개인적 곤혹스러움을 감내한 한 사람의 결단과 무명의 시골 여성 법률가도 나라 전체와 세계를 바꿀 계기를 만들 수 있다는 교훈을 보여준다.

그리스월드 판결이나 로 판결처럼 헌법 조문에 존재하지 않는 프라이버시권을 그 정신대精紳帶에서 창출해내는 인고의 작업을 우리 법원은 하지 않아도 된다. 다행스럽게도 역사가 길지 않은 우리 헌법에는 프라이버시권을 위시한 각종 자유와 권리가 의연하게 헌법전에 위용을 과시하고 있기 때문이다. 단지 적용될 기회를 애타게 기다릴 뿐이다. 헌법의 인권 조항에 정면으로 위배된다고 생각되는, 또는 명백히 그 정신에 반한다고 생각되는 법률을 두고 고심하는 판사를 도울 길은 없는가? 마음만 먹으면 판사 스스로도 할 수 있는 일은 아닐까?

에린 브로코비치

여성 윤리와 법조계의 성공적인 조화

Erin Brokovitch | 스티븐 소더버그 감독 | 2000년

미국에서의 법학은 세상의 모든 분쟁과 갈등에 대해 답을 제공하는 실용의 지혜인 동시에 모든 창조적, 실험적 학문의 성과를 종합하는 지적 체계다. 법학이 학문의 성과를 종합하는 기준은 '제도화'다. 어떤 갈등과 논쟁의 결과를 합리적으로 종합하여 사회 제도로 만들 수 있는가, 그리고 그것이 바람직한가가 논의의 초점이다. 따라서 법학 교육은 필연적으로 대학원 과정으로 운영할 수밖에 없다. 학사 과정에서 다양한 전공 공부를 통해 지적 실험의 경험을 쌓은 후, 그 경험을 기초로 많은 사람이 합의할 수 있는 사회 제도를 건설하는 능력을 계발하는 것이다. 미국 지성이 쉽게 합의를 이룰 수 있는 명제는 모든 지성의 논쟁은 종국에 법학이 종합한다는 것이다. 그래서 어느 분야에서나 사회화 · 제도화를 위한 최종 결론은 법학의 몫이라는 합의가 존재한다. 누군가는 미국 지성 논쟁의 성격을 '법의 제국'을 차지하기 위한 싸움

이라고 규정하기도 했다.

여성의 특성을 일러 타인을 배려하는 윤리ethics of care라고 철학자 마사 누스바움은 말했다. 논리와 합리성을 신봉하는 법은 그 본질상 냉정하다. "법대로 처리하자"는 말처럼 비정한 말은 없다. 그래서 전통적으로 법은 여성의 몫이 아니었다. 그러나 여성적 미덕인 사랑과 배려의 미덕이야말로 비정한 합리의 독재로부터 인간성을 수호할 수단이라는 것이다.

코미디 영화 〈에린 브로코비치〉는 여성의 윤리와 법의 세계를 성공적으로 조화시킨 작품이다. 2001년 오스카 여우주연상에 빛나는 '귀여운 여인' 줄리아 로버츠의 도발적인 연기가 새로운 여성상을 강렬하게 부각한다. 남성이 주도하는 법의 세계는 조직된 탐욕, 기계적인 업무 처리 그리고 선민적 오만으로 점철된 비정의 세계다. "변호사가 아니라고 말해 보세요, 그러면 좀 더 일이 쉽게 풀릴 거예요." 그 차가운 법의 세계는 따뜻한 여성의 인간애 앞에 무력하다는 메시지를 이 영화는 담고 있다.

한 여성의 집념이 억압적인 제도를 바꾼 여성운동사의 기록이라는 점에서 이 영화는 〈노마 레이Norma Rae〉(1979)나 〈실크우드Silkwood〉(1983)와 맥을 같이한다. 모두 실화에 기초로 한 것이고 영화 제목도 여주인공의 실명을 그대로 썼다. 그러나 전형적인 '여성운동' 영화와 달리 이 영화는 여성의 성적 매력을 은근한 자산으로 부각시킨다. 노동조합의 설립을 위해 앞장선 여전사 노마 역의 샐리 필드나 핵 피해자 카렌 실크우드의 역할을 맡았던 메릴 스트립에게서는 찾아볼 수 없는, 다분히 튀는 성적 매력이다.

두 번의 이혼 경력과 16달러의 은행 잔고가 가진 것의 전부인 에린. 차 사고로 알게 된 변호사 에드를 무턱대고 찾아가 무슨 일이라도 닥치는 대로 하겠다며 눌러 앉은 에린은 공장에서 유출되는 크롬이 마을 사람들을 병들게 하고 있다는 내용의 의학 기록을 발견한다.

지방 도시 미인대회 퀸 출신 에린은 두 차례 이혼한 경력에다 아이 셋이 딸린, 대책 없는 여인이다. 한때는 '세계 평화를 위한 미의 사절'이라는 허황하리 만큼 추상적인 구름 위의 여정을 보냈던 그녀에게 후일 주어진 삶은 지극히 구체적인 것, 즉 사내에 매달리지 않는 성실한 일상이다. 그래서 그녀를 품었던 사내들이 한 마디 말도 없이 떠날 때도 절대로 어머니 가장의 역할을 포기하지 않는다. 그러면서도 그녀는 즐겨 입는 원더브라류의 의상처럼 결코 기가 죽는 법이 없다.

그런 그녀가 구직을 위해 동분서주하던 어느 날 교통 사고를 당한다. 과속으로 신호를 위반한 의사는 자신의 과실을 인정하지 않는다. 보험이 없는 에린은 변호사 에드를 고용하나 법정에서 패소한다. 변호사의 방심 못지 않게 에린의 상스런 언행과 이혼한 사실 등이 불리하게 작용했다. 거액의 치료비만 빚진 에린은 에드의 사무실에 나타나 떼를 쓴다. 그처럼 장담하던 사건을 졌으니 그 보상으로 일자리를 내놓으라고 억지를 부리며 출근한다.

연간 일정 시간 이상 무료 봉사할 것을 요구하는 변호사회의 회칙에 따라 에드에게 사건이 배정된다. 경제력이 약한 원고들이 제출한 법률 구조신청legal aid 사건이다. 서류를 접한 에드는 단순한 부동산 사건으로 생각해 마치 쓰레기라도 처리하듯 에린에게 서류를 던져버린다. 그러나 에린이 파고든 결과 엄청난 사건의 전모가 드러난다. 초대형 에너지 회사Pacific Gas & Energy가 중금속 크롬으로 환경을 오염시킨 결과 한 마을 전체 주민이 질병을 앓고 있다. 그뿐 아니라 크롬이 오히려 몸에 좋다고 사실을 왜곡하기까지 했다.

영화는 원고인 힝클리의 주민 647명 전원의 전화번호와 사실 관계를 줄줄이 암송하는 철저한 준비 과정에서 돋보이는 에린의 인간적인 접근에 초점을 맞춘다(실제 인물 에린이 영화에 잠시 웨이트리스로 등장한다). 소송이 다루는 인간사는 단순한 서류와 기록이 아니라 타인에 대한 배려를 요구하는 주장이다. 사건의 규모와 복잡성을 고려하여 에드는 소송 전문 변호사팀을 영입하나 결정적인 승기를 마련한 사람은 이들 전문가 집단이 아니라 오로지 열과 성을 쏟은 무명의 사무원 에린이다.

아름다운 여성의 은근한 섹스 어필을 무기로 이용하기를 주저하지 않는 에린의 남다른 성실함에 감동한 PG&E 직원이 회사가 자신들에게 불리한 서류를 태워버릴 것을 지시한 결정적인 사실을 법정에서 증언하겠다고 약속한다.

배심재판을 고집하는 주민들을 에린이 설득한다. 주민의 입장에서는 관리인 판사나 전문가인 중재인들보다 보통 사람으로 구성된 배심에 더욱 신뢰감이 들기 마련이다. 그러나 배심재판이 엄청나게 많은 시간이 걸릴 것을 우려한 에린의 설득으로 마침내 주민들은 중재재판에 합의한다. 중재재판은 배심재판을 포기하고 중재인의 결정에 따르겠다는 합의를 전제로 하는 것이므로 중재자가 자신에게 불리한 결정을 내리더라도 승복해야 한다.

중재 결과 주민들의 불안을 깨끗이 잠재우고 판사는 사상 최대 액수의 손해배상을 명한다. 에린은 자신의 공로에 비해 돌아올 보상이 적을 것이라고 예상하고 미리 분개한다. 그러나 "미인도 사과하는 법을 배우라"는 조크와 함께 에드는 에린에게 거액의 공로 수당과 함께 동업자의 지위를 부여한다. 드디어 남자 법률가도 배려라는 여성적 미덕을 깨우친 셈이다.

생과부 위자료 청구소송

여성의 관점으로 세상을 바꾼다

The Alimony Suit | 강우석 감독 | 1999년

아내와 남편의 몸은 하나

코미디 〈생과부 위자료 청구소송〉은 그저 한바탕 웃어넘길 영화가 아니다. 여자의 입으로 '신성한 법정'에서 자지, 좆과 같은 비어를 함부로 내뱉는 시원한 언어의 배설 행위 이면에 담긴 진중한 메시지를 알아야 한다. 그것은 한국 사회의 본질에 대한 풍자와 심판이다. 이 영화는 성장 일변도로 숨가쁘게 달려온 한국 사회의 근대화 과정을 심판하고, 장래에 나가야 할 길을 제시하는 심각한 메시지를 담고 있다.

별로 당차게 보이지 않는 30대 여인이 변호사 사무실에 나타나서 소송을 의뢰한다. 남편 회사를 상대로 이름하여 '생과부 위자료 청구소송'을 제기하려는 것이다. 회사가 남편을 너무나 혹사한 결과 나날이 공방空房의 생과부가 된 책임을 물어 2억 원의 위자료를 달라는 소송을 제기하고 싶다는 것이다.

진지한 의뢰인에게 명성기 변호사는 법적으로 전혀 고려의 가치가

없는 허무맹랑한 발상이라고 핀잔을 준다. 실망한 모습으로 사무실을 나서는 그녀를 바로 옆 사무실의 여성 변호사 이기자가 불러들인다. 명성기와 이기자는 부부다. 부부가 합동으로 법률사무실을 경영하고 있는 셈이다. 이기자는 명성기에 대한 비판을 퍼부으면서 자신이 사건을 맡겠노라며 한판 승부를 건다. 소송이 진행되면서 온갖 에피소드가 동원된다. 피고 일산그룹의 변호사인 명성기와 원고의 변호사 이기자의 대결은 남성 윤리와 여성 윤리의 정면 대결로 발전한다. 이는 곧 주류 한국 사회의 기득권 세력 대 도전 세력 사이의 윤리관 대결의 성격을 띤다.

명성기 변호사는 허우대로 보아 명성기名性器를 보유한 것처럼 보이나 실체는 허약하기 짝이 없다. 잠자리에서도 이기자의 숨은 능력을 감당하지 못해 핑계만 있으면 회피하려 하고, 어쩌다 자신이 주도한 실전에서도 허덕인다. 그러면서도 옷을 되입는 순간부터는 허세를 부린다. 명기名器의 허약한 실체는 남성중심 세계의 기만과 허위를 상징한다. '이기자'라는 이름도 도전적이다. 남성의 지배 세계에 대해 던지는 결연한 여성의 도전장이다.

철학자 마사 누스바움은 여성의 미덕으로 타인을 배려할 줄 아는 인간애를 들었다. 문학과 예술이 추구하는 목표가 인간 세상이 과연 살 만한 세상인가에 대한 의문을 던지는 데 있다면, 인간애라는 여성적 미덕을 구현함으로써 평화롭고도 안온한 세상으로 만들 수 있을 것이다. 이 영화도 은연중에 이러한 누스바움의 철학을 대변하고 있다.

일산그룹의 추형도 부장은 더없이 충실한 회사원이다. 회사가 살아야 자신도 산다는 소신, '평생직장'의 신화를 신봉하는 가족적 기업관 그리고 비록 회사가 자신을 버리더라도 자신은 회사를 배신할 수 없다는 민춤한 정직함을 좌우명으로 삼고 직장 생활을 해온 착하고 막힌 샐러리맨이다. 가히 아름다울 정도로 맹목적인 그의 직업관은 회사 일을 떠나서는 자신의 삶 자체도 없다는 사적 신앙으로 발전한다. 그럼에도 불구하고 혼신의 노력을 다한 그에게 돌아오는 것은 잦은 대기발령, 전출, 해외출장, 구조조정을 내세운 퇴출의 위험뿐이다.

아내 이경자의 입장은 다르다. 그녀는 사랑하는 남자와 여자, 아내와 남편의 몸은 하나라는 일신동체론一身同體論의 신봉자다. 남편의 몸에 접근할 권리가 있는 데도 그 소중한 남편의 몸을 회사가 망가뜨렸으니 돈으로 물어내라는 것이다. 신혼에는 하루에도 몇 번씩, 과장 때까지는 그래도 일주일에 두세 번씩 진한 잠자리를 나누었으나 지위가 높아지고 신상에 대한 불안도 가중되자 거의 불능이 되다시피 했다는 불만이다.

민법 750조는 "고의 또는 과실로 인한 위법 행위로 타인에게 손해를 가한 자는 그 손해를 배상할 책임이 있다"고 규정한다. 이른바 불법행위의 조항이다. 이 조항을 근거로 2억 원의 손해배상을 청구하는 것이다. 열띤 법정공방 끝에 원고가 승소하고 벼랑에 몰려 섰던 의뢰인과 변호사 커플의 결혼 생활도 새로운 발전적 결합의 계기를 맞으면서 영화는 막을 내린다. 재판장은 최종 판결을 내리기에 앞서 이 사건의 시대적 의미를 정리하는 중대 발언을 한다. "한때는 노동자를 빨갱이로 여긴 시대가 있었다"라고 말문을 열면서 노골적인 노동법 위반 사례는 물론, 명예퇴직권유, 정리해고, 대기발령 등 각종 눈에 보이지 않는 악랄한 수법으로 노동자의 권리를 유린해온 기업에 대해 가차없는 비판을 퍼붓는다. 그리고 그 인권유린의 한 사례로 근로자 가족의 성적 권리의 침해를 인정한 것이다.

여성이 이끄는 사회 개혁

영화가 의도하는 바는 이경자 개인의 승리가 아니다. 원·피고 쌍방의 변론에서 제기되었듯이 이 영화의 진짜 피고는 대한민국 그 자체다. 인권유린과 인간성의 희생 아래 경제성장 일변도로 달음박질해온 역사에 대한 심판이다. 이 영화는 경제성장과 성해방이 결합된 세태를 법 제도를 통해 발전적으로 수용한다는 신선한 발상이 돋보인다. 투쟁이 법정에서 벌어진다는 것, 그 법정 투쟁을 여성이 주도한다는 것 그리고 변호사라는 직업 여성이 주부를 개안시켜 개인 문제에서 사회개혁의 단초를 열게 한다는 것, 이 모두가 시대의 흐름과 법의 역할을 전달하기에 적절한 플롯이다. 이러한 의도는 서초동 법조의 모습을 그리는 방법과 내용에도 잘 나타나 있다.

첫째, 영화에 그려진 법률 실무 현장은 여태까지의 고정관념을 과감하게 깬다. 우선 판사가 법정에서 웃는다. 여태까지 우리 나라의 법정영화가 충실하게 지켜온 불문율 중 하나는 판사는 근엄해야 한다는 원칙이다. 웃는 얼굴을 하면 판사의 품위와 재판의 권위가 떨어진다는 것이 법원의 수칙이기도 하다. 근엄한 얼굴에 강압적인 질문을 무기로 재판의 권위를 높이던 시대는 이미 지나갔다. 웃는 판사의 모습을 통해 법이라는 조직과 기계가 아니라 인간의 판단을 받는다는 안도감을 주고 법과 착한 사람 사이에 존재하는 거리를 좁힌다.

회사를 위해 누구 못지않게 열심히 일했지만 결국 대기발령 받은 남편 때문에 분노한 주부 이경자. 그녀는 남편의 과중한 업무로 인해 잠자리가 부실해졌다며 남편이 근무하는 대기업 일산을 상대로 소송을 건다.

둘째, 남성의 철옹성인 법의 세계에서 여성이 법률실무가로 성장하는 과정에서 겪어야 했던 여러 가지 간난과 고충을 부각시킴으로써 여성 법률가의 사명감을 촉구한다. 이경자와 둘이서 나눈 "원샷" 소주 파티에서 이기자는 법과대학 학생과 초임검사 시절, 여자이기 때문에 겪어야 했던 어려움을 토로하면서 개인의 성공으로 만족하지 않고 사회 제도를 바꾸는 데 나서야 할 자신의 책임을 역설한다. "네 남편은 우리의 적이야." "네가 남편과 나눈 은밀한 이야기를 네 적에게 털어놓은 사내야." "사내공화국" "좆도민국과 맞서 싸우는 것이야."

1990년대 초에 작은 파문을 일으킨 〈서울법대 여학생〉이란 '시'가 있었다. "서울법대 여학생, 학력고사 무게에 평생을 가위눌려 틀 속에 갇힌 천형의 무기수"로 시작하여 "서울법대 여학생, 수석입학 수석졸업, 수석출석, 수석불감, 웬갖 수석 독점해도 말석 교수 한 사람 못 만드는 천하의 둘치"로 끝난다. 결코 수준 높은 시는 아니지만 담긴 메시지만은 선명하다. 여성의 개인적 성공이 남녀가 불평등한 사회의 개혁으로 이어지지 못하면 그 의미가 반감된다. 이기자 변호사의 "대한민국, 사내공화국, 좆도공화국"에 대한 투쟁에 '가정과 출신' 주부 이경자도 동참하여 "자지를 한 방 맞고 뻗었다"라는 법정 진술을 서슴치 않는 여전사로 변신한다. 우리 나라의 대학에서 '가정과'는 사라진 지 오래다. 대신 생활과학과, 소비자아동학과 등 새로운 이름으로 개명했다. 여성에게 가정이 바로 생활 무대의 전부였던 시대가 지나간 만큼 새로운 역할과 그 역할에 대한 자각이 필요한 것이다. 이경자는 은밀한 글, 자신의 남편을 위해 쓴 글이 법정에서 조롱감이 되자 "비록 시골변소의 낙서에나 등장할 만한 내용이라도 내게는 청와대 변소나 마찬가지로 소중한 것이다"라고 맞서며 "남편은 내 몸이다. 내 자존심을 위해 싸운다"고 역설한다(《여성의 몸을 위한 철학적 성찰》, 2000 참조).

그러한 가정부인 이경자가 "경제를 이렇게 만든 놈들 모두가 적"이라는 사회적 깨달음을 통해 비로소 남녀평등의 법 제도 실현에 동참하는 것이다.

셋째, 이 영화는 '변호사'라는 직업에 대한 환상을 깬다. 많은 대한민국 국민이 변호사라는 직업에 그릇된 인식을 가지고 있다. 그중 하나가 기업에 종사하는 사람보다 변호사가 사회적 신분이 높다고 생각하는 것이다. 그러나 따지고 보면 명성기와 같은 기업 변호사 또한 "대기업의 소모품"에 불과한 미미한 존재다. 고등학교 동창생인 일신그룹의 조이사는 시조일관 명성기에 대해 철저한 우위를 유지한다. 변호사는 고용된 서비스맨에 불과하다. 그가 제공하는 서비스가 고객의 마음에 들지 않으면 언제라도 일거리를 빼앗기는 신세다. 이렇듯 고객과 서비스

맨 사이의 주종관계를 분명히 선언해주는 한국 영화도 거의 없었다.

코미디 영화 〈생과부 위자료 청구소송〉의 진수는 신기운의 태동과 이를 가로막는 중간장애자 그리고 양자 간의 대립이 화해로 결말지으면서 사회발전의 가능성을 제시한다는 점이다. 이러한 관점에서 볼 때 세익스피어 희극의 전형적인 전개 방식을 따르고 있다. 마지막에 회사의 해외발령을 거역하고 아내에게 돌아오는 문성근과 허위의 탈을 벗고 이 기자에게 비로소 "사랑해"라고 말하는 명성기. 말없이 처진 남편의 어깨죽지를 거들어 올리는 이경자와 "그 말하기가 그렇게 힘들었어? 이 좆만아"라며 파안의 포옹을 선물하는 이기자의 당당함 속에 분명히 세상이 달라지고 있음을 확인한다.

데블스 애드버킷

악마의 얼굴을 한 법의 제국

The Devil's Advocate | 테일러 핵퍼드 감독 | 1997년

로마는 세 차례 세계를 정복했다고 한다. 처음에는 무력으로, 이어서 기독교로, 그리고 마지막에는 법으로. 20세기 미국에 대해서도 비슷한 이야기를 할 수 있다. 현대의 제국, 미국이 꿈꾸는 이상 세계는 대학자 로널드 드워킨(Ronald Dworkin, 1943~)의 저술의 제목대로 《법의 제국 Law's Empire》(1986)이다. 20세기 후반을 주름잡은 수많은 철학자들 중 드워킨만큼 법 제도에 영향력을 미친 사람도 없다. 아마도 그의 법철학 이론이 헌법전과 연방대법원의 판결과 치밀하게 연결되어 있기 때문일 것이다.

국제 사회의 분쟁에서도 미국은 자신의 법과 논리를 중요한 무기로 내세우고 모두가 이를 따를 것을 주문한다. 수십만 명의 현역 변호사가 법의 제국의 정규군이다. 그리고 이 숫자를 능가하는 법과대학원생들이 예비 사관의 길을 걷고 있으며 세계 각국에서 미국의 법률 사관

학교law school의 문을 두드리는 유학생이 날로 늘어나고 있다. 이제 미국의 법은 햄버거와 청바지처럼 세계인의 기준으로 통용되다시피 한다. 미국인에게 법은 가히 새로운 종교다. 미국인이 경배하는 헌법전을 시민종교의 경전이라고 일컫는 표현이 낯설지 않듯이 법은 이미 미국인의 종교다.

영화 〈데블스 애드버킷〉은 법으로 세계를 정복한 미국에 심각한 위기가 도래했음을 경고하는 작품이다. '악마의 대변인'이라는 제목이 암시하듯 이 영화는 윤리가 사라진 법은 악마의 시녀에 불과함을 고발한다. 법이라는 외형과 절차만 갖추어지면 곧바로 정의의 탈을 쓰게 되는 제국의 현실은 곧 악마의 얼굴이다.

이 작품의 외형적 줄거리는 지극히 단순하다. 시골에서 명성을 얻은 형사 사건 전문 변호사가 뉴욕의 대형 로펌에 스카우트된다. 한동안 승승장구하나 그 과정에서 가정이 파탄에 이른다. 정의를 외면한 채 오로지 승리만을 추구하면서 '피묻은 돈'을 탐하던 그는 최후의 순간에 비로소 윤리적 자각에 이른다.

그러나 이렇듯 싱거운 줄거리의 이면에 숨은 메시지는 더없이 무겁다. 배심을 상대로 한 케빈의 탁월한 변론 기술에 투자한 법률회사는 전 세계 악의 대변인이다. 무기와 마약 밀매, 테러와 살인, 온갖 국제적 악을 법의 이름으로 지켜주는 이 회사의 주인 밀턴은 새로운 천년왕국을 건설하려는 야망의 소유자다. 그는 인간의 '자유의지'라는 화두와 '낙이불음樂而不淫'이라는 행동강령을 표방하는 신흥 법교法敎의 교주다.

셰익스피어 연극의 분위기가 물씬 풍기는 이 영화의 주역은 햄릿역

야심만만한 신진 변호사 케빈 로막스를 스카우트하고 각별한 애정을 보이는 맨해튼의 거대 법률회사 회장 존 밀턴은 그에게 많은 일을 맡기고 유대감을 돈독히 한다. 그러나 승승장구하는 케빈의 그늘에서 외로움을 타던 아내 매리앤은 밀턴에게서 일그러진 악마의 얼굴을 발견하고 점점 황폐해진다.

으로는 너무 늙었고 리어 왕역으로는 덜 늙은 대배우 알 파치노에게는 더없이 적격이다. 법은 '새로운 종교'이고 20세기는 자신의 것이었음을 공언하는 그에게 권력·돈·섹스는 자유의지의 연장이며, 윤리적 죄책감이란 '벽돌처럼 쓰러뜨리면 그만'인 단순한 장애물에 불과하다. 이른바 참된 '사랑'이라는 것도 초콜릿을 먹고 난 후 2분간의 행복감과 다름없는 찰나적 환상일 뿐이다.

그는 무수한 자신의 사생아 중 하나인 케빈을 후계자로 삼아 새 천년 법의 왕국을 상속시키려는 계획을 세운다. "선에 지혜롭고 악에 미련할 것"(〈로마서〉 16장 19절)을 강론하는 어머니의 편협한 '교회로부터 잠시 가석방' 중인 케빈이 겪는 유혹과 타락, 성공과 좌절도 모두 밀턴의 후계자 양성 계획의 일부다. 윤리를 빼버린 '자유의지'는 악으로 향하는 직행열차의 예약표에 불과한 것이다.

성공한 남편 덕에 꿈꾸던 뉴욕의 상류사회에 합류한 순박한 시골 여인인 케빈의 아내는 대도시 생활의 외로움과 소외감 그리고 악에 대한 힘겨운 저항을 견딜 수 없어 정신이상 끝에 파멸의 길에 들어선다. 아내가 죽음으로 내몰린 후 비로소 케빈은 윤리적 각성에 이르고, 자신이 체포·감금된 밀턴의 제국을 탈출하기 위해 자살한다.

지루할 정도로 길고 난해한 밀턴의 설교 장면은 영화가 던지는 철학적 메시지를 읽을 수 있는 관객에게는 오히려 아쉬운 여운을 남겨준다. 청년 법률가 케빈, 청년 예수 그리고 예수를 대신한 새로운 종교의 교주 밀턴의 얼굴이 차례차례 비치면서 혼돈의 법 제국의 몰락을 영상으로 전한다. 이어서 케빈의 부활을 상징하는 장면이 법정에서 재현된다. 64전 전승, 승승장구의 출세가도를 달려온 그의 법정 경력이 윤리적 자각과 함께 종지부를 찍는 것이다. 〈요한계시록〉(18장)의 전언대로 불기둥이 된 악의 도시 바빌론(뉴욕)의 장엄한 멸망이 한 줄기 빛이 되어 가슴을 파고든다. 윤리가 절멸되어가는 현대 법 체계 전체에 대한 묵시론적 예언일지도 모른다.

드라큘라

구시대 타파에 나선 법과 과학

Bram Stoker's Dracula | 프란시스 코폴라 감독 | 1989년

거부할 수 없는 그의 매력

날카로운 송곳니에 그림자가 없고 거울에 모습이 비치지 않는 괴물, 술 담배를 입에 대지 않는 거인, 음식 대신 인간의 혈액으로만 사는 드라큘라 이야기는 으스름 달빛, 늑대 우는 밤, 십자가와 마늘의 효능과 함께 모두에게 알려진 상식이다. 변신을 자유자재로 해내는 초능력에다 동물을 다스리는 수성獸性을 갖춘 괴인의 이야기는 어느 나라에나 보편적 호소력을 갖추고 있다. 새하얀 소복과 갈라진 무덤, 〈은행나무 침대〉의 전설 그리고 〈여고괴담〉만큼이나 인간의 마음속에 잠재해 있는 초능력과 수성에 대한 동경을 교묘하게 자극한다.

과학과 이성의 시대에도 아랑곳 않고 세계인의 음험한 상상력을 흡입하는 흡혈귀 이야기의 원조, 지구상의 모든 괴기 공포영화의 바이블로 삼고 있는 소설 《드라큘라》(1897)는 아일랜드 태생의 영국 작가 브람 스토커(Bram Stoker, 1847~1912)의 창작물이다. 이야기의 탄생지인

트란실바니아는 유럽 내륙 땅이 아니라 섬나라 영국이다. 노골적으로 드라큘라의 자손임을 선언한 영화도 열두 편이 넘는다. 수많은 드라큘라 영화 중 프란시스 코폴라 감독의 〈드라큘라〉는 가장 원작에 충실한 영화다.

루마니아의 백작 드라큘라는 신혼의 아내를 두고 출정한다. 황혼, 장중한 음악, 창대檜臺 끝에 거꾸로 걸린 즐비한 시체군群 사이로 말을 타고 질주하는 기사의 모습이 숨가쁘다. 아내는 잘못 전해진 남편의 전사 소식을 듣고 성벽 아래 강물로 몸을 던진다. 자살한 아내의 시체는 교회 의식에 따라 매장하지 못한다는 성직자들의 결정을 남편은 받아들이지 못한다. 오로지 신만이 생명을 주고 뺏을 권능이 있으므로 자살은 신의 권능을 침해하는 방자한 죄악이며 자살자는 기독교 의식에 따른 장례를 치를 수 없음이 중세 교회법의 철칙이다. 신과 교회를 위해 목숨을 걸고 싸운 대가가 바로 이것이란 말인가? 그게 신의 뜻이라면 어둠의 힘으로 신에 복수하겠다. 맹세의 의식으로 젊은 백작은 칼로 십자가를 찔러 흐르는 피를 마신다.

카메라는 450년 중세의 다리를 건너뛰어 1897년 런던의 한 정신병원에 입원 중인 환자 렌필드를 두고 논의를 벌이는 두 변호사를 보여준다. 촉망받던 청년 법률가(원작에는 59세의 중노인) 렌필드는 트란실바니아의 드라큘라 백작에게 갔다 와서는 갑자기 정신이상 증세를 보인다. 이윽고 가난한 젊은 변호사 조너선 하커에게 드라큘라 백작이 영국에서 사들인 부동산의 소유권 취득 절차를 마무리하는 임무가 주어지고, 하커는 내륙 지방 출장을 지시받는다. 먼저 이 일에 관여했던 렌필드가 왜 정신이상이 되었느냐는 하커의 질문에 고용주는 렌필드의 발병은 순전히 사적인 이유 때문이라며 덮어버린다. 하커는 약혼녀 미나를 남겨두고 트란실바니아로 떠난다. 기차와 마차를 번갈아 타는 길고도 위험한 여정 끝에 음험한 늑대 울음이 교차하는, 지도에도 나타나 있지 않은 외진 곳에 도착한 하커는 가면을 쓰고 마중온 검은 손의 성주 드라큘라의 안내를 받는다. 그리고 그는 괴기의 성에 감금된다.

하커를 성에 감금한 드라큘라는 나무관 속에 흙의 형태로 가장한 50인의 종복들과 함께 영국 땅에 잠입한다. 때 아닌 폭풍과 동물원에 사육하던 늑대가 실종되는 등 각종 이변이 일고 정신병원의 렌필드는 "생명의 신이 다가오고 있다"고 외친다. 드라큘라 일행이 위장한 화물의 수령인 빌링턴 또한 법률가다. 그는 구질서에 기생하는 법률가를 상징한다. 마땅히 구질서와 함께 몰락했어야 하는 그는 시대의 파도를 교묘하게 타고 넘는 법률가의 장기로 생명을 연장한다.

폭풍우가 몰아치는 칠흑 같은 밤, 알 수 없는 마력에 이끌려 드라큘라에게로 향하는 미나의 친구 루시는 방탕한 열정의 소유자다. 귀족 사회의 허영과 사치와 방탕이 몸에 밴 루시가 드라큘라의 첫 번째 희생물이 되는 것은 충분히 예측 가능한 일이다. 루시의 마음속에는 신분사회가 주는 방탕의 매력에 대한 동경이 싹트고 있었다. 《아라비안나이트》의 농염한 이야기를 즐겨 읽으면서도 짐짓 구역질난다고 말하는 위선 속에 구악이 자리펴는 것이다.

드라큘라는 애틋한 과거의 환몽을 떨쳐버리지 못한다. 하커의 약혼녀 미나는 드라큘라에게 환몽의 대상이다. "아득한 옛날 그녀가 죽었다. 죽은 그녀가 부럽다. 나는 삶이 고통스럽다." 죽은 아내를 닮은 미나의 사진을 훔쳐본 드라큘라는 독백한다. 새로이 탄생한 활동사진이 사람들의 호기심을 부추기는 런던의 웨스트 엔드West End에서 〈햄릿〉 공연이 열린다. 미나 앞에 나타난 드라큘라는 자신을 '사카이 왕자'라 소개한다. "당신을 만나러 시간의 강을 건너왔다"라고 병든 시인의 진한 고백을 토해내는 드라큘라. "당신의 목소리, 꿈속에서 위안을 주는 그 목소리. 아! 당신의 공주님은 어디로 가셨나요?"라고 화답하는 미나(영화에서 드라큘라 백작의 아내와 미나는 동일 인물로 등장한다).

"그녀는 강물. 슬픔이 가득 찬 강물." 오필리어의 시신을 건진 그 '공주의 강'에서 함께 건진 보석을 미나에게 건네는 드라큘라. 〈햄릿〉의 절묘한 차용이다. "나는 생명도 영혼도 없는 존재요." "나도 당신처럼 되고 싶어요." 드라큘라의 피를 받아 마시고 함께 춤추는 미나. "살아 있을 때 드라큘라는 위대한 인물이었소. 이제는 죽어야 할 때요." "죽음보다 강한 사랑이 우리를 구원할 거예요." 미나의 매달림이 애처롭다. 난관을 극복

드라큘라는 트란실바니아에 있는 자신의 성에 조너선을 감금하고 그의 약혼녀 미나를 찾아 런던으로 떠난다. 미나가 바로 400년 전 죽은 아내의 분신이었던 것이다. 드라큘라와 사랑에 빠진 미나는 조너선과 결혼한 후에도 드라큘라를 잊지 못하고 그의 사랑을 받아들인다.

하고 하커와 결혼한 후에도 꿈속의 사카이 왕자를 갈구하는 미나에게는 질긴 구악의 굴레가 드리워져 있다. 일단 악의 체제 속에 몸을 들여놓은 사람은 그 악이 주는 마력에 도취되어 그 중독을 풀기 어렵기 때문이다. 드라큘라의 독아毒牙의 희생물이 된 미사자(未死者, Undead)들은 밤이면 관 밖으로 걸어나와 먹이를 찾는다. 구체제의 시녀가 된 이들은 빌링턴이 그렇듯이 썩은 체제에 기생할 방안을 강구한다.

병든 귀족사회를 고발한다

브램 스토커의 원작을 자세히 읽은 독자라면 이 소설이 단순한 괴기소설이 아니라 구질서의 몰락과 신질서의 대체라는 중요한 메시지를 담은 심각한 사회소설임을 알 수 있을 터이다. 양민의 고혈膏血을 빨아 연명하는 드라큘라 백작은 병든 귀족사회를 상징한다. "금잔 속에 담긴 향취 나는 술은 천 사람의 피요, 옥쟁반에 쌓인 진미의 안주는 만백성의 살점일저金樽美酒 千人血, 玉盤佳肴 萬姓膏"라는 〈춘향전〉의 고발과도 맥이 닿아 있는 셈이다.

"전쟁의 시대는 끝났다. 우리 가문의 시대도 끝났다"라는 말로 드라큘라는 그 자신이 인간의 갈등을 전쟁으로 해결하던 구시대의 화신임을 고백한다. "이제 런던으로 이주하여 사람들과 함께 삶과 죽음을 나눌 계획"이라는 말은 법과 근대의 길을 걷고 있는 영국 땅에서 봉건 귀족사회의 전통을 고수하겠다는 의지다. 어디를 가나 자신의 성에서 가져온 흙이 없으면 연명할 수 없는 드라큘라의 모습에서 구체제가 잔존할 수 있는 사회적·문화적 토양, 곧 봉건 체제가 읽힌다.

해결의 실마리는 반 헬싱의 강의 장면에서 드러난다. 매독과 문화의 공존을 강의하는 반 헬싱 박사는 지식과 지혜를 두루 갖춘 인물이다. 의사, 신학자, 역사학자, 철학자인 동시에 법학자인 헬싱의 모습은 법학이 진정한 어른만이 할 수 있는 종합 학문임을 가리킨다. 법은 과학·의학·철학 등 모든 지식의 체계를 사회적 제도와 연결하는 합리적 이성인 까닭이다.

헬싱이 의학과 범죄학 지식을 이용하여 도주하는 드라큘라의 퇴로를 차단하고 심장에 십자가를 말뚝 박아 죽이는 장면은 괴물의 공포로부터 인류를 해방시키는 법률가의 시대적 사명을 상징한다. 헬싱은 그가 평생을 추적해온 드라큘라는 인류의 원수라고 밝힌다. 루시는 단순한 드라큘라의 피해자가 아니라 애첩이라고 그녀의 약혼자 닥터 잭에게 경고한다. 헬싱 자신의 시대적 소명은 오로지 병든 봉건·귀족 사회를 무너뜨리는 것이다. 헬싱이 드라큘라에 대해 사원私怨을 품을 이유는 없다. 루시가 드라큘라의 첩이라고 공언하는 것도 봉건사회에 기생하는 집단에 대한 평가일 뿐이다. 헬싱이 밝혀내는 드라큘라의 비밀 또한 시대성의 선상에 있다.

온갖 지혜와 용기를 동원하여 지상에서 드라큘라를 영원히 제거하는 여섯 명의 남녀는 중산층의 도덕과 윤리를 대변한다. 자수성가한 전문 직업인들이 부와 사회적 지위가 세습되는 도덕적으로 병든 귀족 사회를 몰락시키는 데 앞장선다. 이들의 직업을 의사, 변호사 또는 교사로 설정한 것은 우연한 일이 아니다. 드라큘라를 제거하는 일에 법률가, 즉 근대의 상징인 법률가들이 결정적인 역할을 하는 것은 지극히 당연한 귀결이다. 당대의 과오를 성찰하고 해부하는 것은 법률가의 묶이기 때문이다.

원작에서처럼 법률가들은 괴물 퇴치에 앞장서야 한다. 흡혈귀가 전설 속에 봉인된 시대에도 여전히 비이성·부정의의 괴물은 버젓이 살아 남아 양민의 숨통을 조른다. 법의 시대, 이성의 시대에 사회 개혁의 열쇠를 쥐고 있는 법률가들이 드라큘라의 이빨에 물려 흡혈귀가 되면 세상은 끔찍한 종말을 맞을 뿐이라는 단호한 메시지, 이것이야말로 영화 〈드라큘라〉의 피보다 진한 심장이다.

아미스타드

자유에 이르는 여정

The Amistad | 스티븐 스필버그 감독 | 1997년

태양을 향하여

"영화는 사상의 지배자는 아니나 풍속과 여론의 지배자이다." 프랑스의 사학자 마르크 페로의 주장이다. "텔레비전은 화상을 가진 토스터 toaster다." 미국의 헌법학자 카스 선스타인(Cass Sunstein, 1940~)의 현대 문명론의 카피 구절이다. 바야흐로 영화와 텔레비전이 다스리는 이미지의 왕국이 도래하였다. 현대는 영상 민주주의의 시대, 문자의 세계가 영상으로 대체되고 있다. 이미지는 거짓을 모르는 참된 문자라는 주장마저 세를 얻고 있다. 전통적인 문자의 영역은 영상이라는 날렵하고 강력한 매체로 성큼 잠식당하고 있다.

　문자의 상징이던 법도 영상의 침입 앞에 무릎 꿇을 준비를 하고 있다. 역사를 만든 법도, 역사를 기록한 법도, 영상이라는 새로운 사관史官의 해석을 고대하고 있다. 바야흐로 영상이 명실공히 법과 사상과 역사의 지배자가 될 날도 멀지 않았다. 스티븐 스필버그 감독의 영화 〈아미

스타드〉는 이러한 영상 법의 시대가 임박해 있음을 예고하는 작품이다.

자유와 태양을 향한 대장정이라는 미국 건국 신화의 계곡에는 검은 복병이 매복해 있다. 인종 문제는 미국의 도덕성에 있어 치명적인 약점이다. 세계의 경찰을 자처하며 타국의 인권 문제를 거론하고 나설 때마다 반문당하게 되는 약점이 바로 흑인 노예 문제다. 〈아미스타드〉는 이렇듯 미국의 원죄인 흑인 노예 문제를 허먼 멜빌(Herman Melville, 1819~1891)의 《베니토 세리노Benito Cereno》(1856) 이래 고전적인 주제의 하나가 되어온 선상 반란과 함께 엮어, 미국 역사의 암실에 한 줄기 섬광을 끌어들이려 한다. 1841년 미국의 연방대법원은 유럽의 노예 거래에 대해 경종을 울리는 판결을 내렸다. 이 작품은 이러한 미국의 선구적 업적을 영상으로 재조명하는 시도다. 전 유럽이 제국주의와 중상주의의 시녀가 되어 혈안이던 시절에 적어도 미국의 법원만은 인간의 모습을 바로 보았다는 자부심을 담고 있는 영화다.

아프리카의 영국 보호령 시에라 리온Sierra Leone 인근 해안에는 노예 매매를 위해 세운 유럽인의 요새가 있었다. 영국 정부는 이러한 요새의 존재를 공식적으로 부인했지만 모든 유럽의 노예상이 공권력의 비호 아래 포획한 아프리카 토인을 신대륙에 팔아넘겼다. 멘드 부족의 추장 신케이는 동료 부족들과 함께 유럽인의 포획물이 된다. 짐승으로 매매되어 포르투갈 국적의 악명 높은 노예선 테코라 호에 실려 스페인령 쿠바의 아바나까지 운송되어 온다. 아프리카에서 납치된 이들은 두 개의 대양을 건너는 긴 항해 중 절반 이상이 목숨을 잃고 고깃밥 신세가 되었다. 목숨을 부지한 44명의 인간 화물은 웃돈을 치른 서인도 농장주에게 매각되어 아미스타드La Amistad 호에 선적된다.

이들 아프리카산産 화물 인간들은 '우정'이라는 위선의 선명船名에 도끼를 던지며 반란을 일으킨다. 항해에 필요한 두 사람만 남기고 스페인 선원들을 모두 잔인하게 살해하고는 태양을 가리키며 해가 뜨는 "동쪽으로!" 가자고 명령한다. 자유를 향한 동진東進의 항해를 계속하던 중 식수를 구하러 뉴욕 주 롱아일랜드 근처의 섬에 들렀다가 미국 해군에게 나포된다.

'자유와 태양을 향한 인간의 서사시'라는 영화가 전하고자 한 장중한 메시지는 전편을 통해 삽입되는 흑인의 허밍과 노래, 율동, 배경음악, 장례 의식 등과 함께 어우러져 비애감을 더해준다. "태양을 따라" 동쪽으로 향하는 해로는 절묘한 문학적 아이러니다. 태양의 아들, 맨몸으로 사자와 싸운 전사인 그가 태양의 품을 향해 동으로의 돛을 단 항해는 결과적으로 죽음의 땅을 향한 위험하기 짝이 없는 뱃길이었다.

이들 흑인의 지위와 법적 처리에 관해 뉴 헤이븐(New Haven, 코네티컷 주 남부) 소재 연방 지방법원의 재판이 있은 후(1839) 항소법원을 거쳐(1840) 연방대법원의 최종 판결(1841)로 그들은 드디어 자유의 몸이 된다. 영화는 그 지난한 여정과 중요한 결단을 2시간 반으로 압축한 기록이자 역사 드라마다(U. S. v. The Amistad, 1841). 재선을 앞둔 반 뷰렌 대통령이 남부 정서에 영합하기 위해 대법원에 상고한 정치적 결정을 스페인 정부의 압력으로 돌리는 대법원의 판사, 남부의 대변인으로 노골적인 경고와 압력을 행사하는 존 캘훈 전 부통령, 노예해방운동 세력과 기독교인의 결합 등 당시 역사의 여러 단층을 스치듯 조명하면서 사려 깊은 관중의 지적 욕구를 자극한다.

인류의 역사는 법을 통한 인간 해방의 역사인 동시에 법에 의한 인간 지배의 역사이기도 했다. '위대한 자유의 문서'라는 미국 연방헌법은 노예 제도 탄생 당시에 일정한 유예 기간을 두고 노예 매매를 금지하였을 뿐 노예제 자체를 부정하지는 않았다. 흑인 노예는 법적으로 '재산property'일 뿐, 결코 인간이 될 수 없었다. 그러나 백인의 대표자를 선출하기 위한 인구수를 산정하는 기초 자료로는 백인의 5분의 3의 가치를 가진 인간으로 간주한다는 기이한 문구를 위대한 자유의 문서의 한 구절로 남겼다.

흑인 노예가 재산이 아닌 사람의 신분을 얻기 위해서는 '온전한' 사람들의 내분이 필요했다. 피의 남북전쟁을 거친 후 비로소 이들 아프리카인들도 법적으로 인간임을 선언받았다. 식민지 시대 미국은 노예제를 합법적으로 유지하고 있었고 유럽 전역에 걸쳐 노예제는 상업적 동기로 널리 통용되고 있었다. 아프리카에서 조달한 노예를 거래하는 식민지 미국의 법과 관행은 영국으로부터 상속받은 코먼로의 일부였던 것이다.

독립한 후 미국은 1807년, 연방법으로 노예 매매를 금지했다. 일부 주는 연방정부가 성립하기 전에 이미 노예제를 폐지하기도 했고, 자기 주의 영토 내에 들어온 노예를 정기적으로 해방시키는 조치를 취하기도 했다. 아미스타드 판결 당시 미국 전역에서 노예 매매는 금지되었으나 노예제 자체의 합법성 여부는 주마다 달랐다. 이 사건의 재판이 행해진 뉴욕 주와 코네티컷 주에서는 노예제는 이미 폐지된 상태였다.

연방검사는 아프리카에도 노예제가 존재한다고 주장한다. 전쟁, 부채 등 여러 사유로 노예제는 세계 어디에나 보편적으로 존재하는 인간의 제도임을 역설한다. 그러나 이 판결은 노예제 자체에 대한 판단이

흑인해방운동가 시어도어 조드슨은 아미스타드 호에서 반란을 일으킨 흑인들을 아프리카로 돌려보내기 위해 변호사 로저 볼드윈을 찾아간다. 부동산 전문 변호사인 볼드윈은 '노예는 재산'이라는 통념에 따라 이 사건을 재산 관련 소송 문제로 변호하기 시작한다. 그러나 신케이를 만나면서 점차 자신들은 노예가 아니라는 그들의 주장에 공감하게 된다.

아니었기에 이러한 검사의 주장은 남부의 정서를 고려한 연방정부의 정치적 발언의 성격이 더욱 짙다.

자유라는 지극히 원초적인 정의를 되찾는 법의 과정은 지극히 복잡하고도 더디다. 연방검사는 아프리카 야만인들을 살인죄로 처벌하자고 주장하고, 스페인 정부는 1795년 미국과 체결된 해상 조약을 근거로 '화물'의 인도를 요구한다. 미국 해군은 연방법상의 보상 규정을 들어 재산의 분배를 요청하고 농장주는 이들이 막대한 대가를 지불한 사유재산임을 주장한다.

이렇게 복잡한 이른바 문명 세계의 법 절차를 태양과 사막과 사자와 공생하던 순박한 아프리카인이 이해할 리 없다. 판사라는 직책을 '추장'으로밖에 통역할 수 없는 안타까움이 있다. 하늘과 같은 존재인

추장의 선언을 다시 심사하는 또 다른 추장이 있다는 이야기는 오로지 속임수로밖에 비치지 않겠는가?

어느 나라 법에 의해도 자유인

검은 지도자 신케이와 미국 변호사들의 교감 과정은 원시적 정의감이 제도적 이성과 점차 결합해가는 아름다운 모습이다. 법은 문화와 이성의 상징이다. 그 문화와 이성이란 원시적 정의감을 순치·수용함으로써 설득력을 갖추게 된다. 전직 대통령 존 퀸시 애덤스(John Quincy Adams, 1767~1848)가 직접 대법원의 변론에 나선다. "법정에서는 사연을 가장 잘 전달하는 쪽이 이기는 법이다. 우리는 그들의 존재만 알고 있을 뿐, 그들의 사연은 전혀 모르지 않는가?"

자신의 집무실에 핀 아프리카 바이올렛의 향훈을 음미하던 애덤스는 이들 아프리카 자유인의 사연을 미국의 법정에서 훌륭하게 재구성해낸다. 전직 대통령이 자신이 임명한 판사들 앞에 선 것은 이 사건의 비중을 가늠케 하는 증거다. 마치 대통령의 국정 연설을 연상시키는, 무려 8시간에 걸친 구두 변론을 담은 총 80여 페이지에 달하는 장문의 변론서는 그 자체가 위대한 자유의 문서로서 손색이 없다. 그의 변론은 건국의 아버지들의 미국적 이상에 호소하는 데 초점을 맞추고 있다.

판결문을 쓴 조세프 스토리(Joseph Story, 1779~1845) 판사의 말을 빌자면 '강렬한 수사와 신랄한 풍자'의 극치였다. 대법원은 아미스타드호의 흑인들은 어느 나라의 법에 의해서도 자유인이었고, 이들은 불법으로 납치되었기에 노예 신분과 재산의 존재를 전제로 하는 법리가 적용될 수 없다는 요지의 판결을 내렸다. "스페인 법에 의해서도 이들은 자유인이다. 불법으로 체포, 납치, 수송된 자유민이다. 이들이 잃어버린 자유를 되찾기 위해 행한 잔혹한 방법은 유감스런 일이나 불가피했던 자구 행위였다." 이들의 선상반란이 '자연권'의 행사이자 정당방위라는 변호사의 주장을 정면으로 수용하지는 않았지만 형사 책임은 불문에 붙이기로 한 것이다.

영화를 새로운 유형의 사료史料라고 할 때, 영화와 법적 사실과의 부분적인 차이는 기존의 사료를 해석하는 정당한 권한의 범위에 속한다고 볼 수 있다. '재판을 통한 자유의 선사'가 중심이 된 이 드라마는 그러한 재판을 탄생시키는 사회의 갈등과 정치적 기류를 전달함을 소홀히 하지 않는다.

스페인 대사는 미국 대통령에게 "행정권이 통제하지 못하는 법원은 자격이 없는 법원"이라는 촌평을 주저하지 않는다. 이에 대해 미국 대통령은 "법원은 마치 인형처럼 제 맘대로 가지고 놀 수 있는 장난감이 아니다"라고 맞받는다. 은연중에 11살짜리 소녀 이사벨라 2세가 '통치자'인 스페인의 낙후된 사법 제도를 비판하며, 유럽의 정치인과 지식인에게 경악과 찬탄을 자아낸 미국 법원의 모습을 전한 것이다. 토크빌의 《미국의 민주주의》의 다음 구절을 연상시킨다. "미국에서는 조만간 소송으로 발전하지 않는 이른바 '정치 문제'란 존재하지 않는다."

영상으로 쓴 법의 역사 기록인 〈아미스타드〉에는 몇 가지 각주가 달려 있다. 바바라 체이스는 감독과 영화사를 상대로 표절 소송을 제기했다고 한다. 자신의 소설 《사자의 메아리Echoes of Lions》(1988)에서 제시한 캐릭터를 영화에서 무단으로 차용했다는 주장이다. 역사적 사실을 토대로 저술하는 이른바 '역사소설'의 저작권 범위가 어디까지냐는 쉽지 않은 논란거리다. 어쨌든 이 소설은 아미스타드 판결의 이면에 숨은 흑인 통역자와 여성의 역할을 부각함으로써 미국의 정의 시스템에서 소외되었던 집단을 재조명한 공로를 인정받고 있다.

1973년 낙태할 권리를 여성의 프라이버시권으로 인정한 획기적인 판결의 판결문을 쓴 대법관 해리 블랙먼이 영화에 직접 출연해 강제로 자유를 박탈당한 아프리카인이 자유민임을 선언하는 판결문을 낭독했다. 이런 에피소드들은 모두 영화가 풍속과 여론 그리고 사상의 지배자이기 때문에 일어난 일이다.

영화는 대포로 요새를 폭파하는 작업을 지휘한 영국군 장교가 문제의 요새가 존재하지 않았음을 미국의 국무장관에게 확인하는 위선의 의식으로 마무리된다. 모든 역사적 기록이 양국의 정부 모두 요새가 존재했음을 알고 있었음을 확인해주지만 일찌감치 노예제를 폐지한 영국의 체면을 지켜주려는 미국 정부의 외교적 배려임을 알려는 사람은 알 수 있다. 이 마무리 의식은 위선의 세상, 그 위선의 우상이 파괴된 후에도 거짓과 위선이 여전히 위세를 떨치는 세상을 향해 법이 던지는 칼날 같은 메세지일 터이다.

소설의 시체 위에 화려하게 핀 영상의 꽃

Great Expectations | 알폰소 쿠아론 감독 | 1998년

미국의 고등학생에게 셰익스피어에 대해 말해 보라면 절반은 '섹스 어
필'에 대해 열을 올린다고 한다. 독서 세대가 사라지고 교양의 의미가
바뀌고 있다는 증거다. 한때는 인류의 문성文聖이라던 셰익스피어도
이제는 영상을 통하지 않으면 대중에게 전달되지 않는 무명씨에 불과
하다. 마르크 페로의 말대로 "문학은 영화의 전사前史로 물러서고" 있
는지도 모른다. 이른바 '고전'이란 오랜 세월을 두고 많은 사람들에게
간단없이 읽히면서도 교훈적 내용을 담은 작품이다. 그런데 그 교훈이
란 저자가 작품 속에 담은 '원래의 의도'와 무관하게 독자가 원작으로
부터 추출해내는 것이다. 시대의 흐름에 따라 고전문학도 새로운 해석
기법과 방법이 개발되어야 하고, '독자'가 '관객'으로 바뀐 시대에 문
학은 영상이라는 새로운 매체의 신세를 질 수밖에 없다.

빅토리아 시대 영국의 문호 찰스 디킨스(Charles Dickens, 1812~1870)

의 작품 《위대한 유산》(1860~1861)은 여러 차례 영화로 만들어졌다. 흔히 영화기법 몽타주의 창시자로 불리기도 하는 디킨스의 작품 중 이 소설만큼 문학 작품으로서의 완성도나 영상적 적응력이 뛰어난 작품은 드물다. 그중에서 반세기 전(1946)에 영국에서 만들어진 데이빗 린 감독의 연출작이 가장 충실하게 원작을 압축하여 영상으로 옮긴 작품으로 평가받고 있다.

린의 작품은 독서 세대를 겨냥해 만든 것이며 어디까지나 원작을 읽어야 한다는 당위를 전제로 하여 원작을 읽으며 상상했던 인물과 시대 배경을 영상화시키는 데 주안점을 두었다. 그러나 알폰소 쿠아론 감독의 1998년 작품은 디킨스의 살해와 재창조라고 말할 수 있을 정도로 원작의 틀을 깨고 나섰다. 린과 달리 쿠아론은 영상 세대의 감각과 기호에 맞추어 과감한 개작을 선택했다.

애초 디킨스가 의도한 작품의 주제는 사회 계급을 기초로 한 빈부 간의 갈등과 헛된 꿈의 좌절이다. 통용되는 '위대한 유산'이라는 우리말 제목은 이 작품의 내용과 주제를 제대로 반영하지 못한다. '거창한 꿈'이라는 번역이 더 적합할 터이다. 이 작품은 누구나 동의하듯이 타인의 힘에 의존하여 신분 상승을 꿈꾸는 한 소년이 품은 헛된 꿈의 좌절을 통한 개안과 인간적 성장을 그린다. 누군가의 시혜에 힘입어 '막대한 재산expectations'을 보유한 신사가 되어 미모와 교양을 겸비한 아내를 맞는다는 '거창한 기대expectation'가 무너질 때 비로소 진실한 인간의 가치를 깨닫는다는 메시지다. 그렇다면 '위대한 유산'이라는 제목은 반어적 용법을 차치且置한다면 작품의 주제를 전달하기에는 적합하지 않다.

반세기라는 시간을 사이에 둔 두 편의 〈위대한 유산〉. 문자 세대를 위한 원작 중심의 해석과 영상 세대를 위한 이미지 중심 영화의 간극만큼 두 작품이 담고 있는 사회적 메시지의 총량 차도 크다.

    에스텔라에 대한 핀의 몽환적 사랑은 그의 내면적 성장을 그리기 위해 동원된 화려한 물감에 불과했다. 과거의 먼지 속에 갇혀 살던 미스 해비셤이 잿더미로 변한 흉가의 잔해가 되고, 사내의 가슴에 상처를 주도록 훈련받은 '아름다운 악녀' 에스텔라가 파멸로 마감하는 것도 이러한 사회적 메시지를 부각하기 위한 장치였다. 등장인물의 외모를 상세하게 묘사하는 것이 장기인 디킨스가 유독 이 소설에서만은 핀을 포함해 등장인물의 외모에 대해 거의 묘사하지 않은 이유는 이 소설이 주인공 핀이 화자인 일인칭 소설이기 때문만은 아닐 터이다. 가장 중요한 이유는 이 작품이 주인공의 내면적 성장을 다룬 성장소설이기 때문이다. 그의 내면은 타인의 재산과 힘에 의존하여 신사가 되겠다는 헛된 꿈을 버림으로써 비로소 성숙한다.

    20세기 말 대서양 반대편에서 제작된 쿠아론의 영화는 두 청춘 남녀의 사랑에 초점을 맞추었다. 빛과 색채 그리고 '섹스 어필'을 교묘하게 조합한 이 영화는 영상 세대의 기호에 영합하는 작품이다. 주인공을 화가로 설정한 것도 빛과 색채의 효과를 극대화하기 위한 장치일 것이고, 플로리다의 태양빛과 뉴욕의 분수대에서 펼치는 감각적인 키스 신도 가족 관객에서 청춘 관객으로 영화의 고객이 바뀐 세태에서는 지극히 자연스런 일이다.

따라서 이 영화에서는 디킨스 작품의 핵심인 사회적 메시지는 흔적도 없이 사라졌다. 신분변동의 의미를 관조하면서 신·구 질서의 간극을 정교한 법리로 연결해주던 재거스 변호사도 사라지고 그 자리에 '거미(Ragno, spider)'라는 이름의 잡무 변호사가 몇 차례 등장할 뿐이다. 다만 에스텔라가 떠난 후 고통의 나날을 보내던 핀이 비로소 "나는 성장의 길을 택했다"라며 홀로서기를 시도하는 장면을 통해 개인적 성장의 과정을 보여줄 뿐이다.

한 시대를 투영했던 심각한 사회소설이 한갓 보기 좋은 애정영화로 탈바꿈한 것은 세상이 셰익스피어 시대에서 섹스 어필 시대로 변했기 때문일 것이다. 영화 〈위대한 유산〉은 한때 인류의 위대한 유산으로 믿었던 소설의 시체 위에 화려하게 핀 영상의 꽃을 복잡한 심경으로 바라보게 하는 영화다. 그것을 일컬어 새 시대, 21세기의 개막을 알리는 신호탄이라고들 한다.

래그타임

걸레 같은 세월, 20세기 초 미국의 어두운 단면들

Ragtime | 밀로스 포먼 감독 | 1981년

현대 법철학의 대가 로널드 드워킨은 모든 문학 작품을 '연작소설chain novel'이라고 명명했다. 모든 작품은 시대의 산물이고 후세 작가는 선배 작가의 시대적 업적에 '가필'할 뿐이라는 것이다. 1981년 아카데미상을 휩쓴 영화 〈래그타임〉은 드워킨의 이론을 확대 적용한 작품이다.

이 영화는 미국의 인기 작가 E. L. 닥터로(E. L. Doctorow, 1923~)의 동명의 베스트셀러 소설(1975)을 2시간 반짜리 영상으로 각색한 것이다. 같은 제목의 원작도 독일의 대작가 하인리히 폰 클라이스트(Heinrich von Kleist, 1777~1811)의 중편소설 〈미하엘 콜하스Michael Kohlhass〉(1810)의 패러디다. 세부 장르 사이의 경계가 무너진 시대에는 영화도 엄연한 문학 작품이다. 시대와 장르의 경계를 넘어 문자가 영상으로 변신해 전승되는 연작의 과정이 흥미롭다.

재즈의 원조로 알려진 '래그타임ragtime'은 피아노로 연주하는 흑인의 음악이다. 체인 송chain song, 워크 송work song 등 악기 없이 오로지

성대에 의존해야 했던 노예들의 음악은 19세기 후반부터는 약간의 외적 표현의 자유가 허용되었다. 그리하여 미국 남부의 예도藝都, 뉴올리언스의 흑인 피아니스트들 사이에서 싱커페이션(syncopation, 당김음)을 빈번하게 사용하는 경쾌한 음악 래그타임이 개발되었다. 프렌치 쿼터의 좁은 연주홀에서 브라스밴드와 함께 탄생한 재즈는 독특한 주법과 창법에 힘입어 급속히 전 세계로 전파되었다. 재즈라는 단어의 어원이 성 행위를 암시하고, 반복적인 리듬이 성의 환청을 유도한다는 사실도 유행에 기여했을 것이다.

다소 품위를 갖춘 재즈의 원조 래그타임을 음표 대신 단어의 의미로 파자破字하면 '걸레rag 같은 세월time'이 된다. 이런 제목이 암시하듯 영화 〈래그타임〉은 20세기 초 미국의 어두운 단면들을 조명하는 작품이다. 적절하게 등장하는 자료 화면이 이를 재확인해준다.

소설 《래그타임》에는 수많은 이야기가 등장한다. 미국 산업혁명의 영웅인 헨리 포드(Henry Ford, 1863~1947)와 J. P. 모건(J. P. Morgan, 1837~1913) 등 실존 인물을 포함해 수많은 사람들이 등장하는 방대한 모자이크 소설이다. 영화는 이들 중 세 개의 주된 플롯을 결합한다. 인종갈등과 사적 복수라는 핵심 주제를 담은 흑인 피아니스트의 이야기와 함께 유럽에서 갓 이민 온 예술가의 이야기 그리고 탈선한 어린 아내의 정부를 살해하고 심신상실의 항변을 통해 감옥 대신 정신병원에 감금되는 상류사회 한량의 이야기를 엮고 있다.

자존심 강한 흑인 피아니스트 콜하우스는 고급 승용차를 몰고 약혼녀를 만나러 가는 길에 소방서 앞을 지난다(Coal-house라는 주인공의 이름도 클라이스트의 'Kohlhaas'에서 음차音借한 것이며, '석탄집'이란 뜻은 흑인의 검은 피부를 상징하는 것은 물론이다. 포드 자동차는 작센Sachsen 귀족에게 강탈당한 검은 명마의 현대판임을 원작을 읽은 독자라면 쉽게 감지할 수 있다). 백인 소방대원들은 길을 막고 통행료를 요구한다. 공공도로의 자유 통행권과 법치 사회를 믿는 콜하우스가 거절하자 이들은 온갖 모욕적인 언사와 함께 자동차를 망가뜨린다. 검둥이 주제에 고급 승용차를 몰고 다니는 것부터가 이들에게는 배알이 틀리는 일이다.

　가해자의 공식 사과와 함께 자동차의 원상회복을 주장하는 그는 법적 절차를 통해 피해를 구제받으려고 시도하지만 인종적 편견 때문에 번번이 좌절된다. 미합중국 부통령(원작에서는 대통령)에게 청원을 구하는 과정에서 약혼자가 사고로 군중에 깔려 죽자 분노가 극에 이른 콜하우스는 법적 절차를 포기한다. 소방서를 불지르고 대원들을 살해하고, 이에 그치지 않고 무장 테러단을 조직해 모건 도서관을 점거하고 소장된 귀중한 자료를 폭파하겠다고 위협한다. 이 도서관의 귀중본실은 건국의 아버지 조지 워싱턴의 친필 서신을 포함하여 자랑스런 미국 역사의 보물들로 가득 차 있다(이 편지는 클라이스트의 작품에서 콜하우스의 목에 걸려 있던 운명도運命圖에 해당한다).

　폭탄 제조 기술을 가진 백인 청년이 사회적 의식에 눈떠 이들에 가세한다. 중재에 나선 흑인 지도자(클라이스트의 작품에서 마틴 루터의 역할)가 합법 투쟁론을 내세워 콜하우스를 설득하지만 소득이 없다. 최후의 중재자로 나선 사람은 테러단에 가세한 백인 청년의 친척이다. 그는 당초 콜하우스와 흑인의 권리에 대해 냉담했으나 아내로부터 자비와 연민의 정을 깨닫게 된 것이다. 그의 중재로 대치한 경찰과의 협상을 통해 동료의 안전한 탈출을 확인한 콜하우스는 항복한다. 그러나 무기를 버리고 도서관 밖을 나서자마자 경찰의 총격에 의해 무참히 살해된다. 스스로 죽음의 상황을 유도한 것이다.

이 영화는 콜하우스의 복수의 도덕적·법적 정당성을 가볍게 처리했다는 비판이 제기될 수 있다. 흑인의 정의에 대한 성의 있는 성찰의 계기를 유도하기보다는 단순한 일탈로 마무리한 아쉬움을 강하게 남기는 영화다. 그래서 '걸레 같은 세상'이라는 속설 제목이 더욱 어울리는지도 모른다. 서정성 넘치는 주제가 〈One More Hour〉가 래그타임에 실려 가슴속에 파장을 일으킨다. 그래서 진짜 영화는 듣는 예술이라고도 하는가 보다.

Law+Film

수치스런 과거사를 바로잡다

뉘른베르크 재판

나치가 저지른 반인도죄에 대한 심판

Judgment at Nuremberg | 스탠리 크레이머 감독 | 1961년

인도에 어긋난 죄

국가간의 갈등이 전쟁을 통해 해결되던 시대에는 승자의 법이 곧바로 정의였다. '국제법'이 등장한 이후에도 한동안 양상은 마찬가지였다. '전쟁과 평화의 법'이라는 국제법은 사실상 전쟁의 법과 다름없었고, 평화는 전쟁과 전쟁 사이의 막간을 잇는 짧은 이음새에 불과했다. 그리고 20세기에 들어 인류는 두 차례의 대규모 전쟁을 겪었다. 두 나라 사이의 전쟁이 아니라 세계가 편을 갈라 벌인 싸움이었다. 전쟁이 끝나면 으레 배상 책임이 논의되고 승자는 패자에게 가혹한 책임을 묻기 마련이다. 그러나 그 책임이란 대체로 정부의 책임이지, 개인의 책임은 아니었다.

　뉘른베르크 전범재판은 2차 세계대전에서 승리한 연합국이 주체가 되어 패전국 독일이 '제3제국'의 이름으로 저지른 반인간적 행위에 대해 개인적 책임을 추궁한 역사적 사건이다. 전쟁마다 평화시에는 상상

288

하기조차 힘든 비인도적인 행위가 자행되곤 한다. 그러나 나치 독일이 저지른 조직적인 유대인 학살은 인류에게 인내의 한계를 넘어서는 것이었다. 재판이 열린 뉘른베르크는 히틀러의 제3제국이 대규모 군중 집회를 위해 애용하던 도시였다.

흔히 뉘른베르크 재판으로 불리는 전범재판은 1945년 11월 10일에 시작하여 11개월 만인 이듬해 10월 1일 종결되었다. 이 재판에서 1급의 나치전범 24명이 기소되었고 이 가운데 선전상 괴벨스(Joseph Paul Göbbels, 1897~1945)를 비롯한 13명에게 사형이 선고되었다.

1945년 8월 미·소·영·불 등을 포함한 23개국 연합국이 합의한 런던협정에 기초하여 설치된 이 법정의 재판장은 영국의 제프리 로렌스 Geffrey Lawrence 경이, 수석 검사는 미국의 로버트 잭슨(Robert Jackson, 1892~1954) 대법관이 맡았다. 이 재판에서는 '반인도죄crime against humanity'라는 새로운 유형의 범죄가 적용되었다. 아무리 비인도적인 행위일지라도 독립된 주권국가의 합법 절차에 의한 행위에 대한 사후 처벌은 종래의 법 이론으로는 무리가 있었다. 그래서 인류의 보편적 양심에 기초하여 만들어낸 것이 바로 '인도에 어긋난 죄'다.

이어서 2차 뉘른베르크 재판이 열렸다. 1946년 12월부터 1949년 3월에 이르기까지 열두 개 법정에서 총 185명의 독일인이 재판을 받았다. 열두 개 재판부 모두 미국인으로 구성되었다. 독일 통치를 위해 설립된 연합군 정부가 근거 법령을 마련한 것이다. 각료, 의사, 법률가 등 제3제국의 조직적인 유대인 학살에 가담한 185명의 핵심인물들이 재판에 회부되어 이들 중 25명에게 사형이, 20명에게 무기징역이 선고되었다.

할리우드 영화 〈뉘른베르크 재판〉은 1, 2차 뉘른베르크 재판을 종합하여 각색한 기록성 영화다. 영화가 시작하면 캄캄한 화면에 "서주 (序奏, Overture)"라는 흰 글자의 자막만이 3분 이상 떠 있다. 화면의 절반을 차지한 흑과 백의 적막한 대조를 가르는 것은 배경음악, 나치의 행진곡들이다. 등장인물을 소개하는 자막이 열리면서 행진곡은 더욱 템포가 빨라진다. 나치 본부의 건물 꼭대기에 세워진 하켄크로이츠 (Hakenkreuz, 卍)가 비친다. 뭉게구름을 동반한 폭탄이 하켄크로이츠를 날려버린다. 총 6분에 걸쳐 이어지는 긴 '서주'다.

서주에 이어 열린 첫 장면은 폐허의 도시, 앙상한 건물 잔해의 숲 사이로 고급 승용차가 달린다. "1948년 뉘른베르크"라는 낮은 자막이 자동차의 아랫배를 따라 이동한다. 뒷자리에 앉은 세 사람의 미국인이 이야기를 나눈다. 이따금씩 운행 방향을 제대로 가늠하지 못하는 자전거가 승용차의 질주를 방해한다. 운전대를 잡은 청년이 연신 경적을 눌러대며 신경질을 낸다. 뒷자리의 손님을 의식한 제스처도 다분히 가미되어 있다.

"피해가 이 정도로 심각한지는 몰랐다"라며 복잡한 표정을 짓는 순진한 생김새의 미국 노인의 허망한 표정과 도시의 역사를 묻는 이방인에게 1219년까지 소급한다는 독일 청년의 건조한 대답이 부자연스럽고도 경직된 미국과 독일의 관계를 암시한다. 자동차는 대저택의 현관 앞에 멈춘다. 전범으로 사형이 집행된 독일 장군으로부터 연합군 정부가 징발한 집으로, 재판장 대니얼 헤이워드가 기거할 임시 관사다.

영화는 법정 밖에서도 독일인과 미국인 사이의 문화적 차이를 은근하게 부각한다. 서투른 정복자 미국인의 능력에 회의를 토로하는 장교

1948년 미국인 대니얼 헤이워드가 전범재판의 재판관으로 독일 뉘른베르크에 도착한다. 재판은 미국인 검사와 독일 변호사의 불꽃 튀는 공방전으로 진행된다. 검사가 재판의 의의는 인류의 이름으로 죄인들을 응징하는 것이라고 강조하자, 변호사는 패전국에 대한 승전국의 재판일 뿐이라고 응수한다.

클럽의 군인들, 웨스트 포인트(West Point, 미 육군사관학교) 출신 젊은 대위의 독일인 여자친구, 자신은 나치 인종정책의 피해자였지만 동포에게 죄를 지우는 재판에 증인으로 나설 수 없다는 여인과 그 남편을 설득하는 미국 검찰관의 대립, 이 작은 사건들을 통해 영화는 시종일관 모두 승자와 패자, 미국인과 독일인 사이의 묘한 심리적 긴장을 조명한다. '정치'와는 무관함을 강조하면서 히틀러도 고속도로를 건설하여 많은 사람에게 일자리를 마련해주는 등 좋은 일을 더러는 했다며 조심스럽게 자신들의 소박한 평결을 내리는 하녀 부부의 입을 통해 '보통' 독일인의 정서를 전달한다.

　헤이워드 판사와 장군의 미망인 사이에 묘한 로맨스가 가미되면서 그 대립은 극복될 수도 있다는 메시지를 전한다. 창고에 보관한 허접스런 물건을 가지러 왔다가 점령군 판사와 마주친 귀부인은 순진한 미국 노인의 가슴에 꿈틀대는 인도애의 불길을 점화한다. 장군의 딸이자 아내로서 쌓은 절제와 인내, 교양이 머리카락 한 올마다 뿌리 박혀 있는 매력적인 중년 여인은 '정치적 살인'을 선고받은 남편이 명예롭게 죽을 군인의 권리마저 박탈당한 채 잡범처럼 목졸려 죽은 수모를 지우지 못해 애잔한 한을 호소한다. 판사가 국민의 투표에 의해 선출된다는 사실을 기이하게 여기는 관료사법국가의 상류사회 여인과 샌드위치라는 음식 같지도 않은 음식을 손수 만들겠다며 전속 조리사를 당황하게 하는 미국의 노老법관, 두 사람 사이의 묘한 긴장과 이완은 명배우들의 뛰어난 연기에 힘입어 영화 전반에 탄탄한 배경을 깔아준다.

나치 독일의 법률가들

재판은 전형적인 미국의 형사재판 절차에 따라 진행되나 배심은 없다. 미국의 증거법은 배심재판을 전제로 발전된 것인 만큼 배심이 없는 재판에서는 엄정한 증거법이 별다른 의미를 갖지 못한다. 그러나 이 재판 전반을 통해 증거법을 둘러싸고 검사와 변호사가 제기하는 각종 '이의신청'과 이에 대한 재판장의 결정은 방청객을 가상적 배심으로 하여 문명 사회의 판단을 구하기 위한 자료의 제공으로 볼 수 있다.

이 영화는 엄밀한 의미에서 실제 재판을 재현한 것은 아니다. 그러나 1, 2차 뉘른베르크 재판을 종합하여 하나의 사건으로 재구성해냄으로써 여러 유형의 독일 지식인의 행적을 시대 상황과 관련해 다양한 각도에서 조명했다. 네 사람의 피고인들을 모두 법률가로 설정함으로써 절대 권력 아래에서 법률가의 역할이 무엇인가를 생각하게 하는 드라마이기도 하다. 나치 독일의 반인도적 행위를 집행한 법률가의 직업윤리와 개인적 양심의 문제를 심도 있게 다루기 위해 영화는 네 사람의 전형을 만들어냈다. 그렇다면 넓은 의미에서 시대적 기록으로 볼 수도 있을 것이다. 흑백영화가 주는 진지함을 극도로 활용한 이 영화는 그 자체가 시종일관 손에 땀을 쥐게 하는 하나의 전쟁이다. 상대의 논거를 공략하는 치밀한 논리와 더불어 계산된 심리전이 동원된 전쟁인 것이다.

법정에 선 네 사람의 피고는 제각기 자신의 행위에 대해 법률가로서 자기 기준을 가지고 있다. 첫 번째 피고, 한Hahn은 일말의 뉘우침도 없이 당당하다. 조국 독일을 위해 서방의 문화적 전통에 따라 국가의 명령을 따랐을 뿐이라고 진술한다. 두 번째 피고는 "판사는 법을 집행할 뿐이지, 정의를 실행하는 것이 아니다"라는 사법관司法觀으로 법의 역할을 한정지움으로써 '역사에 대한 책임'을 회피한다. 세 번째 피고는 울먹일 뿐 아무런 적극적인 반응을 보이지 않는다. 마지막 피고인 에른스트 야니히는 당대 최고의 법학자이자 법 정책가였다. 판사와 법무장관의 경력을 거친 그는 나치와 독일 법학의 중간에 선 지식인의 모습을 극화한 인물이다. 이 영화에서의 법리 논쟁은 야니히의 행적에 대한 평가와 심경을 추적하면서 전개된다.

야니히는 인정人定 심문 단계에서 묵묵부답으로 일관함으로써 미국 법정의 권위 자체에 이의를 제기한다. 판사는 이를 무죄의 주장으로 수용한다. 대령 군복을 입은 검사의 개정 진술은 공분公憤을 대변하는 인류에 대한, 인간성에 대한 죄임을 강조한다. 이들의 행위는 제3제국이 등장하기 이전부터 존재하던 독일의 (자연)법을 위반한 것이라며 형벌 불소급의 원칙 등 이른바 '죄형 법정주의'의 제약을 극복하려는 이론적 시도를 보인다.

이에 맞서 젊은 독일인 변호사는 재판의 정치적 성격을 강조하며 진정한 피고는 독일 국민임을 주장한다. 승전국이 아니라 인류의 이름으로 응징하는 '심판'임을 강조하는 검사와 패전국의 국민에 대해 승자가 내리는 '재판'으로 의미를 한정 지으려는 변호인의 논쟁은 전편을 통해 치밀하고 박진감 있게 전개된다. 범죄 성격의 특수함과 피고 야니히의 인간성을 부각시키면서 변호사는 미국 사법의 거성인 올리버 웬델 홈스(Oliver W. Holmes Jr., 1841~1935)를 두 번이나 인용함으로써 미국인 재판관들에게 은근한 설득과 비판을 동시에 시도한다. 미국 법 최고의 저서인 《코먼로The Common Law》(1881)의 저자, "법은 논리가 아니라 경험이다"라는 명언으로 미국 법의 진수를 압축한 홈스의 권위는 가히 신화적이다.

헤이워드 판사는 바이마르 헌법(1919)과 피고 야니히의 법학 저술을 읽는다. 《법의 의미》라는 책에서 바이마르 헌법 아래 희망에 찬 인간의 공화국을 건설하려는 꿈에 부풀어 있던 이상주의 법률가가 어째서 독재의 하수인이 되었는지 의아해한다. 바로 그러한 길을 걸은 불행한 지식인, 이 땅에 유신과 더불어 상륙하여 아직도 우리나라 헌법학에 엄청난 영향을 미치고 있는 카를 슈미트(Carl Schmitt, 1888~1985)를 연상시키는 대목이다.

검찰측 증인으로 나선 비크 박사는 야니히가 택한 길이 불가피하게 강요된 것만은 아님을 반증하려 한다. 대학에서 야니히를 직접 가르쳤던 비크는 나치가 등장하기 전에는 독립된 지위에서 국가를 보호하는 임무를 성실히 수행하던 사법부가 1933년 나치의 등장과 함께 정권의 시녀로 전락하게 된 오욕의 과정을 진술한다. 1934년에는 판사를 포함한 모든 공무원에게 '충성 선서'가 강요되었으며 이듬해부터는 모든 판사가 법정에서 나치의 하켄크로이츠를 착용할 것이 강제되었고 법조문에 '인종'의 개념이 공식적으로 등장함으로써 노골적인 유대인 박해의 도구가 되었다. 비크 자신은 이렇게 정의롭지 못한 법조에 몸을 담는 대신 판사직을 사임했다는 것이다. 그러나 사임에 대한 적극적인 보복이 뒤따르지 않은 사실을 보면 불의에 협조한 나치 법률가의 행적은 독일 형법이 규정하는, 결코 항거할 수 없는 이른바 '강요된 행위'가 아니었음을 주장한다.

인종오염방지법에 따라

'인종' 개념을 적용하여 '열등한 부류'의 사람을 인위로 도태시킨 악행을 입증하기 위해 두 사람의 증인이 소환된다. 정치 성향과 유전적 요인을 이유로 거세당한 한 노동자와 타인종간의 신체 접촉을 금하는 특별법의 제물이 된 어린 독일 소녀가 그들이다. 공산당원 아버지를 둔 무식한 노동자 페터슨은 슈투트가르트 지방법원 판사가 내린 열등인 판정에 의해 치욕스럽게도 거세를 당한다. 그의 열등성을 판정하기 위해 판사가 던진 질문은 히틀러 총통과 나치의 인종정책을 주도한 닥터 베베의 생일이 언제냐는 것이었다. 페터슨의 대답은 "잘 모를 뿐 아니라 관심도 없다"였다. 그 단종斷種 판정을 내린 판사가 바로 이 법정에 피고인의 신분으로 서 있다.

이른바 뉘른베르크 재판, 즉 국제군사재판의 실제 법정 모습. 기소장起訴狀을 보면 그 소송 이유는 네 가지였다. 첫째는 침략전쟁을 위한 공동의 계획과 모의, 둘째는 평화에 대한 죄, 셋째는 전쟁법규 위반, 넷째는 인도人道에 대한 죄이다.

    독일인 변호사의 반대심문 기술은 탁월하다. 흔히 미국의 법정영화에서 보듯이 얄밉도록 정교하고도 도발적인 질문으로써 증인이 정신적으로 정상인이 아니라는 의심을 불러일으킨다. 또한 거세 제도를 규정한 버지니아 주법을 합헌이라고 선언한 미국 연방대법원의 판결문, 그것도 미국 사법의 거성 홈스 판사가 쓴 판결문을 상기함으로써 나치 독일의 죄과가 승자의 법제에도 내재되어 있음을 간접으로 주장한다.

    검찰이 집요한 추적과 설득 끝에 법정에 세운 아일린 호프만은 당시 16세 소녀로 65세의 유대인 노인과 함께 인종간의 신체 접촉을 금지한 1935년 '인종오염방지법'을 위반한 혐의로 특별 법원에 기소되었다. 유대인 노인은 사형에 처해졌고 자신들의 결백을 주장한 소녀는 위증죄로 2년 징역을 선고받았다. 그 재판의 재판장이 바로 다름 아닌 야니히였다. 문제의 재판이 지극히 예외적인 사건임을 주장하는 변호사는 실제로 두 사람의 불륜 현장을 목격했다는 청소부의 증언을 얻어낸다. 이에 대해 청소부가 나치당원이었음을 밝혀내는 검사의 반대심문은 인종 문제가 곧바로 정치 문제와 직결되어 있음을 말해준다. 같은 내용의 인종오염방지법은 미국에서도 오랫동안 존재했던 것이다.

영화의 종반에 검찰측 증거로 기록영화가 등장하면서 분위기는 더욱 고조된다. 다하우Dachau 수용소의 해방에 직접 참여한 검사는 당시 영국군이 촬영한 자료를 생생하게 재생하며 전체 유대인의 3분의 2, 나치의 통계로 600만 명이 넘는 다윗의 자손이 '청소'의 대상으로 목숨을 잃었다면서 전대미문前代未聞의 죄악에 대한 인류의 공분을 대변한다. 변호인의 이의신청은 예상된 것이다. "이 증거는 피고인에 대한 것이 아니다. 피고인들은 대량학살 사실을 결코 몰랐다. 피고인 중에서도 특히 야니히에게 유리한 증거가 산적되어 있다. 야니히를 옹호하는 각종 청원서가 쇄도하고 있다. 오히려 그는 많은 사람의 생명을 구했다. 그가 사임하지 않은 이유는 직책을 지키면서 더욱 큰 악을 방지하기 위해서였다." 변호인의 결사적인 변론이 허공을 맴돌고 있을 때 야니히가 발언을 요청한다.

차분한 어조로 석학 법률가 야니히는 당시의 절박한 심리적 상황을 술회한다. 히틀러의 독일 민족주의는 국가에 대한 사랑을 위해 유령이 필요했다. 그 유령 찾기 아래 재판은 재판이 아니라 희생양을 찾는 의식에 불과했다고 증언한다. 그뿐 아니라 자신은 다하우 수용소의 존재를 알았다고 고백한다. 결정적인 양심 선언이다.

변호사의 최후 변론은 정복자의 윤리적 정당성에 대한 심각한 의문을 제기하며 재판이 과거가 아니라 장래를 향한 가치판단이어야 함을 역설한다. 이 죄악이 과연 누구의 책임인가? 한때 독일과 동맹을 맺었던 러시아는 과연 무고한가? 이를 묵인한 바티칸 교황청은? 1938년 히틀러에게 찬사를 보낸 영국의 처칠은? 미국의 산업 자본가들은? 따지고 보면 너나 할 것 없이 인류는 모두 죄인이 아닌가?

2 대 1의 결정으로 법원은 피고인 전원에게 무기징역을 선고한다. "공권력을 이용하여 이들이 저지른 조직적이고도 비인도적인 행위는 인간성에 대한 죄, 문명에 대한 죄이며, 이러한 행위는 독일법 아래서도 죄이자 죄악이었다"라고 선언한다. 재판이 진행되던 중 러시아가 체코를 침공했고 베를린에 철의 장벽이 구축되었다. 앞으로 미국이 러시아의 팽창을 막고 유럽이 공산화되는 것을 막으려면 독일 국민의 협조가 절대적으로 필요하다. 정치가와 군사 전략가들의 은근한 압력과 회유가 적어도 외형상으로는 재판에 전혀 영향을 미치지 않았다.

논리는 정의를 대신하지 못한다오

재판이 끝난 후 야니히와 헤이워드가 마지막으로 만나는 장면은 이 재판과 영화가 미완의 것임을, 그리고 수치스런 과거의 역사를 청산하는 작업은 승자와 패자 모두에게 남겨진 과제임을 암시한다. 야니히는 헤이워드에게 자신과 독일을 위해 보관하고 있던 사적 기록을 모두 넘겨준다. 그러면서 진정으로 자신은 대량학살의 사실을 몰랐다고 고백한다. 헤이워드는 "당신이 한 사람에게 죽음을 선고했을 때 이미 그럴 위험을 알았어야 했다"며 권력의 한가운데 서 있던 지식인의 책임을 묻는다.

탁월한 변론을 편 젊은 독일인 변호사에게 노판사는 격려를 보낸다. 변호사는 볼멘소리로 불만의 투정을 던진다. "피고인 중 5년 후에도 복역하고 있을 사람은 하나도 없을 것입니다." 판사는 찬찬히 답한다. "대단히 논리적인 분석과 예견이오. 그러나 논리는 결코 정의를 대신하지 못하는 법이오."

"1949년 7월 14일까지 미국이 재판권을 행사한 전범은 모두 99명. 그중 5년 이상 복역한 사람은 아무도 없다." 변호사의 논리적인 예견이 입증되었음을 알리는 자막과 함께 3시간의 역사적 영화는 막을 내린다.

영화 〈뉘른베르크 재판〉은 승자의 재판이 인류의 이름으로 악을 응징한 것임을 설득하고 있다. 집단 살인 사건에 대한 재판이 아니라 인류의 이름으로 내리는 심판이라는 것. 영화의 제목으로 단순한 'trial(재판)'이 아니라 심판의 의미를 함께 가진 'judgment'라는 단어를 택한 이유도 감지할 수 있다. 그것은 미국 법원이 한 나라의 사법 정의에 기초하여 내린 판결이 아니라 인류의 양심에 근거하여 나치 독일이 범한 죄악에 대해 단죄하는 심판이라는 뜻을 강조한다.

또한 이 영화는 미국의 사법 정의가 세계의 정의로 수용될 정도로 실체적·절차적 정당성을 갖추고 있음을 은연 중 설득하는 전형적인 할리우드 영화이기도 하다. 미국이 무력으로 세계의 질서를 바로잡았고, 이제 자신의 법 체계로 세계의 질서를 바로함을 자랑스럽게 천명하는 선언문인 것이다.

흑백영화의 장점을 최대로 살린 이 영화는 흑백의 이분법을 따르지 않는다. 극악무도한 죄인에 대한 당연한 분노와 단죄라는 간명한 결론으로 관객을 이끌지 않으며, '악인이 아닌 우리는 결백하고 선량한 인류'라는 순진한 대피처로 안내하지도 않는다. 대신 영화는 우리 모두를 무거운 물음 속에 오랫동안 머물게 한다. 가치와 반가치의 격랑 속에서 제도적인 폭력을 강요당했던 그들을 우리는 과연 거리낌없이 비난할 수 있는가? 조직의 명령을 받은 개인이 그 조직이 내린 불법적인 결정에 대해 어떻게 저항할 수 있으며, 어느 범위에서 책임을 지울 수 있는가? 진실에 눈감았던, 과오를 반성하지 않는 인류는 결백한가?

이 영화는 개봉된 1961년 아카데미 11개 부문에서 후보로 지명되었고 강력한 작품상 후보로 떠올랐으나 〈웨스트 사이드 스토리〉에게 영광의 자리를 내주었다. 전례 없는 호화 배역 중 피고인의 젊은 변호사 역을 맡았던 오스트리아의 지식인 배우 막스밀리안 쉘에게 남우주연상이 수여되었다. 세계 인류가 모두 공범이며 대학살은 모든 인류의 책임이라고 주장한 변호사역을 맡은 배우에게 수여된 오스카 주연상. 인류 전체의 양심에 중대한 의문부호를 새겨두려는 이 영화의 메시지에 공인 도장을 찍어준 셈이다.

시고니 위버의 진실

진실을 잃어버린 시대, 분노로 지탱해온 기억

Death and the Maiden | 로만 폴란스키 감독 | 1994년

과거의 악몽과 마주치다

밀실에서 자행된 잔혹한 과거를 법정에서 심판하는 작업은 용이하지 않다. 한때 권력자였던 가해자는 과거를 말하지 않으려 하고, 극단적인 무법 상태에서 처참하게 인권을 유린당한 피해자는 미온적인 사법 절차를 통해서는 엄청난 구악을 제대로 응징할 수 없다고 믿기 십상이다. 로만 폴란스키 감독의 〈시고니 위버의 진실〉(원제는 '죽음과 소녀')은 이 난제를 정면으로 다룬 영화다.

이 영화에는 원작과 마찬가지로 단 세 사람의 인물이 등장한다. 일찌감치 데뷔작 〈물 속의 칼Knife in the Water〉(1962)에서 보여주었듯이 폴란스키 감독은 3인극의 명수다. 이 작품 또한 전편을 통해 3각의 팽팽한 심리적 긴장을 유지하며 군사 질서에서 민간 질서로 이행하는 과도기에 선 사회의 본질적 문제를 파헤치는 수작이다. 남미의 익명의 나라를 무대로 삼았지만 칠레가 가장 정답에 가깝다는 정황 증거가 많다.

슈베르트의 현악 사중주곡 〈죽음과 소녀〉가 안단테 칸타빌레로 연주되면서 "독재 정권의 몰락 후 남미"라는 자막이 뜬다. 폴란드 출신인 20세기 건반의 달인, 아서 루빈슈타인의 유언이 연상된다. "솔직히 말해서 현대음악은 잘 모르겠다. (…) 내가 죽었을 때는 슈베르트의 〈죽음과 소녀〉를 들려달라."

폭우가 쏟아지는 외딴 주택이다. 무언가 잔뜩 불만인 여인의 굳은 표정이 비친다. 멀리 폭우 속으로 다가오는 자동차 불빛이 보이자 서둘러 촛불을 끄고 권총을 꺼내든다. 흠뻑 물에 젖은 남편이 들어와서 사과와 함께 상황을 설명한다. 처음부터 대화는 삐걱거린다. 여자의 태도가 너무나 당당하고 비상식적이다. 두 사람 사이에 부부 이외의 특수한 관계가 존재함을 암시한다.

군사 독재 치하에서 지하 학생운동을 주도한 제라도는 새로 출범하는 민간 정부의 요직에 기용된다. 과거 정권에 의해 자행된 인권 유린을 조사하기 위해 신설한 인권위원회의 장으로 임명된 것이다. 사랑하는 동지이자 애인을 구하기 위해 모진 고문을 견뎌낸 아내 폴리나는 그런 남편이 불만이다. 그녀는 아직도 구세력이 엄연히 존재하는 정치 상황을 신뢰할 수 없다. 새 대통령이 설립한 인권위원회에도 기대를 걸 수 없다. 이 나라에 선례가 없는 인권위원회라는 새로운 국가 기관의 위상과 권한이 의문이다. 비록 군인 독재자는 사라졌지만 군부는 아직도 막강한 세력을 장악하고 있다. 제라도가 위원장으로 내정되었다는 뉴스가 새어 나가자 그를 암살하려는 음모가 진행되고 있다는 루머가 나돌고 대통령이 직접 제라도에게 전화를 걸어 신변을 경호할 팀을 보내겠다고 한다. 대통령 자신에 대한 암살 위협도 만만치 않다. 그러니 폴리나의 입장에서는 이 위원회에 진상 규명을 맡길 수 없다. 설사 위원회가 가동된다고 할지라도 권한이 몹시 제한되어 있을 터이고 통상의 법정 절차를 통해 자신이 입은 피해를 입증해야 하지만 그것은 별 가망이 없다. 아무리 세월이 바뀌었다고 하나 기존의 사법 제도가 여전히 남아 있는 한, 그 사람들의 근본적 속성이 바뀌지 않는다면 기대할 것이 없다.

과거의 악몽에 시달리며 고립된 채 일상을 살고 있는 폴리나는 남편에게도 고문 중 강간당한 사실만은 비밀로 하고 있다. 치욕스런 과거의 자신을 은폐하기 위해 그녀는 머리 색깔도 바꾸고 일체의 사회적 접촉을 금하고 지낸다. "양자라도 들이고 싶었어요." 고문 때문에 그녀는 생식 능력을 상실했음이 암시된다.

폭우 속에 귀가하던 제라도의 자동차가 펑크나자 지나가던 미란다가 도와 집까지 태워준다. 제라도는 의례적인 답례로 "차라도 한잔 하자"며 집안에 들인다. 대화의 수준이 통하고 의기가 투합하여 둘은 친구가 된다. 일정량의 알코올을 들이킨 후에는 "여성의 몸이야 쉽지만 영혼은 결코 정복하지 못한다"라는 사내들의 농담조차 스스럼없이 나누게 된다.

순간 폴리나는 깨닫는다. 바로 이 자다. 목소리, 체취, 프로이드와 니체를 인용하는 지식인의 스피치 매너가 강한 단서를 제공했고 자동차에서 발견한 음악 테이프가 신원에 대한 확신을 가중시킨다. 그 음악, 그때 그곳에 있었다. 자신은 두 눈이 가려진 상태에서 14차례나 강간을 당하는 동안 가해자는 슈베르트의 〈죽음과 소녀〉를 배경음악으로 즐겼던 것이다. 서럽도록 아름다운 그 음악은 가장 잔혹한 고문의 보조 도구였다. 폴리나는 전화줄로 미란다의 손발을 결박하고 온갖 비상식적인 폭력을 가한다. 자신이 받았던 것과 대등한 정도의 수모를 맛보게 하려는 의도다. 그녀는 미란다는 물론 제라도마저 권총으로 위협해 스스로 만든 법정에서 재판을 연다.

인권과 이성적 법 제도를 신봉하는 제라도가 설득에 나서 총을 버리고 미란다를 석방하라고 애원한다. 확증도 없을 뿐더러 설사 미란다가 범인이라고 할지라도 자신을 변호할 기회를 주어야 한다는 것이다. "그래요, 누구든 자신을 변호할 권리가 있지. 그럼 당신이 변호하세요. 당신은 이 나라 제일의 인권 변호사가 아닌가요? 인권위원회 위원장이자 장차 법무장관이 될 사람이 아닌가요? 당신처럼 훌륭한 자격자가 또 어디 있겠어요?"

영화는 혐의자와 피해자 그리고 이들 사이에서 고민하는 인권 법률가 사이에 벌어지는 법적 논쟁의 이면에 숨은 인간의 본성과 시대 상황에 초점을 맞춘다. 많은 정황 증거는 미란다가 문제의 잔혹 행위를 자행한 범인임을 암시하지만 결정적인 확증은 없다. 미란다가 두 차례 권총을 거머쥐는 짧은 반전의 순간을 제외하고는 폭력에 의지한 폴리나의 주도가 계속된다. 바라는 것은 오로지 진실된 자백뿐이라고 폴리나는 말하지만 분노에 불타는 복수의 충동을 지우지 못한다.

밀실을 벗어나

제라도의 주장대로 그를 정식 재판에 회부한다고 할지라도 목소리, 음악, 체취 등 오로지 피해자의 주관적인 의심(그것도 몇 년이나 지난 후의)

에 근거한 상황 증거만으로 가해자의 신원을 확정할 수는 없다. 더구나 폴리나 자신은 정식 기록도 없이 고문을 당했지 않았던가? 제라도에 대한 폴리나의 불신은 바로 이러한 반쪽짜리 정의에 대한 불신이다. 법이라는 이름의 공개 광장이 밀실에서 시야조차 가로 막힌 채 당했던 인권의 유린을 구제해주리라 기대할 수 없지 않은가?

미란다의 입장에서도 상황을 수용할 수 없기는 마찬가지다. 폭력에 대해서는 폭력을 주장하는 폴리나는 자신도 강간으로 되갚아주고 싶지만 그것이 원초적으로 불가능한 정의의 사각지대에 분개한다. 어떤 의미에서는 폴리나의 '캥거루 재판'은 인권위원회를 상징으로 하는 새로운 법치의 한계를 미리 내다본 자구 행위다. 몇 차례 반전의 계기도 무산되고 폴리나는 미란다를 처형하는 판결을 내린다. 그러나 시종일관 완강하게 범행을 부정하고 알리바이마저 완벽하게 갖추었던 미란다는 마지막 순간 자신의 유죄를 인정하는 자백을 한다. 절박한 심문과 논쟁 과정에서 암울한 시대의 기억 속으로 빨려들었고 무의식중에 시대의 공범자라는 책임을 인정했는지도 모른다. 자백을 들은 폴리나가 고심 끝에 미란다를 풀어주면서 영화는 종결된다.

첫 장면이 되풀이되면서 〈죽음과 소녀〉가 계속 연주된다. 경직된 표정의 폴리나를 애써 담담한 표정을 짓는 제라도가 옆에서 감싼다. 비로소 밀실을 벗어나 공개된 장소에 나선 폴리나를 인권과 이성의 화신인 제라도가 지켜주는 것이다. 2층에 앉은 미란다의 가족이 비친다. 돌아보는 아들에게 미소로 답하는 미란다 박사를 안단테 칸타빌레의 선율이 포용한다.

닮은꼴의 과거를 지닌 사람들에게, 군사독재의 아픈 경험을 공유하는 나라 사람들에게 이 영화는 가슴속 깊고 아린 상처를 기억나게 한다. 고통과 닮은 감동으로 영화는 우리의 심장을 공명시킨다. 암울한 시절 이 땅에서 일어난 수많은 의문사의 하나라도 속시원하게 진상을 밝히기는커녕, 노벨 평화상을 수상한 '인권 대통령'의 선거 공약이던 국가인권위원회의 설립을 두고 3년이나 설전만 거듭하고 있는 이 나라 사람들이 무언가 강한 메시지를 얻을 수 있는 영화다(오랜 논쟁 끝에 2001년 9월 1일자로 국가인권위원회 설립이 결정되었고 초대 위원장에 김창국 변호사가 임명되었다).

20세기 후반에 지구상에서 벌어진 가장 잔혹한 대량학살이 이데올로기의 이름으로 자행되었던 캄보디아에서도 킬링필드의 주범들에 대한 재판이 열렸다. 재판을 주도하는 공권력은 '고발자인 동시에 공범 accuser and accomplice'이라던 그 나라 한 인권운동가의 냉소 섞인 변이 귓전에 어른거린다.

하얀 전쟁

그린 파파야 향기 속 백색 공포

White Badge | 정지영 감독 | 1992년

전쟁을 체험한 세대가 무대의 전면에서 사라지면서 전쟁은 한국인의 의
식과 삶의 뒷전으로 물러서고 있다. 인터넷 게임이나 기껏해야 '주유소
습격사건'에서 전쟁 기분을 찾는 신세대에게 '진짜 전쟁'은 오래 전에
역사를 넘어 신화의 세계에 추방되다시피 하였다.

그러나 아직도 전쟁은 엄연한 우리의 현실이다. 한국쟁과 월남전,
신생공화국 대한민국이 치른 두 차례 전쟁은 한국 사회의 근본 성격을
결정지었다. 안정효의 원작(1986)을 영상으로 옮긴 〈하얀 전쟁〉은 전쟁
세대의 '인간과 역사에 대한 혼돈'을 그린 작품이다. 원작은 《White
Badge》라는 제목으로 미국에서 영어로 출간(1989)되어 성공을 거둔 최
초의 한국인 소설이기도 하다. 전쟁을 뒤로하고 조국을 떠나 수십 년째
유랑하고 있는 한 시인은 전쟁세대의 체험을 '풍경'과 '기억'이라는 두
단어로 요약했다.

꽃 담장 저편 사람 체제미소體制微笑 보여도
역사로서도 못 넘는 그 담장에
소인燒印의 혈흔血痕 풍화風化하였다.
　　―방하식, 〈기억과記憶과 풍경風景〉(2001) 가운데.

　영화 〈하얀 전쟁〉은 남의 땅에서 치른 전쟁이 이 땅의 후세에게 어떤 의미를 가지는지 진지하게 음미할 것을 주문하는 작품이기도 하다. 그런 의미에서 국제사회에서 세계인의 뇌리에서 이미 유실된 한국전쟁을 예술사적 관점에서 검토하는 서지문의 공들인 영문 저술 《잊혀진 전쟁 기억하기Remembering the "Forgotten War"》(Philip West & Suh Ji-moon, 2001)의 논지를 이 영화에서도 확인할 수 있다.

　백마부대, 모래밭, 뼈, 붕대, 흰 보라 다방, 한국인에게 흰색은 평화의 색깔이자 죽음의 색깔이다. 〈은마는 오지 않는다White Stallion〉의 작가 안정효에게 백색은 한국인의 정체성을 깨우치는 각성제이자 격랑 속에서 불안을 잠시나마 잊게 하는 환각제이기도 하다. "먼 남쪽 '섬'의 나라, 월남의 달밤, 십자성 저 별빛은 어머님 얼굴" 웃지도 못할 서투른 유행가 가사처럼 낯설고 아득한 '그린 파파야 향기'의 나라에서 한국인의 백색 공포가 재현된다.

　"자유통일 위해서 나라를 지키시다, 조국의 이름으로 님들은 뽑혔으니." 성스러운 자유의 군대를 표방한 타이한은 (북)베트남의 관점에서는 침략군의 앞잡이이자 가련한 국제 경제용병에 불과했다.

　"관념의 지배를 받던 시절에 나는 전쟁은 두 개의 상반된 사상이나 이념이 양쪽에서 벌이는 성스러운 투쟁이라고 믿었다. 그것은 인간 욕

보이지 않는 적의 기습에 대비하여 땅만 파던 파월 초년병들은 조금씩 전투를 경험하면서, 천천히 죽음의 거대한 그림자 속으로 한 발자욱씩 다가간다. 47명의 소대원 중 살아남은 소대원은 7명. 그리고 한기주는 귀국을 했고, 10년이 지난 오늘 전우 변진수와 만난다. "제가 한 병장님을 찾았던 것은 나 대신 죽여줄 사람이 필요했기 때문이었어요." 한기주는 권총을 들어 변진수의 이마를 겨눈다.

망의 숭고하고 심오한 표현이며, 그 투쟁은 비극과 불행을 낳기는 해도 찬란한 승리와 이상의 실현을 위한 진화의 한 과정이라고 생각했다. 전쟁이란 남성적 힘의 성역이요, 죽음을 건 가혹한 싸움은 진격을 향한 발돋움 바로 그것이었다." 주인공 한기주의 변이 지식 청년의 현학적 고뇌를 대변한다. 그러나 전장은 이런 역사적 의미를 음미할 여유를 주지 않는다. 전쟁포로를 인도적으로 대우할 것을 규정한 '제네바협정' 또한 피 튀기는 정글에서는 너무나 한가한 관념의 세계일 뿐이다. 1969년 4월 29일자 대법원 판결이 베트남에 파견된 한국 군대의 궤적을 역사로 기록했듯이 절박한 전투의 현장은 언제나 양민학살의 위험을 안고 있다. 비슷한 시기의 미군이 저지른 미라이 마을의 캘리 중위 사건이나 한국전 중 일어난 미군의 노근리 사건, 또는 황석영의 역작 《손님》에 생생하게 재생된 황해도 신천사건 등, 군인의 눈에는 총을 들지 않은 양민도

적군이나 진배없다.

> 전승탑 아래 사원 뜰을 걸으면
> 땀이 배어 끈적한 정글복 안으로
> 독경 소리가 또 배인다.
> (…)
> 검은 아오자이 긴 머리 사이로
> 희디흰 그 얼굴 그리고 눈빛
> 얼른 우리들도 고개를 돌렸고
> 피던 담배 비벼 껐지만
> 웬일일까 끼치는 소름이
> 방탄조끼 땀 젖은 군복 안으로
> 파고들었다.
> (…)
> 부대로 돌아오는 트럭 속에서도
> 돌아와 누운 침대 위에서도
> 땀 절은 군복 상의 가슴 쪽에
> 오래 묻어 있었다.
> ─김태수, 〈사원寺院에서 만난 월남 여인〉.

영화는 마치 스크럼을 짜고 교문을 나서는 듯한 환각 속에 월남전에 참전했다 돌아온 한 지식 청년의 독백을 통해 한국 사회의 현주소를 제시한다. 데모도 전쟁도 '집단최면 현상'이라고 자조하는 그는 전쟁의 후

유증으로 인해 심신의 조절 능력을 잃었다. 술집 작부의 눈에 비친 그는 "술잔을 뒤집어쓰고도 병신같이 웃기만 하는 소설가 아저씨"일 뿐이다.

영화의 전편을 통해 한국전쟁에 대한 기억과 월남의 상황이 엇갈려 비친다. 한국전쟁 당시 교활한 '국gook' 소년이었던 자신의 이미지와 일치하는 월남 소년 그리고 총소리의 공포를 못 이겨 정신이상자가 된 전우, 두 망령을 극복하려는 주인공의 노력은 표류를 거듭한다.

"박통(박정희 대통령)도 갔다. 이제야말로 월남 사태를 파헤칠 때다." 시류를 타는 시사잡지 편집장의 강권에 억지로 펜을 잡지만 단 한 줄도 쓰지 못하고 진전 없는 회의의 연속이다. "내가 왜 월남전을 소설로 쓰겠다고 했나? 10년이 지나도록 뇌리에 혼돈과 절망으로 남아 있는, 그 악몽과도 같은 체험을 냉정하게 소설로 엮을 수 있을까?" 그러나 "다행스럽게도 사람들은 모두 꽁까이(베트남 처녀)와 돈 이야기만 한다." 그래서 작가 자신의 하얀 의식만은 침범당하지 않았다.

마침내 군사독재 정권 아래서 쌓여가던 망막한 절망감이 유신체제가 무너지면서 새로운 전기를 찾는다. "소설 쓰는 데 보탬이 되라"고 미친 전우가 보내준 총으로 오히려 그를 쏜다. 죽은 자와 산 자의 구분조차 못한 채 전쟁의 망령에 체포된 전우의 의식을 해방시켜주기 위함이다. 마치 "유신의 심장을 향해" 쏘았다는 김재규의 총성처럼 한 시대를 마감하는 의식이다.

"이제야 비로소 나는 소설을 쓸 수 있을 것 같다." 이 처절한 의식을 통해 비로소 작가의 내면 세계가 세상에 빛을 드러낼 계기가 마련된다. 전장을 듣던 〈사이공 데플람Saigon dep lam〉('아름다운 사이공'이라는 뜻의 유행가)과 〈서울의 찬가〉가 결합될 가능성이 엿보인다. 이제 잔혹한 '두 도시의 이야기'를 흘러간 몽매의 시대의 과거사로 정리할 때가 되었다. 전쟁을 모르는 세대에게 전쟁보다 더욱 야만스런 인간시장의 모습이 실로 잔혹하다. 이 나라 농촌 구석마다 나붙은 섬뜩한 '베트남 처녀와 결혼' 광고에서 세월 속에 아물어가던 해묵은 상처가 되돋아난다.

비욘드 랭군

고통스런 역사의 상처를 넘어

Beyond Rangoon | 존 부어맨 감독 | 1995년

'광란의 정부와 선량한 국민'. 독재 국가의 땅을 밟고 온 인도주의자
들이 내리는 보편적인 결론이다. 승려와 군인의 나라, 합장하는 손과
총을 겨누는 손이 엇갈리는 곳, 미얀마는 공포와 죽음의 정글이다. 세
계 인권의 사각지대인 이곳은, 그러나 결코 포기할 수 없는 땅이다. 그
땅에 인류의 이름으로 내걸어야 할 것은 바로 인권이라는 깃발. 그래
서 한국앰네스티그룹이 펴낸 미얀마 인권운동사의 제목은 《내릴 수 없
는 깃발, 미얀마》(2001)다.

　　1988년 서울이 올림픽으로 세계 미디어의 주목을 받고 있을 때, 랭
군에서 엄청난 규모의 학살과 폭동이 벌어졌다는 소식이 통제된 언로
言路 틈새로 스며 나오고 있었다. 흔히 '88항쟁'이라 불리는 전국 시위
는 사회주의와 민족주의를 두 개의 이데올로기 축으로 삼아왔던 '버마
식 사회주의'의 종언을 확인하는 민중의 의식이었다. 한 걸음 더 나아
가 군사독재, 일당 독재정부를 타도하고 민주 시민사회를 건설하려는

단합된 국민 염원의 표출이기도 했다. 이해 3월 양곤 대학에서 점화된 민주화의 불길은 8월을 기해 절정에 이른다.

우리와 마찬가지로 미얀마의 근대사에서는 학생과 지식인의 역할이 돋보인다. 영국 제국주의의 타도와 주권 회복을 부르짖은 1930년대의 '타킨Thakin 운동'은 아웅산(Aung San, 1914?~1947)이라는 전설적인 청년 지도자를 배출했다. 영국을 몰아내기 위해 일본을 끌어들이고, 새로운 정복자가 된 일본을 몰아내기 위해 다시 연합군과 결합하고 마침내 최종 독립을 이끌어낸 그의 묘소는 성역이 되었다. 평범한 주부에 불과했던 아웅산 수지가 1987년 귀국과 동시에 민족의 새로운 희망의 등불이 된 것도 이러한 연유에서다.

"랭군을 벗어나지 말 것Don't go beyond Rangon." 1988년, 민주화의 물결이 전국을 휩쓸 때 외국인 여행자에게 부과된 조건이자 경고다. 그로부터 10년 후, 국제 여론의 압력을 외면하지 못한 군사정부는 6년간에 걸친 아웅산 수지의 가택연금을 해제하며 똑같은 조건으로 경고한다. '버마'가 '미얀마'로, '랭군'이 '양곤'으로 바뀌었지만 실체는 마찬가지로, '비욘드 랭군'의 장벽은 견고하다. 아직도 체포·살육 등 군사정부의 서슬이 퍼렇고 기아 수준의 빈곤은 문제를 더욱 어렵게 만들고 있다. '인권의 보편성'을 외치는 국제 사회의 여론, 이에 맞서 '내정 간섭'과 '주권 침해'의 항변을 내세우는 군사정부, 우리 역사에서도 결코 낯선 장면은 아니다.

무뢰한의 폭력에 남편과 아들을 잃고 인생의 의욕과 의사의 메스를 모두 놓아버린 한 미국인 여의사가 여행에 나선다. 황폐한 자신의 정신세계를 '동양의 신비'로 충전할 수 있을까. 얄팍한 오리엔탈리즘

거리에서 만난 우 앙코의 안내로 관광에 나선 로라는 그의 제자들을 만나면서 우 앙코가 자유투쟁의 선두주자로 정부의 눈총을 받는 많은 추종자를 거느린 훌륭한 인물임을 알게 된다. 그와 함께 머무는 동안 안정과 평화로움을 맛보게 된 로라는 자유의 땅 태국으로 목숨을 건 항해를 시작하며 자아를 다시 찾는다.

의 껍질을 뚫지 못했던, 그리고 자신이 경험한 죽음의 통증에서 벗어나지 못했던 그의 여정은 이국의 도시 한복판에서 가파르게 굴절하기 시작한다.

애초에는 우연이었다. 금지된 비욘드 랭군의 여행, 단지 금지되어 있기에 해보고 싶은 치기가 아니었다면, 도시라는 인위적인 공간에서 축적된 타락과 부패의 공기를 잠시나마 벗어나고 싶은 욕망이었을 터이다. 그러나 경계를 넘는 행위는 동시에 일상적 체험의 한계를 뛰어넘는 세계와 맞닥뜨리는 일이었다.

랭군의 거리에서 조우한 격렬한 데모대, 가로막는 경찰의 총부리를 미끄러지듯 고운 자태로 물리치는 여인, 이 기묘한 대치 장면에서 그는 동양의 신비를 발견한다. 가녀린 몸에 세상의 모든 위협을 흡입하여 녹여버리는 아웅산 수지의 검은 두 눈동자에서 그는 부처의 재현을 본다. 군중들의 얼굴에 있던 것은 아웅산 수지에 대한, 그리고 민주주의에 대한 마치 신앙과도 같은 신뢰와 갈망이었다.

학생을 보호하려다 교수직을 박탈당한 스승, 대학에서 내쫓긴 지식인 가이드와의 만남으로 여행자의 구도求道와 개안開眼의 길이 열린다. 세상에 대한 통찰력과 흔들리지 않는 꿋꿋함은 새벽빛과 같은 깨달음을 솟게 한다.

그리고 그는 목격한다. 군사독재에 항거하는 학생들, 목이 터지도록 '민주주의'를 외치는 사람들, 똑같은 제복 속에 숨어 동족의 심장에 발포하는 군대, 쫓기는 이를 숨기는 농부, 자신이 무슨 일을 하는지도 모른 채 두려움에 떨며 총을 겨누는 어린 병사, 칼끝처럼 곤두서 목을 조여오는 죽음과 목숨을 건 도피 그리고 수백만의 금빛 파고다(pagoda, 불탑). 이라와디 강 젖줄에 주저리주저리 매달린 비옥한 땅은 피의 역사로 물들고, 굳이 온기로 치장하지 않은 젖은 영상에는 역사의 잔혹함이 더욱 선명하게 맺힌다.

죽음을 넘나든 끝에 국경 너머 피난민 캠프에 도착한 그는 안도의 숨을 내쉬기 무섭게 "나도 의사다"라고 다짐하듯 말하며 다시금 신음하는 생명을 돌보는 일을 시작한다. 그는 이제 혼자만의 통증 속으로 숨지 않는다. 폐쇄된 기억에 자신을 가두지 않고 기꺼이 사람들 속에서 공명시킨다. 죽음과 가장 가까이 있었던 그는 이제 치유의 손을 내밀어 고통의 손을 잡아주려 한다. 그는 지금 또 하나의 깃발, 인도주의의 깃발을 낯선 땅에 내걸려 하는 것이다.

우리에게도 미얀마는 낯선 땅이 아니다. 슬픈 역사의 한 무대다. 영화 〈콰이 강의 다리〉에 앞서 우리의 소설가 이병주가 《마술사》(1967)에서 생생하게 그린 바로 그 땅이다. 마쓰야마 일등병으로 '천황 폐하'의 성전聖戰에 징용된 반도 청년 송인규의 비극과, 김성종의 소설과 텔레비전 드라마로 전 국민의 가슴에 파고든 최대치와 윤여옥의 〈여명의 눈동자〉가 박힌 곳이다. 작품 속에서만이 아니다. '아웅산 묘소 폭발' 사건(1983), 군사독재자를 수행하다 산화한 동량들의 기억이 생생하다. 그러나 남북정상회담을 주고받으며 역사는 우리에게도 랭군의 참혹한 기억을 극복할 것을, 이제는 그 깊고 오래된 상처를 치료할 것을 주문한다. 그래서 우리에게도 절실한 '비욘드 랭군'이다.

전사의 후예

뉴질랜드 역사에 드리워진 암울한 그늘

Once Were Warriors | 리 타마오리 감독 | 1994년

지열이 높아 뱀이 살 수 없다. 뱀뿐 아니라 땅속을 주된 서식처로 삼는 짐승이 존재하지 않는다. 무익조無翼鳥 키위의 보금자리, 새도 굳이 날 필요가 없는 지상의 낙원, 뉴질랜드에도 역사에 던져진 암울한 그늘이 있다. 그것은 정복으로 건설한 신세계의 백인 문명의 암영暗影이기도 하다.

　　뉴질랜드 영화 〈전사의 후예〉는 유럽인에 앞서 이 땅에 뿌리내렸던 선주민先住民 마오리족의 이야기다. 호주에 이어 영국인에 의해 개척된 뉴질랜드의 역사는 비교적 단순하다. 1840년, 이 땅에 먼저 이주했던 폴리네시아Polynesia인 마오리 부족들과 영국 정부 사이에 조약이 체결되었다. 대학원 수준의 국제법 강의에 이따금씩 등장하는 '와이탕이 조약Waitangi Treaty'이 그것이다. 무릇 대등하지 않은 협상력에 바탕한 모든 조약이 그러하듯이 이 조약도 선주민의 권리를 존중하는 외관을

띠었지만 본질적인 내용은 개척자의 권리를 공고하게 다지는 불평등 조약이었다. 이 조약의 결과 1858년, 최초로 부족 족장들 중 국왕이 선출되어 영국 정부와의 관계를 조정한다. 일부 부족이 드러내놓고 영국의 입장을 지지했고 그 결과 부족간의 내분을 조장했다. 뉴질랜드가 영국에서 독립한 후 마오리족 문제는 뉴질랜드 국내의 인종 문제로 격하되었다.

영화의 원작 《Maori, the Crisis and the Challenge》(Alan Duff)은 1990년 출판과 동시에 베스트셀러의 반열에 올랐고 국내·외 권위 있는 문학상을 수상하기도 했다. 작품은 키위와 양 떼, 휴화산과 협곡이 한적하게 춤추면서 여행자에게 더 없는 평화로움을 선사하는 자연의 순수 뒤에 웅크린, 출구를 찾을 수 없는 어두운 뒷골목을 해부한다.

일찍이 한국 출신의 지식인 윤홍기 교수는 《마오리 마음, 마오리 땅Maori Mind, Maori Land》(1986)이라는 문화 에세이집으로 세계인의 주목을 받았다. 30년째 뉴질랜드 제1대학의 지리학 교수로 재직 중인 그는 비행기 아래로 처음 뉴질랜드 땅을 대면할 때의 감상을 이렇게 적고 있다. "지천으로 퍼진 '진짜' 녹색의 천 위로 낱톨의 쌀알들이 꼬물거렸다. 나중에 알고 보니 양 떼들이었다. 녹색은 논, 흰색은 백미白米─그것이 쌀의 땅에서 자란 문화적 편견의 원천이었다." 그는 이러한 외지인의 편견을 '문화적 조경cultural landscape'이라는 개념으로 설명한다. "땅을 떠나면 마음은 유랑한다. 땅과 경관이 사회적 텍스트landscape as text"라는 그의 이론에 의하면 인간의 심성은 그를 키운 땅에서 배태되는 것이다. 마오리의 문화와 언어를 재료로 빚어낸 윤 교수의 이론을 이 영화에서도 확인할 수 있다.

백인 우위의 사회에서 하층계급으로 전락하여 빈곤에 허덕이는 마오리족의 운명을 타고난 베스. 가족의 유일한 희망인 딸 그레이스에게 누구도 예견할 수 없었던 충격이 찾아오고, 결국 그녀의 운명은 가족 모두에게 다른 삶의 길을 보여주게 된다.

영화가 시작되면서 카메라는 대도시의 빈민가를 조명한다. 자동차 불빛을 따라 소음이 함께 춤춘다. 조상의 땅을 버리고 도시 빈민으로 전락한, 어디에도 정주하지 못하는 마오리족의 얼굴이다.

마오리족 여인 베스는 전사 계급의 후예다. 그는 인종동화정책에 따라 도회지로 이주하여 정부에서 제공하는 생계보조금으로 연명하고 있다. 남편은 전형적인 마오리 사내처럼 술과 도박, 건달 짓거리와 싸움 그리고 아내 구타로 무료한 세월을 죽인다. 친구 앞에서 체통을 세워주지 않았다는 이유로 아내를 구타하는 것도 가장의 정당한 체벌 권한에 속한다는 식이다. 세월을 잘못 만난 '사나이'일수록 가정 내에서는 절대 권력자가 되어야 하는 법, 그것이 껍데기만 남은 가장의 허세다.

아이들도 백인 사회에 적응하지 못한다. "왜 세상은 온통 검정색인가? 무지개에는 왜 내가 보는 검은색이 없나?" 이미 어둠에 익은 어린아이 눈에 비친 세상의 빛깔이다. 큰아들은 갱단에 가입하고, 작은 아들은 절도범으로 소년원 신세다. 위대한 전사였던 조상의 위용을 문신을 통해서나마 전수받으려는 청년 건달이나 남의 자동차를 터는 소년이나 매한가지다. 탁구공처럼 팽팽한 젊은 심신을 잡아둘 직장도 학교도 없는 그들에게는, 지리하고 짓눌린 일상을 채울 빛이 없다. 검은 빛밖에 허락하지 않는 세상, 비틀린 아비, 단지 탈선만이 그들에게는 유일한 반항의 수단이다.

　그나마 엷은 희망의 등불은 열세 살짜리 딸아이다. 마오리 여인의 고귀한 심성을 지닌 그녀에겐 순정의 연인이 있다. "언젠가 자동차를 수리해서 함께 달려가자!" 폐차 속에서 어린 연인은 무지개를 그린다. 그러나 그 딸아이는 아비의 친구에게 강간당한 후 자살한다. 먹먹한 어둠이 가느다란 빛을 삼켜버린다.

　그러나 그 막막한 절망을 딛고 마오리 여인 베스는 일어선다. 어둠 속에서 그녀를 일으켜 세운 힘은 찬란한 전사였던 조상에 대한 자긍심이다. 그러나 그 자긍심은 산과 물을 빼앗긴 도시의 아스팔트 위에서는 되살아날 수가 없다. 딸을 고향 땅에 묻고 난 베스는 감연히 오랜 굴종의 세월을, 날개 꺾인 암흑의 나날을 마감한다. 18년 동안 가장의 이름으로 폭력을 휘둘렀던 남편에게 결별을 고한다. 가슴속에 마오리의 문신을 새겨 새로운 인생을 시작하는 아이들이 함께 나선다. 고래고래 악쓰는 사내를 뒤에 두고 베스가 아이들을 이끌고 마오리의 땅으로 귀환하는 것으로 영화는 막을 내린다.

　말없는 땅은 푸르름을 틔울 뿐, 주인이 누구냐고 물어도 대답해주지 않는다. 땅 위에 오래된 기억을 쌓아올린 사람들과, 그 땅에 새로운 문명을 짓는 사람들 사이의 먼 거리. 생각과 경험이 다른 사람들이 평화롭게 공존하기는 쉽지 않다. 이 땅의 새로운 주인을 자임하는 백인들은 물질 문명이 이룩한 합리의 왕국이라는 주류사회에 동화하는 것만이 낡은 가난과 무지를 벗어나는 길이라고 주장한다. 그러나 어떤 사람들에게 그 길은 오랜 세월 땅에 쌓은 풍성한 기억을 버리고 비틀거리며 헤매야 하는 좁고 가파른 길이다. 영화는 그 편협한 일방통행의 규칙이 낳은 가혹한 막다른 골목을, 그리고 그것과는 '다른' 길이 있음을 보여준다.

어쩌면 우리도 조금은 마오리 전사들을 닮아 있다. 우리에게 도시는 빼앗긴 것들과 잃어버린 것들에 대한 망각을 강요한다. 산과 땅, 물을 잃은 사람, 감태준의 시구대로 '헛디딘 곳, 서울'에 사는 실향민은 작품이 남긴 여진餘震을 주체하기 힘들어 윤홍기의 책을 다시 펴들게 된다. 키위를 닮아 머리털마저 빠져간다는 그가 쓴 모국어 시집은 《고향이 어디에 있습니까》(1997). 아직 접하지 못한 영화의 호주판 후속편 (《What Becomes of the Broken Hearted》, 1999)은 그의 이론을 어떻게 접목시켰는지도 함께 확인하고 싶다.

파워 오브 원

세상을 바꾸는 한 사람의 힘

The Power of One ┃ 존 아빌드센 감독 ┃ 1992년

하늘은 이름 없는 풀을 만들지 아니하고,　　　天不生無名之草,

대지는 욕망이 없는 인간을 내놓지 아니한다　地不生無慾之身.

　한 사람의 자각은 세상을 바꿀 수 있다. 자신의 생전에 이루지 못하면 장래를 위한 초석을 놓을 수는 있다. 이른바 '인권운동'이란 그런 것이다. 영화 〈파워 오브 원〉은 문자 그대로 한 사람의 지식 청년의 각성을 그린 작품이다. 영화는 이제는 역사의 유물이 된 남아프리카 공화국의 아파르트헤이트(Apartheid, 분리·격리의 뜻으로 남아프리카 공화국의 인종차별 정책과 제도를 일컫는 말)에 도전한 한 선구자의 삶을 조명한다. 1648년 이래 인종 편견의 유습遺習이 상속된, 여러 민족이 복잡하게 얽힌 남아프리카의 역사를 몰라도 진한 감동을 얻을 수 있는 작품이며 '인권'의 살아 있는 의미를 경험하게 하는 영화다.

　장엄한 석양빛이 광활한 대지를 감싸고, 대지와 닮은 줄루족의 음

악이 노을을 타고 흐른다. 소년의 내레이션이 시작된다. 영국인 아버지의 유복자로 태어난 P. K.는 줄루족 보모의 손에 자란다. 그는 보모의 아들과 함께 피아노를 치면서 흑백의 공존을 배운다. 그러나 책과 피아노 속에 자란 어머니는 아버지가 남긴 농장을 감당할 수 없어 강박감에 시달린다. 설상가상, 가뭄으로 가축들이 죽어가자 어머니는 병을 얻고, 의사의 충고에 따라 어린 P. K.는 기숙 학교에 보내진다.

독일계 선교사가 경영하는 이 학교에서 유일한 영국인 학생인 P. K.는 동급생의 린치에 시달린다. 목사는 노골적으로 '아프리카너(Afrikaner, 보어인)'들에게 가해졌던 영국인의 가혹 행위를 저주하면서 복수의 단결을 외친다. 끝내 어머니가 죽고 고아가 된 그는 학교로 돌아가는 것이 아동의 복지를 위해 최선이라는 후견인 변호사의 결정에 따라 또 다시 박해와 불안의 삶으로 내몰린다. 독일 학생들의 상습적인 집단 오줌 세례를 받으면서 P. K.는 그만 야뇨증夜尿症 환자가 된다.

불안과 절망의 삶에서 자신을 지켜주는 것은 줄루족 보모에게서 배운 신비로운 자연의 영적인 힘이다. 헤어지기 전 보모의 주선으로 원주민 신관神官의 굿을 받고 그에게서 영물靈物로 얻은 닭 마스빈디(masbindi, '용기'라는 뜻)를 어린 소년은 일상의 동반자로 삼는다. 그러나 '하일, 히틀러!' 구호를 외치는 아프리카너 청소년들은 영국 어린아이의 애완계鷄 히틀러를 아프리카너의 이름으로 처형하고, 이어서 거의 광란의 상태에서 P. K.의 처형에 나선다.

실로 목숨을 잃기 직전에 교장에게 발견되어 가까스로 목숨을 건진 P. K.는 콩고에서 돌아온 할아버지의 주선으로 원예학 교수의 시동侍童이 되면서 새 인생이 열린다. 사랑하는 말에게 베토벤이라는 이름

일찍이 부모를 여의고 고아가 된 P. K.는 주로 독일계 백인들이 있는 기숙학교에서 동급생들의 린치에 시달린다. 다시 영국인 학교로 옮긴 P. K.는 두 사람을 만나게 되는데, 독일계 백인인 교수에게 인생을, 원주민 흑인 기엘에게 권투를 배운다.

을 붙일 정도로 음악광인 교수는 문자와 음계를 익힌 소년에게 대자연의 철학을 가르친다. "자연은 모두 서로 협조한다. 모든 질문에 대한 답은 자연 속에 담겨 있다." "한 사람의 인생의 승패는 건강과 교육, 두 가지 조건에 달려 있다." 그의 강론은 자연과 인간 세계를 결합한 철학이다.

교수는 수용소에 감금된 흑인 챔피언에 의뢰하여 작은 몸집의 오줌싸개 소년에게 권투를 가르친다. "작은 사람도 머리를 쓰면 골리앗을 꺾을 수 있다. 처음에는 머리로, 그리고는 가슴으로." 그는 "머리를 쓰지 않는 것은 죄악이다"라고 강조한다. "죽은 백인의 두개골 값이 1달러이면, 흑인의 두개골은 100달러를 넘는다. 신품이나 마찬가지이기 때문이다." 흑인의 교육을 강조하는 이 나라의 선구자였던 투투 Desmond Mpilo Tutu 주교의 가히 처절한 유머 구절을 연상시킨다.

차별이 없는, 경계가 없는 자연 위에 인간은 금을 긋고 담을 쌓았다. 언젠가는 부족간의 갈등과 흑백의 인종차별이 사라질 날이 올 것이라고 믿는 흑인 노인은 "헛된 희망이라도 절망보다는 낫다False hope is better than no hope at all"를 좌우명으로 삼고 있다. P. K.는 음악회를 통해 수용소의 여러 부족을 통합하는 유례 없는 성공을 거두고 그들의 '레인메이커rainmaker'로 떠오른다(이 장면에 비중을 두면 영화의 제목을 '하나된 힘'으로 번역할 수도 있을 것이다). "그들은 갈팡질팡한다. 그들은 두려워한다. 그들은 겁쟁이다." 폭력으로 다스리는 그들(인종 분리주의자들)은 겁쟁이다. 인간성이 메말라 붙은 기근의 땅에 서우瑞雨를 불러올 전설적인 메시아의 현신現身을 기다리는 사람들의 염원이 그의 역할을 인도한 것이다.

고등학교에 진학하면서 P. K.에게 새로운 무대가 열린다. 철저한 인종분리 정책으로 흑인에게는 사람을 만나고 원하는 곳에 있을 자유도, 먹고 마실 자유도, 배우고 익힐 권리도, 극단적으로 통제되어 있는 가운데 그는 흑백간의 시합을 금지한 법을 위반하여 경기를 주선한다. 즐겁고 당당하게 승부를 겨루는 흑과 백의 모습을 보면서 사람들은 피부색이 설정한 거리와 경계가 사라지는 축제를 체험한다. 그리고 P. K.는 야학을 열어 문맹퇴치운동에 나선다. 글을 가르치고, 평등을 가르치고, 당신들은 모두 존중받아야 할 사람들임을 가르친다.

금지와 억압을 넘으려는 그에게 닥치는 벽들은 때때로 더없이 버겁지만 그에게는 절망보다는 희망의 키가 더 크다. 동지이자 연인이었던 이를 잃고 죽음으로 한층 승화된 사랑과 사상의 결합을 이룬 P. K.는 어렵사리 얻은 옥스퍼드 대학의 장학금을 포기하고 현장 운동가로 변신한다. 아프리카의 황톳길 위로 긴 여정을 시작하는 그의 뒷모습을 비추는 것으로 영화는 종결한다.

그로부터 반세기가 흐른 1993년, 인종통합을 이룩한 두 사람의 지도자, 흑인 만델라Nelson R. Mandela와 백인 데 클레르크Frederik Willem de Klerk에게 노벨 평화상이 주어졌다. 그리고 우리나라의 김대중 대통령도 그 상을 받았다. 그 상은 전태일, 조영래, 그리고 무수하게 많은 선구자들이 싸우고 이룬 것에 대한 기억과 치사이기도 하다.

에밀 졸라의 생애

나는 고발한다!

The Life of Emile Zola | 윌리엄 디터를 감독 | 1937년

자네는 이제 되돌아올 수 없다네

"모든 사람에게는 두 개의 조국이 있다. 하나는 자신이 태어난 나라이고 다른 하나는 프랑스이다." 미국 독립선언문을 기초한 토마스 제퍼슨의 프랑스 혁명 예찬론이다. 그의 수사는 프랑스 국민에 대한 찬사와 격려이자 세계 모든 인민에 대한 다짐이다. 자유·평등·박애, 파랑·하양·빨강의 삼색기에 담긴 위대한 공화주의 혁명 정신은 프랑스가 세계인에게 물려준 인류의 공동 유산이자 보편적 가치임을 선언한 것이다.

할리우드 영화 〈에밀 졸라의 생애〉는 다시 한번 제퍼슨의 수사를 확인하게 하는 작품이다. "나는 고발한다J'accuse!" 역사에 길이 남은 이 한마디는 프랑스 작가 에밀 졸라(Emile Zola, 1840~1902)의 입에서 나왔다. 그의 고발장을 통해 전 세계에 거대한 파문이 일게 된 '드레퓌스 Dreyfus 사건'은 작게는 무고한 한 사람의 신원伸寃을 위한 양심의 투쟁

이었지만, 크게는 프랑스 국민 전체가 혁명이 성취한 공화주의의 전통을 구체적으로 구현한 장대한 드라마다.

아카데미 작품상과 전기영화의 명배우 폴 무니Paul Muni의 예기藝技가 빛나는 이 작품은 졸라의 '고발'이 이룩한 사회적 성과를 조명한다. 1862년, 궁벽한 청년 작가 졸라는 화가 세잔(Paul Cézanne, 1839~1906)과 함께 파리의 빈민 아파트에서 불만의 세월을 죽인다. 실로 어렵사리, 난생 처음으로 얻은 일자리인 서점 점원 자리마저 버리게 된다. 정부를 비판하는 불온한 글을 계속 쓰면 처벌하겠다는 경찰의 경고를 전달한 주인의 서푼짜리 동정은 심사가 뒤틀린 자존심 강한 문제아 청년에게는 모욕이나 진배없었다.

무료한 불만의 세월을 보내며 하층민의 생활을 눈여겨 본 졸라는 우연히 알게 된 파리 창녀의 이야기를 작품으로 펴낸다. 전 유럽에 충격을 던진 〈나나Nana〉의 탄생이다. 열일곱 살에 고향을 떠나 무작정 상경한 후 파리의 진흙탕 속에서 청춘을 소진한 늙은 창녀의 이야기, 다시는 고향에 돌아갈 수 없는 인생의 막장을 향해 추락하는 여인의 이야기다. 그녀의 일기장을 재료로 삼아 구워낸 이 소설은 짐짓 위선의 가면을 쓰고 사는 파리의 신사, 귀부인들의 은밀한 기호를 자극하여 대성공을 거둔다.

〈나나〉로 인해 졸라는 영국을 비롯한 많은 나라에서 '음란물 작가'로 낙인찍혔지만 그의 필명은 치솟고 군대의 비리, 광부의 참상 등 프랑스 사회의 치부를 고발하는 문제작들을 연속적으로 써내어 드디어 대가의 반열에 오른다. 그러나 정작 어두운 세계를 고발하는 작가 자신은 그 폭로의 대가로 안락한 생활을 누리게 된다. 아내 알렉산드린과 함께 호사스런 가구로 장식한 고급 주택에서 각종 기호품을 즐기는 졸부로 전락한 것이다. 육신이 편안해지니 이제 세상을 위한 발언을 금하고 산다는 옛 친구 세잔의 비난에 졸라는 속이 상한다.

세잔은 여전히 비렁뱅이 신세를 면치 못하고 있다. 그러나 그에게 는 아직 시퍼런 정의감이 살아 있다. 세잔은 구제 가망이 전혀 없는 졸 라에게 친구로서 마지막 작별을 고한다. 그리고 자신은 탐욕과 타락의 악취로 구토가 이는 허영의 도시 파리를 떠나 인간의 냄새를 찾아 낙 향하겠다고 한다. 자리 잡으면 편지하라는 친구의 의례적인 인사에 대 한 그의 답은 단호하다. "다시는 편지를 쓰지 않겠어. 그러나 기억하겠 어." 뼈가 시리던 다락방에서 온갖 '위선의 종이(책)'를 불쏘시개로 삼 던 그 시절을 상기시켜줄 친구가 필요하다는 졸라의 부탁에 세잔은 냉 담하게 내뱉는다. "아냐, 자네는 이미 그 세계로 되돌아올 수 없다네. 잘 있게나."

드레퓌스 석방운동

1894년, 프랑스 장교 에스테라지 소령은 프랑스군의 비밀을 기록한 '명세서bordereau'를 프랑스 주재 독일 대사관으로 보낸다. 그러나 어 떤 경로인지 알 수 없지만 (필시 이중첩자에 의해) 문서는 다시 프랑스군 사령부로 되돌아온다. 군 수뇌부의 분노는 극에 치달았고 이 문서를 독일 대사관에 보낸 범인 색출 작업이 진행된다. 진범 에스테라지는 무사히 수사를 통과하고 대신 드레퓌스(Alfred Dreyfus, 1859~1935)가 혐 의자로 체포된다. 에스테라지가 독일계 혈통의 소유자였지만, 그보다

진실과 정의를 사랑하는 이상주의적 사회주의자였던 에밀 졸라. 소설가로서의 성공에 뒤이은 안일한 생일은 유대인이라는 이유로 간첩 혐의를 받은 프랑스군 대위 드레퓌스 석방운동에 뛰어들며 그에게 차가운 겨울과 의식意識을 되돌려주었다.

도 드레퓌스가 유대인이라는 사실이 더욱 주목의 대상이 되었던 것이다. 감히 유대인 주제에 위대한 프랑스 군대의 장교가 되었다는 사실이 인종적 편견에 찬 보수주의자들의 신경을 거슬린 것이다.

그러나 드레퓌스가 혐의 사실을 극구 부인하고 명세서의 필적을 그의 것으로 단정할 만한 확증을 찾아내지 못한 참모부는 곤경에 처한다. 이때 극단적인 반유대 신문 〈라 리브르 빠롤〉지가 드레퓌스의 체포 사실을 기사화하면서 참모본부가 마치 '매국노'를 비호하여 기소를 주저한다고 비판한다. 보수 언론 세력이 이에 동참하고 나서자 유사 필적을 유일한 증거로 삼아 군은 드레퓌스를 반역죄로 기소한다. 비밀리에 속성 군사재판이 열리고 드레퓌스에게 종신 금고형이 선고된다. 이어서 군부는 드레퓌스를 불명예 전역 조치시킴과 동시에 아프리카의 프랑스령 기아나Guiana에 있는 '악마의 섬'에 유배시킨다.

그로부터 1년 후 정보국에 부임한 피카르 중령이 에스테라지가 진범이라는 사실을 발견하고 상관에게 보고하나 참모부는 이를 묵살하고 오히려 피카르를 아프리카로 전출한다. '위대한 프랑스 군대'가 스스로의 과오를 인정하는 치욕을 당할 수 없다는 것이다. 그러나 후환을 대비한 작전으로 에스테라지에 대한 재판을 열고 무죄를 선고한다.

드레퓌스의 아내 루시는 남편의 오명을 벗겨달라며 필명 높은 졸라를 찾아온다. 이미 물질적 풍요와 안정된 생활에 길들여진 졸라는 망설인다. 프랑스 학술원의 정회원 자리를 목전에 두고 있지 않은가? 그러나 드레퓌스의 기록을 보고, 특히 세잔의 자화상을 보고 나서 감연히 나서기로 결심한다.

그리하여 그 유명한 〈나는 고발한다!〉라는 글이 탄생한다. 1898년 1월 31일자 《로로르L'aurore》지에 실린 이 글은 대통령에 대한 공개 서한으로 드레퓌스 사건의 진상과 이를 은폐한 군부의 음모를 천하에 공포하는 내용이다. 이 글로 인해 졸라는 명예훼손죄로 기소된다. 졸라는 유죄 선고를 받고 가는 곳마다 처단을 요구하는 광분한 군중의 폭동에 시달린다.

영화는 졸라의 재판 장면을 상세하게 그린다. 재판장은 드레퓌스 사건에 대한 일체의 언급을 금지한다. 피카르가 진실을 증언하려 하나 방청객과 군 수뇌부가 제지한다. 에스테라지의 심문도 재판장은 금지한다. 예상대로 애국심에 불타는 배심에 의해 졸라는 유죄 판결을 받고 영국으로 망명길에 나선다. 때로는 일시적 비겁함이 좀 더 큰 용기라는 주위의 충고를 받아들여 런던의 혹한을 감내한다.

법정 장면은 물론 사실을 극화한 것이다. 실제의 재판에서는 배심을 상대로 한 졸라의 최후 진술은 없었다. 영화 속의 진술은 신문의 글에서 따온 것이다.

졸라의 망명 중 진행된 항소심은 기술적인 이유로 졸라의 유죄를 번복한다. 즉 기소한 원고가 잘못 되었다는 것이다. 원심에서 전쟁장관이 졸라를 기소했는데, 그는 기소할 권한이 없다는 것이다. 졸라의 글로 인해 명예가 훼손당한 사람은 장관이 아니라 에스테라지를 무죄방면한 재판관들이고 따라서 이들만이 명예훼손의 소송을 제기할 수 있다는 것이다. 졸라 사건에 대한 재심은 열리지 않았다.

진실은 영원히 감출 수 없는 법

마침내 국민 전체가 사건의 진상을 밝히기 위해 드레퓌스에게 재심을 허용해야 한다는 재심 요구파와 이에 반대하는 재심 반대파 사이에 격렬한 논쟁의 소용돌이 속에 휘말린다. 재심 요구파는 아나톨 프랑스(Anatole France, 1844~1924), 클레망소(Georges Clemenceau, 1841~1929) 등 진보파 자유주의자와 지식인이 주동이었고, 재심 반대파는 왕당파·반유대파·가톨릭 교도·국수주의자·군인 등이 주동이었다.

1899년 마침내 세계 여론에 굴복한 정부는 재심의 기회를 준다. 드레퓌스도 결국 진실을 밝힐 기회를 얻은 것이다. 암울했던 시절 이 땅에 한 줄기 찬연한 섬광을 남겨주고 떠난 우리 시대의 법률가 조영래의 말대로 진실은 영원히 감추어둘 수 없는 법이다.

프랑스 전체가 드레퓌스에게 재심을 허용할 것인가를 놓고 격렬하게 싸우는 와중에 드레퓌스는 악마의 섬에서 귀환한다. 참혹한 유형 생활 끝에 이미 백발의 노인 모습이 역력했으나 실제 나이는 서른아홉에 불과했다. 황급히 비밀리에 열렸던 첫 번째 재판과는 달리 이번에는 전 세계에서 쇄도한 수백 명의 기자들이 주목하는 가운데 공개 법정에서 열린다. 이미 그의 무고함이 공지의 사실이 되었는데도 군부의 교활하고도 집요한 공작이 성공하여 다시 유죄 선고가 내려진다.

이 재판에서 감정증인으로 등장한 학자는 사람의 두개골 크기를 재어 생래적 범죄인을 가려낼 수 있다고 주장한다. 한 시대를 풍미한 롬브로소(Cesare Lombroso, 1836~1909)의 《범죄인론》을 전범典範으로 삼는 소위 형법의 '신파新派' 이론이다(영화는 드레퓌스의 재심 재판을 다루지 않는다). 또한 그는 전문적인 필적 감정인으로 행세하며 드레퓌스야말로 명세서의 진정한 필자라고 증언했다. 다시 한번 유죄 판결과 10년 징역이 선고되자 국제적 반대 여론이 비등했다. 아나톨 프랑스와 졸라는 물론 미국의 테오도르 루스벨트(Theodore R. Roosevelt, 1858~1919) 대통령도 판결을 공개적으로 비난하고 나섰다. 마침내 열흘 후 프랑스 대통령은 드레퓌스를 사면할 수밖에 없었다.

졸라는 영국 체류 18개월 만에(런던의 냉랭한 겨울은 한 번으로 족했다고 술회한다) 파리로 돌아왔고 1902년 독극물 사고로 죽었다. 정치적 암살 가능성의 풍문이 자자한 가운데 몽마르트르 묘지에 묻혔고 그로부터 6년이 지난 1908년에 이장하여 국립 영웅의 전당에 안치되었다.

졸라의 사후에도 드레퓌스의 끈질긴 재심 투쟁은 계속되었고 결국 1906년 무죄 판결을 받고 군에 복귀했다(영화는 1902년 졸라의 장례 장면으로 막을 내린다).

드레퓌스는 1902년 몽마르트르에서 거행된 졸라의 장례식에도 물론 참석했고 1908년 졸라를 파리 시내 영웅의 전당 팡테옹Panthéon에 안장하는 의식에 참석하고 돌아온 길에 극우파 테러범의 저격을 받아 가벼운 총상을 입었다. 군 생활을 계속한 그는 1차 세계대전에 참전했으며 퇴역 후 조용하게 여생을 보낸 뒤 1935년 파리에서 75세로 일기를 마쳤다.

　　드레퓌스 사건과 졸라의 고발은 역사가 요구하는 결정적인 순간에 지식인이 할 일이 무엇인가를 생각하게 한다. 동료 문인 아나톨 프랑스의 추도사가 오랜 여운을 남긴다. "그의 양심이 인간의 양심이 된 순간이었다. 그로 인해 이제 비로소 프랑스는 정의와 이성의 나라가 되었다."

　　'최후의 분대장', '외다리의 거인', '현역 독립 혁명가' 등 수많은 별칭으로 사랑과 존경을 받는 연변의 노작가 김학철(1915~2001) 옹은 한국의 현실을 평하면서 루쉰(魯迅, 1881~1936)의 명구名句를 인용했다. "전제(정치)는 사람들을 냉조冷嘲하게 만들고 공화(정치)는 침묵하게 만든다." 이승만·박정희·전두환, 그 시기에 그토록 잘 싸웠던 양심들, 민주화와 언론의 자유 그리고 인권의 보호를 위해 그토록 물불을 가리지 않던 그 양심들이 지금은 왜 이리도 '고자누룩이 태평성대'를 누리고 있는지 탄식했다. 폐부를 찌르는 노老애국자의 마지막 충고였다.

워터프런트

아름다운 청년의 결연한 항거

On the Waterfront | 엘리아 카잔 감독 | 1954년

엘리아 카잔 감독의 〈워터프런트〉는 어렵고도 암울했던 시절, 한 사람의 자각이 어떻게 세상을 바꾸는지를 보여주는 명화다. 그 한 사람은 교육과 훈련으로 '사상'을 갖춘 특별한 사람일 필요가 없다. 이렇다 할 내세울 것 없는 필부匹夫도 역사가 명하는 결정적인 순간에 양심의 명령에 따르면 세상이 동조하는 것이다.

부패한 부두 노조의 보스 프렌들리 일당에 대해 테리가 저항한 것은 거창한 이념이나 사상 때문이 아니었다. 오로지 동생을 감싸려다 죽은 형과 여자에 대한 사랑 때문이었다.

1970년 11월, 이 땅의 역사에 일대 전기를 마련한 '아름다운 청년' 전태일은 시린 몸에 기름을 끼얹어 산화하기 전 "나에게는 왜 대학생 친구 하나 없나?"라고 절규했다. 행여 그에게 이디와 같은 대학생 여자친구가 있었더라면 역사는 달라질 수 있었을까?

음습한 항구도시의 빈민 아파트에서 살인 사건이 발생한다. 죽은

사람은 부두 노동자 청년이다. 그가 왜 죽었는지, 그리고 누가 범인인지는 모두가 짐작하고 있다. 그러나 이 지역에 통용되는 'D&D(Deaf and Dumb)' 법이 두려워 아무도 입을 열지 못한다. 부패한 노조의 존 프렌들리 일당에게 죽임을 당할지도 모르기 때문이다.

세상의 본질을 모르는 건달 청년 테리는 형과 함께 프렌들리의 비호 아래 생계를 유지한다. 형제는 이 사건에 간접으로 연관되어 있다. 테리는 프렌들리의 '보살핌'을 고마워하면서도 일말의 양심의 가책을 지울 수 없다. 비보를 듣고 인근 읍의 대학 기숙사에서 달려온 피살자의 누이동생 이디가 진실을 밝히려고 나선다. "왜 학교에 돌아가야 해요? 저렇게 시퍼렇게 살인과 불법이 자행되고 있는데요." 말리는 아버지에게 대들며 그녀가 던진 항변이다.

영화는 테리와 이디의 교감 과정을 주목한다. 청년 테리가 가녀린 모습의 이디와 함께 걷는다. 여인의 싸구려 장갑 한 짝이 땅에 떨어진다. 청년이 이를 천천히 주워 들어 흙을 털어낸다. 그리고는 놀이터의 그네 위에 앉아 다소 거만하게 몸을 흔든다. 커다란 손을 억지로 장갑 속에 쑤셔넣는다. 장갑이 찢어질 것만 같은 위기감이 든다. 겁먹은 표정으로 여인은 장갑을 되돌려 받으려는 몸짓을 한다. 그 사이에 무식한 건달과 예비 선생인 여대생 사이에 몇 마디 어줍잖은 대화가 오간다. 마침내 낚아채듯 장갑을 되찾아 끼고 여자가 길을 나선다. 혼자서는 위험하다며 반강제로 사내가 따라 나선다. "다시 만나고 싶은데요." "왜요?" "그냥."

남녀의 어색한 교감이 사상을 싹트게 하고 그 사상은 사랑을 감싸준다. 감독은 "당하기 전에 선수를 쳐야 한다"를 인생 좌우명으로 삼

뉴욕의 보호켄 부두는 폭력이 난무하는 무법 지대. 악덕 조합장 조니가 제왕처럼 군림하고 있다. 그리고 조니의 심복 찰리가 그의 지시로 조합의 기밀을 누설한 동료를 살해하고, 찰리의 동생 테리는 시체를 부여잡고 울부짖는 청순한 처녀 이디에게 빠져든다.

은 거친 사내와 이 세상은 "누구나 함께 사는 것"임을 믿는 이상주의자 여대생 사이의 인격적 결속을 주목함으로써 '사랑'이 '사상'의 자각의 원동력임을 암시한다. "오빠도 당신처럼 비둘기를 키웠지요." 허름한 시멘트 건물 옥상에 사육장을 만들어놓고 이웃의 어린 소녀와 한가로운 잡담을 즐기는 테리를 찾아와 이디가 화답하고 죽은 오빠가 입던 옷을 테리에게 입혀줌으로써 둘은 영적 결합을 이룬다.

이 지역 교구의 배리 신부는 끊임없이 노동자들에게 양심의 자각을 호소하나 성공하지 못한다. 신부의 종용에 따라 경찰에 양심선언을 한 노동자는 '사고사'를 당한다. 경찰에 넘긴 서류가 통째로 프렌들리의 집단에 되돌아온 것이다. 경찰과 노조 사이에 견고한 부패의 연결고리가 존재하기 때문이다. 절망하는 이디에게 신부는 "신념을 가지고 때를 기다리라"고 달랜다.

번민하는 테리에게 배리 신부는 여자를 사랑한다면 진실을 밝히라고 권한다. 마침내 오빠의 죽음에 자신이 관여되었다는 사실을 고백하는 테리, 뱃고동 소리가 삼켜버리는 이디의 절규, 이를 멀리서 흐뭇한 표정으로 지켜보는 배리 신부, 이 장면은 한 사회의 축약도로 규정해도 무방할 것이다.

테리와 이디가 급속하게 가까워지고 테리가 법정에서 진실을 증언할 기미가 보이자 프렌들리는 테리의 형에게 동생을 죽이라고 명한다. 그러나 형은 마지막 설득의 기회를 달라고 간청한다. 할리우드 영화사의 한 페이지를 장식하고 있는, 택시 뒷자리에서 나누는 형제간의 절박한 대화 장면이다. 동생은 이제까지 형이 자신을 인도해온 인생 노정의 의미를 반문한다. 형의 보호 아래 권투선수로서 꿈을 키우던 자신은 결국 사기 게임으로 입에 풀칠하는 신세를 면치 못했고 그나마 나이가 들어 깡패 조직에 기식하는 건달이 되지 않았는가? "제대로 풀렸다면 나는 정식으로 챔피언 도전자가 될 수도 있었어! 그런데 보시다시피 '쓰레기' 신세가 되었잖아. 더 이상 형처럼 사기 집단, 범죄 조직에 몸을 의탁해 살기 싫어."

이제 동생이 '다른 사람'으로 태어난 것을 확인한 형은 더 이상 설득을 포기하고 대신 자신이 죽음을 맞는다. 테리는 형이 남긴 총을 들고 복수에 나선다. 그러나 배리 신부가 총을 뺏어 유혈 사태를 막는다. 총을 내던지기 전 테리는 프렌들리 일당이 경영하는 바의 거울에 붙어 있는 프렌들리의 사진을 향해 방아쇠를 당긴다. 그러나 그의 분노의 총구가 겨냥한 진짜 표적은 불법의 착취자 프렌들리가 아니라 거울에 비친 자신이었을 것이다. 그의 총격은 부정한 권력에 기생하던 과거의 자신에 대한 결별 선언인 것이다.

맨손으로 프렌들리 일당에게 대항한 테리는 무참하게 린치를 당한다. 그러나 이 과정에서 권리의식을 '자각'한 동료 노동자들은 무언의 결속을 통해 부패와 독재 체제에 항거한다. 고래고래 악을 쓰는 프렌들리만을 남겨두고 노동자들은 부두 하역장을 향해 당당하게 걸어 들어간다. 피투성이의 테리가 비틀거리면서 이들을 인도한다. 이 장면을 목격한 이디와 배리 신부가 감격의 포옹을 나눈다. 사랑과 사상, 그것은 작게는 청춘 남녀의 결합이지만, 크게는 새 시대를 여는 두 개의 열쇠인 것이다.

조련사 모란트

'대영제국'의 희생양

Breaker Morant | 브루스 베레스포드 감독 | 1980년

보어전쟁의 호주인

역사가 길지 않은 호주에도 전설적인 영웅이 많다. 올림픽 개막식의 한 장을 장식한 화려한 기마대의 사열은 정복과 개척 시대의 영웅들을 기리는 의식이었다. 이들 영웅은 개인의 이익을 버리고 대의에 몸을 던진 '진짜 사나이'였다. 영화 〈조련사 모란트〉는 정치재판의 제물이 된 한 사나이의 비운을 그린 작품이다. 그의 죽음은 영국의 식민지였던 호주의 비극이기도 했다.

　　남아프리카 땅에서 벌어진 보어전쟁(1899~1902)은 영국의 역사를 통틀어 가장 야만적인 전쟁으로 평가된다. 영국은 최후의 승리를 얻었지만 엄청난 대가를 치렀다. 본국과 식민지 여러 나라에서 징집된 50만 명의 자랑스런 영국 정규군이 불과 4만 5000명의 보어군을 상대로 3년여에 걸쳐 소모적인 전쟁을 치러내야만 했다. 보어군의 탁월한 게릴라전 앞에 영국군은 전쟁의 국제법과 영국 자신의 군법을 위반했다.

전쟁 지역에 거주하는 민간인을 집단 수용하고 이들은 살림 터전을 초토화했다. 그 결과 2만여 명이 수용소에서 사망했고 이들의 대부분 부녀자와 아동이었다. 이로 인해 국제 사회의 비난은 물론 영국내에서도 전쟁에 대한 지지가 약화되었다.

보어전쟁의 원인은 복잡하다. 오늘날의 인종 갈등도 그 시절에 이미 배태된 것이다. 1795년 인도로 가는 항로를 확보하기 위해 네덜란드가 선점한 희망봉을 1815년 영국이 인수했다. 1830년대에 이르러서는 주로 네덜란드와 독일계 이주민의 후손인 아프리카너들이 세력을 확보하였다. 이들은 원주민을 노예로 삼는 인종적 편견을 고집했고 영국은 물론 그들의 원조인 네덜란드나 독일 등 유럽 국가의 개입을 원치 않는 폐쇄적인 정치 제도를 원했다. 원주민과 영국, 그리고 보어인 사이의 다면적 갈등은 계속되었다.

1867년 금광 발견으로 상황은 더욱 복잡해졌다. 요하네스버그 금광 주변에 정착한 영국인들은 보어인들이 보기에 이방인(uitlanders, 외국인)이었다. 1877년 디즈레일리(Benjamin Disraeli, 1804~1881) 정부는 보어인의 점령지를 영 연방에 편입시키려 했다. 보어인은 원주민을 진압하기 위해 영국의 도움이 필요했으나 줄루족을 전멸시킨 후 영국이 약속한 완전 자치가 이행되지 않자 전면적인 독립을 주장하고 나섰다. 그리하여 1899년 트란스발Transvaal 공화국 및 오렌지Orange 자유국, 두 나라와 영국 사이의 전쟁이 시작되었다.

영화 〈조련사 모란트〉는 보어전쟁에 동원된 변방, 호주 군인의 비극적인 죽음의 이야기다. 호주와 뉴질랜드 곳곳에는 참전용사를 위한 위령비가 서 있다. 1, 2차 세계대전과 함께 비문에 단골로 새겨지는 전쟁이 보어전쟁이다. 영국 군대의 일원으로 식민지 호주는 군대를 파견한다.

호주 출신 모란트 중위는 호주 제일의 야생마 조련사breaker이다. 워즈워스William Wordsworth의 시를 즐겨 외는 그는 섬세한 감성의 시인으로 자신도 모르게 지적인 여인의 가슴에 상처를 주는 사내다(에드워드 우드워드의 지적이고도 시원한 모습이 시인과 군인이 외모로도 결합할 수 있음을 보여준다). 그는 호주 출신으로 구성된 영국의 기마부대Bushveldt Carabineers에 배속되어 트란스발에서 치열한 전투를 치른다.

자연을 벗 삼아 야생마를 조련하던 모란트 중위. 호주와 영국의 불평등한 관계, 보어전쟁 기간 영국과 독일의 정치 관계 등 복잡한 국제 관계에 휘말린 그는 '대영제국'의 식민지 호주의 영웅으로 기억된다.

매복한 보어군에 의해 유린당한 중대는 지휘관 헌트를 잃는 치욕을 당한다. 헌트의 여동생과 약혼한 사이인 모란트는 피의 복수를 맹세하고 군대를 동원하여 도주하는 적군의 추격에 나선다. 그는 무참하게 살해당한 헌트의 시체를 발견하고 이성을 잃는다. 헌트의 군복 재킷을 입고 있는 보어군 병사를 체포하자 즉시 총살을 명한다. 그뿐 아니라 백기를 들고 항복하는 병사들도 마찬가지로 즉결처분한다. 모란트의 동료 핸콕 중위는 독일인 목사를 총살한다. 모란트의 명령을 어기고 포로들에게 말을 걸었다는 것이 직접적인 이유였지만 근본적인 이유는 그가 보어군의 스파이라고 의심했기 때문이다. 보어군의 매복 공격도 그가 제공한 정보에 기초했다라고 믿은 것이다. 신참 장교 위튼은 자신을 공격한 포로를 살해한다.

프리토리아Pretoria에 주둔한 사령관 키치너 경은 전쟁을 종결할 시점이라고 판단하고 본국 정부와 소통하여 적군에게 유화 제스처를 보이기로 한다. 또한 전쟁에 개입할 명분을 찾고 있는 독일에 대해 위무慰撫 정책이 필요하다. 정치인에게는 군인이 가장 적절한 희생양이다. 그리하여 세 사람의 식민지 출신 장교를 살인죄로 야전 군사법정에 세운다.

무조건 위증

사령관은 심복인 볼튼 소령을 검찰관으로 뽑아 '호주 촌놈'들을 처리하는 사건을 맡긴다. 재판은 신속하게 진행된다. 5인의 재판관으로 구성된 재판부의 장, 데니 중령은 이미 결론과 방침을 세우고 재판을 진행한다. 군대의 주둔지인 작은 마을 피터스버그에 간이 군사법정이 열린다. 변방 호주 중에서도 변두리 마을 출신인 토머스 소령이 변호인으로 차출된다. 토머스는 한 번도 법정에서 변론한 경험이 없으며, 이 사건을 위해 단 몇 시간의 준비시간이 주어졌을 뿐이다. 피고인들에게 유리한 증언을 할 부대원들은 모두 인도로 전출된 지 오래다.

변호사는 처음에는 고전했으나 사건이 진행될수록 훌륭한 변론을 한다. 먼저 이들 피고인이 독립 주권국인 호주 국적의 소유자임을 주장하여 군사법정의 관할권을 다투나, 비록 호주가 독립국의 지위를 얻기는 했지만 여전히 여제 폐하의 군대로 참전했으므로 관할권을 다툴 수 없다고 일축한다. 사실인즉 1900년 호주는 영국의 식민지를 벗어나 당당한 독립국이 되었다. 기이하게도 영국 의회가 법률로 이를 주선한 것이다. 웨스트민스터(영국 의회)가 제정한 이 법률(Commonwealth of Australia Act, 1900)에 의해 호주는 자치령dominion에서 독립 주권국으로 지위가 바뀌었다. 그러나 여전히 영국 국왕을 국가 원수로 인정하고 충성을 약조하는 영 연방의 일원이었다.

피고인들은 자신들의 기소가 당치 않은 것이라고 생각한다. 그들은 포로를 남기지 말라는 사령관의 명령이 있었다고 주장한다. 실제로 재판 없는 즉결처분이 일반 수칙이었다는 것이다. 그렇다면 전쟁 중 상관의 명령을 수행한 하급자에게 어느 정도 형사 책임을 지울 수 있는가라는 것이 문제가 된다. 미리 입장을 정한 군 검찰과 재판부로서는 되도록 쟁점이 부각되는 것을 막아야 한다.

첫 번째 검찰측 증인으로 영국인 로빈슨 대위가 소환된다. 그는 죽은 중대장 헌트의 전임 지휘관이었다. 호주 촌뜨기를 경멸하는 태도가 역력한 그는 이 부대가 통솔 불가능한 허접쓰레기들의 집합체였다고 증언한다. 한 예로 핸콕 중위는 지휘관인 자신의 반대에도 불구하고 보어군 포로를 무개無蓋 화물차에 실어 게릴라의 폭탄에 죽도록 하자고 주장했다고 한다. 그러나 토머스의 반대 심문에서 이러한 작전이 게릴라의 공격을 막는 데 효용이 있음을 인정할 수밖에 없다. 토머스는 그에게 포로를 직접 쏜 적이 있느냐고 물었으나 재판장은 검찰측의 이의신청을 받아들여 이를 금한다. 답변의 결과로 증인 자신의 범죄

행위를 암시하는 내용의 발언은 회피할 수 있다는 것이다.

현장에 있었던 현지 출신의 통역은 위증한다. 그는 모란트가 한마디로 "미친 사람 같았다"고 증언한다. 반대 심문에서 포로의 총살조에 자원한 사실을 지적하자 결코 그런 일이 없었으며 마음이 내키지 않았지만 모란트의 강압적인 명령을 따랐을 뿐이라고 우긴다. 그는 법정에서 증언한 후 누군가가 쏜 총에 맞아 죽는다.

세 번째 증인 테일러 대위는 키치너가 부대에 파견한 정보장교다. 그는 여러 가지 작은 결점에도 불구하고 종합적으로 보아 모란트는 유능한 장교라고 평가했다. 그리고 키치너가 영국군 카키(전투복)를 착용한 보어군은 즉시 사살하라는 명령을 내렸다고 증언한다. 이 재판의 결정적인 이슈는 과연 사령관이 정식 재판 없이 포로를 사살하라는 명령을 내렸는가 여부다. 모란트를 비롯한 장교들은 그렇게 알고 있었다. 헌트로부터 되풀이하여 들었기에 일종의 '공지의 사실'이었다. 다른 부대에서도 수많은 포로가 재판 없이 즉결처분되었다. 그러나 키치너는 이러한 내용을 문서로 남기지 않았음은 물론이다. 정치가 군인이 그런 실수를 범할 리 없다. 법원은 이러한 명령이 있었느냐 여부는 이 사안과 직접 연관성이 없다고 판단한다. 왜냐하면 군법은 재판 없는 포로의 처형을 금하고 있기 때문이다. 마찬가지로 전쟁에 참여한 다른 장교들이 포로를 재판 없이 즉결처분한 사실이 있느냐 여부도 피고인의 책임을 판단하는 데 도움이 되지 않는다는 결정을 내린다.

궁지에 몰린 토머스는 사령관 키치너를 증인으로 소환할 것을 신청한다. 재판장은 노골적으로 충격과 경악을 표한다. 그러나 군사 법정에 선 피고인은 자신의 변론을 위해 그 누구라도 증인으로 소환할 수 있다는 법 규정을 들이대는 변호인을 막을 수 없었다. 물론 키치너는 소환에 응하지 않고 대신 부관 해밀턴 대령을 보낸다. 난감해하는 해밀턴에 대고 키치너는 짤막하게 정치적인 지시를 내린다. "무슨 말을 해야 하는지 당신이 더 잘 알지 않소?"

해밀턴은 키치너의 뜻을 헤아려 법정에서 위증한다. 자신이 아는 한, 문서나 구두口頭로 키치너가 그런 명령을 내린 적이 없다는 것이다. 피고인으로서는 그 거짓 진술의 신빙성을 탄핵할 방법이 없다. 설령 이러한 키치너의 명령이 없었다 하더라도 모란트로서는 자신의 지휘관인 헌트의 말을 따를 수밖에 없었을 것이다. 그러나 재판부는 이런 통상적인 법 논리에 추호의 관심도 없다.

핸콕 중위는 자신이 헤스 목사를 쏜 사실을 부인하며 알리바이를 제시한다. 목사가 살해된 바로 그 시점에 자신은 두 사람의 보어인 여인과 차례차례 그녀들의 집에서 탈선 행위를 벌이고 있었다는 것이다. 그러나 사실은 다르다. 모란트에게는 이 여인들의 집에 들리기 전에 이미 헤스를 살해했다고 보고한 적이 있다. 그러나 변호사에게는 이 사실을 감춤으로써 정당하게 무죄의 변론을 펼 수 있도록 한다.

사라진 야생마의 꿈

최종 변론에서 변호사는 이 전쟁의 특수한 성격을 강조한다. 군복을 입지 않은 전투병력, 여자와 어린이 그리고 성직자까지 동원된 전면전, 게다가 아군과 적군을 구분하기 힘든 정황에서 보어군의 양식을 벗어난 전투 방법에 대해 영국군도 적절히 대응할 필요가 절실했다.

따라서 장교들도 적군을 상대하는 데 있어 넓은 재량권을 보유할 수밖에 없었다는 것이다. 즉 이 전쟁 동안 벌어진 일에 대해서는 종래의 엄격한 전쟁의 법으로 다스릴 수 없다는 것을 강조한다. 재판이 진행되는 도중 보어군이 공격해 와서 수감 중인 피고인들도 함께 총을 잡아 격퇴한 사건도 변호사의 주장을 간접적으로 뒷받침한다. 모란트 또한 당당하게 자신이 아는 '군인의 길'을 밝힌다. 전쟁에서는 되도록 많은 적군을 죽이는 것이 군인의 권리이자 의무라고.

선고를 앞둔 밤, 동료 장교 테일러가 감옥 막사로 찾아와 모란트에게 도주를 권한다. 그러나 모란트는 이를 단호히 거절한다. 만취 상태에서 그는 홍소哄笑한다. "난 이제 인간 세상의 법과 정의 그리고 신마저도 믿지 않는 속인이 되었어. 내가 꿈꾸는 건 호주 야생마의 자유야. 이제 영국과는 끝장이야. 호주로 돌아가 말이나 실컷 타지. 타기 전에 브랜디나 듬뿍 마시고 말이야!"

결과는 세 사람의 장교 모두 유죄 판결이다. 모란트와 핸콕에게는 총살형이, 위튼에게는 무기징역이 선고된다. 한 사람씩 차례차례 재판장과 독대하면서 자신의 운명을 전해 듣는 군인들의 표정은 결코 속내를 읽어낼 수 없을 정도로 위엄과 서기瑞氣가 서려 있다. 여린 막내 위튼만이 사람의 표정을 짓는다.

변호사는 최후의 탄원을 위해 키치너를 방문한다. 그러나 중요한 일로 며칠 동안 자리를 비운다는 해밀턴의 전갈만 접했을 뿐이다. 해밀턴은 이미 본국 정부와 호주 정부도 이들의 처형에 동의했다는 냉랭한 전갈과 함께 '반가운 소식'을 덧붙인다. "이제 곧 평화 회담이 시작될 것이네. 이제 머지않아 모두 집으로 돌아갈 수 있다네."

생애 마지막 밤, 모란트는 약혼녀에게 남기는 유언을 대신하여 시를 쓴다. "낮을 볼 수 있다면 새벽 이슬을 사랑할 수 있을까." 바람둥이 핸콕은 어린 아들에게 최후의 편지를 쓴다. 두 사람은 장엄한 새벽의 총탄에 산화한다. 집행 직전 군목을 돌아보며 최후의 기도문을 주문한다. "〈마태복음〉 10장 36절! 사람의 원수가 자기 집안 식구리라." 최후의 기도가 저주이다. 도열해 선 총살조가 머뭇거릴 때 모란트 중위는 평소처럼 악에 받힌 명령을 내린다. "제대로 쏴, 이 멍청이들아!"

영화의 전편을 통해 때로는 처절하게, 때로는 조급하게 작은 피라미드형 야전 막사와 야산의 지평선 너머로 흩어지던 브라스밴드 가락이 갑자기 급해진다. 사막의 태양이 천천히 솟아오른다. 살아 남은 위튼은 반세기 후 모란트의 전설을 역사로 기록한다. 그가 붙인 제목은 문자 그대로 《제국의 희생양Scapegoat of the Empire》(1949)이었다.

더 읽고 싶은 독자를 위하여

김성곤, 《김성곤교수의 영화에세이》, 열음사, 1994.

김성곤, 《문학과 영화: 영상시대의 문학론》, 민음사, 1997.

김성곤, 《영화 속의 문화》, 서울대학교 출판부, 2004.

김욱, 《영화 속의 법과 이데올로기》, 인간사랑, 2002.

김학수, 《스크린 밖의 한국영화사》(전 2권), 인물과사상, 2002.

김화영, 《어두운 방 안에서 내다본 밝은 세상》, 현대문학, 1996.

송병선, 《영화 속의 문학 읽기》, 책이 있는 마을, 2001.

안정효, 《전설의 시대: 헐리우드 키드의 20세기 영화 그리고 문학과 역사》, 들녘, 2002.

연동원, 《영화 대 역사: 영화로 본 미국의 역사》, 학문사, 2001.

이동진, 《영화 같은 세상을 꿈꾸다》, 둥지, 1995.

이왕주, 《철학, 영화를 캐스팅하다》, 효형출판, 2005.

이효인, 《영화로 읽는 한국 사회문화사》, 개마고원, 2003.

정재승, 《물리학자는 영화에서 과학을 본다》, 동아시아, 2003(개정증보판).

홍승기, 《홍승기의 시네마법정》, 생각의나무, 2003.

Bob Woodward & Scott Amstrong, 《판사가 나라를 잡는다》, 안경환 옮김, 철학과현실사, 1995.

Bob Woodward & Scott Amstrong, 《판사가 나라를 살린다》, 안경환 옮김, 철학과현실사, 1996.

Lawrence M. Friedman, 《미국법의 역사》, 안경환 옮김, 청림출판, 2005.

Louis Giannetti, 《영화의 이해: 이론과 실제》, 김진해 옮김, 현암사, 1999.

Marc Ferro, 《영화와 역사》, 주경철 옮김, 까치, 1999.

Paul Bergman & Michael Asimov, 《Reel Justice: The Courtroom Goes to Movies》, Andrew & McMeel, 1996.

Robert D. Richardson, 《영화와 문학》, 이형식 옮김, 동문선, 2000.

Roger Ebert, 《위대한 영화》(전 2권), 최보은 · 윤철희 옮김, 을유문화사, 2006.

Stepfan Machura & Peter Robson, 《Law and Film》, Blackwell, 2001.

Thomas Schatz, 《할리우드 장르의 구조》, 한창호 · 허문영 옮김, 한나래, 1995.

법, 영화를 캐스팅하다

영화로 보는 법과 인권

지은이 안경환

2001년 11월 30일 1판 1쇄 발행
2007년 4월 20일 2판 1쇄 발행
2012년 5월 10일 2판 3쇄 발행

펴낸곳 효형출판
펴낸이 송영만

디자인 자문 최웅림

등록 제 406-2003-031호 | 1994년 9월 16일
주소 경기도 파주시 교하읍 문발리 파주출판도시 532-2
전화 031·955·7600
팩스 031·955·7610
웹사이트 www.hyohyung.co.kr
이메일 info@hyohyung.co.kr

ISBN 978-89-5872-044-7 03680

값 12,000원